漯河印记·文史资料集萃

民国往事

政协漯河市委员会 编
吕 岩 主编

中国文史出版社

《漯河印记·文史资料集萃》
编委会名单

序

漯河市政协主席　吕岩

沙河、颍河如两条闪亮的丝带，从漯河大地上穿境而过，亘古不息。她们忠实地记录了这块土地上演绎的故事。

远古时期，这里是先民们刀耕火种、开拓缔造的摇篮。一万年前，黎明时分，大岗之上响起“哼育！哼育！”的号子声，穿着兽皮、草裙的男女以打制石器、烧制陶器、狩猎采撷为生；八千年前，贾湖部落在悠扬的骨笛声中，走出地穴，走下干栏，把美酒洒向天空，祈愿稻粱早日成熟；越千年，郝家台上筑起了一座城，以黑陶的名义宣示着薪火相传、生生不息的文明；三代连绵交替，留下了动人的传说、英勇的故事、壮阔的城郭；两汉以降，汝水、颍水成为行政区划重要地标，流域之内渐趋繁盛，文化遗存星罗棋布；直至平汉铁路通车，河上街始现市镇雏形。

近现代以来，国家命运多舛，洪波涌起、激浊扬清，推翻“三座大山”成为主旋律。铁路工人在“二七”怒潮中率先觉醒，中国共产党的组织在三县生根发芽。北伐战争如火如荼，将士热血沃四岸；救亡图存浪潮席卷，民先春笋立百竿。抗日战争时期，先后走出了沈东平、赵伊坪、李曾志等著名英烈，也涌现出效信�、蔡永令、支天雷等地方武装和孤胆英雄。三年横扫残章，中国人民解放军二野四兵团诞生在此，“打过长江去，解放全中国”唱出了浩荡绝响。

新中国成立七十年，社会主义在探索中前进，汝颍大地同样发生着翻天覆地的变化。特别是改革开放的东风唤醒了城市和乡村，创造出一个个历史性的奇迹。1986年区划调整，漯河向区域性中心城市迈开新生的步伐；1992年创办内陆特区展示了敢为人先的胆识与气魄；南街村一枝独秀率先实现了亿元梦想；双汇集团日益增长成为全球领先。

七届漯河市政协恰逢三十而立，一批地方文史学者提出整理建市以来前三十年《漯河文史资料》的设想，这无疑是顺应文化复兴潮流，彰显地方文化特色之良策。文史资料工作是人民政协重要的基础工作，具有不可替代的“存史资政，团结育人”作用，支持这个动议理所当然。整理工作专班历时三年多的时间，从浩繁的文史稿中精选出689篇，逐篇审读，删繁补简，纠正讹误，做必要的注解和附录，达到了“去伪存真，去粗取精”的目标，并几经研讨，提出了按目分类的出版方案。

抚摸案头的十二册书卷，不能不感佩历届政协委员和社会各界人士的辛勤耕耘，赞叹三十年来政协文史工作者的孜孜追求。其成果必将成为漯河记忆里弥足珍贵的见证。

今天，漯河已经进入新时代，正阔步走在建设社会主义现代化，实现中华民族伟大复兴的新征程上。许多时点熠熠闪光，许多人事灿若星辉，也期待更多的人秉笔记录，让后来者因我们而更加自豪，也因我们而更加发愤。

本丛书定稿恰逢中国共产党百年华诞，谨以初版献礼志庆。

2021年6月19日于许慎故里

卷首语

民国时期，军阀混战、政局多变，战事连绵不断，社会动荡不安，人民深受帝、官、封三座大山的压迫，生活苦不堪言。为了拯救劳苦大众于水深火热中，大规模的反帝、反封建、反专制独裁革命运动不断爆发。这包括二次北伐战争和中国共产党领导的新民主主义革命。本卷收录的36篇文稿正是反映这一历史时期的相关史料。

这些文稿一部分是亲历者的回忆，也有采访当事人撰写的，还有研究者搜集资料整理的。漯河在这一历史时期的社会状况及重要事件可以从中得以印证：一是从“革命征程”部分，可以看出漯河地区较早建立了中共党组织，先后开展了多种革命活动，譬如二次北伐时，中共郾城县党组织广泛发动各阶层，组织农民自卫军，全力支援北伐军在此浴血奋战，连续取得了郾（城）漯（河）之战、临颍战役的胜利。二是从“军政轶事”部分，可以发现漯河地区为近代兵家必争之地，曾是蒋（介石）唐（生智）之战和中原大战的主战场，战事频仍导致生灵涂炭、民不聊生。抗日战争时期、解放战争时期，此地也曾是日本侵略军、国民党军队重兵驻守之地，苛捐杂税多如牛毛，百姓惨遭掠夺盘剥，深受兵燹战乱之苦。三是从“往事杂忆”部分可以了解到美国、意大利等外国传教士在漯河办教会、建教堂的早期活动，也记述了这个水旱码头上帮会横行、权贵当道的乱象，还有天灾人祸、饿殍载道之惨景。四是从“人物春秋”部分，可以看到封建地主势力在广大乡村根深蒂固。流传的“杀不杀，问问尚振华；穷不穷，问问董茂亭”的俗语，足见其穷凶极恶。

本卷收录资料范围较广，兼具史料性、知识性。在此次整理工作中，力求保持亲历者和撰稿人的语言习惯，重点对文中用词进行了规范，错别字予以纠正，完善了口述人和作者简介。对重要人物、事件进行了必要的注解。

虽然热心文史资料工作，又倾情投入于此次整理，但由于学识有限，仍觉力不从心。卷中难免有错讹之处，敬请广大读者批评指正。

编　者

2021 年 12 月

目 录
Contents

革命征程

军政轶事

往事杂忆

人物春秋

革命征程

回忆在红二方面军二军团五师参加长征片段

刘延藻供稿[①]　刘玉丰整理[②]

我是湖南省慈利县人，1934 年夏在家乡随堂兄一起参加了由刘汉卿领导的中国工农红军二军团慈利县独立团。当时我只有十四岁，是光着双脚参军的。长征开始前，大约是 1935 年夏季，我团在湖南桑植县整编为红军二方面军二军团五师十三团。我先后在该团团部、该师师部，凭自己的两条腿和首长、同志们一起走完了举世闻名的二万五千里长征征程。今年 10 月，是长征胜利结束五十一周年，虽然过去了半个多世纪，由于长征给我留下深刻的印象，因此除沿途一些具体时间、地点、人名有的已记不清之外，许多事情是永远不会忘记的。本稿是回忆的片段，没有完全按长征过程的前后顺序来写。

红军电话兵

独立团整编为十三团后，由于我年龄小，又读过几年私塾，口齿伶俐，记忆力好，被派当了团部电话兵。渡过金沙江后，因工作出色，又由团部调到五师（师长贺炳炎，政委廖汉生）师部电话排当电话员。当第一次接触电话机时，真是既好奇又新鲜，哪会想到当电话兵的酸甜苦辣。

实际上，电话兵是很苦的，不但要技术熟练，吃苦耐劳，在当时极端险恶的环境中，冻、饿、疲劳自不必说，还经常面临生命危险。

① 刘延藻，湖南省慈利县人，1920 年出生。1934 年参加中国工农红军，1935 年至 1936 年参加了红二方面军进行的二万五千里长征。曾任卫生所所长、副院长、院长、干部疗养院院长兼党委书记。

② 刘玉丰（缺）。

长征途中，电话兵身背话机、话线行军，平均负重三十斤以上。由于频繁的战斗和极度行军，再加上常常饿肚子，往往十分疲劳。但一到宿营地（短暂宿营除外），必须马上想尽办法克服困难和兄弟部队间架通电线，保证联络通畅，风雨无阻。然后轮流守话机或请首长讲话。部队出发前又要忙着收线。那时，我军通信设备相当简陋，师部才有一台五门电话总机，团、营、连才有一部手摇电话机，都是相当陈旧的外国造。但这些都是我师的宝贝，是电话兵的武器，话机、话线从湘、鄂、川、黔边界根据地一直背到陕北，付出了许多血汗！

电话线当时用的是无绝缘包皮的细铁丝，很易生锈。收线时缠绕在木拐上，重复盘绕一久，金属疲劳，弯曲易折，越遇刮风下雨线越易断，有时会断成数段，电话兵查接线路是常事。无论白天黑夜，敌情多么复杂，气候怎样恶劣，道路如何崎岖，都要设法尽快接通。毒蛇猛兽、荆棘野刺等就更顾不得了，遇到黑夜狂风暴雨，火把都点不成，只能循话线摸索前进。几乎每查接一次线路回来，身上、衣服上都要添些伤口、破口。当时紧急敌情是经常发生的，越是此时，双方或多方通话越频繁。报情况，下命令，联络调度，真是十万火急！若此时断线，电话兵简直要犯杀头之罪，必须马上跑步查线。线还没接通，双方往往在拼命摇话机，此时接线，电击两臂，麻酥之感极为痛苦，有时电流强大，甚至倒地打滚，但是线不接好绝不能松手，松手就会误大事（这是平时对电话兵的严格要求），实际上有时线粘在手上甩都甩不掉，此时电话兵双臂就代替了电话线，直至通话间隙方能把线接上。更为危险的是，有时查接线路会遭到敌人袭击而伤亡。光我知道的，有十几名同志就是这样牺牲的。当然，每完成一次艰巨任务，内心也会有电话兵的自豪。

艰难的征程

1935 年 11 月，红二方面军二、六军团二万余人在贺龙总指挥和任弼时政委以及关向应、萧克、王震等首长的率领下，从湖南桑植出发，开始长征，踏上了艰难的征途。

沿途经湘中折向西行，挺进湖南、贵州边境。1936年1月，部队进入贵州（原打算在贵州西的石阡、镇远、黄平地区创建革命根据地，但未能实现）。当时我军处境非常险恶。上有敌机轰炸、机枪扫射，前有敌人堵截，后有敌人追击，沿途有地方反动武装偷袭。因此作战频繁，有时一天数仗。而敌我力量悬殊，敌军总兵力数倍于我。在湖南和贵州境内，我军各部均有不同程度伤亡。远离了老根据地，伤员只有寄托沿途群众家里疗养（当然这也为革命播下了火种）。但是由于我军英勇顽强，机动灵活，经过无数次遭遇和拼杀，在艰难曲折的道路上采取急行军、强行军，终于巧妙地摆脱了敌人的围追堵截，突破乌江天险，向贵州遵义进发。

为避开敌机袭扰，减少不必要损失，行军改为晓宿夜行。即使如此，每到白天，敌机计算我军行进里程或用一些侦察手段，对我军宿营地一带狂轰滥炸，疯狂扫射，但不少次都是盲目攻击，瞎打一气。我亲眼看到敌机群在距我军驻地至少五华里之外，轮番轰炸扫射好长一阵后扬长而去。

部队宿营找到房屋的机会极少，多在野外选择易守难攻和易隐蔽的地势。除指挥部搭个简易帐篷外，一般战士和初级干部都是“天当被子地当床，一条夹被裹身上，头枕武器和衣卧，石头窝里睡得香”。遇上风、雨、雪、雹恶劣天气，只好找崖下等背风处躲避，戴顶斗笠，披块油布，撑把油伞，大家挤在一起熬过去。

部队给养相当困难，也很不稳定。除用银圆购买一些外，大部分靠沿途打土豪解决，搞到什么吃什么。记得在贵州某地，连续吃了几天的火腿。但几天吃不到一颗粮食也是常有之事。武器弹药的补充，是从敌人手里夺得的。

路是越走越难走，到处是大山，由于地理情况不熟，加上白天休息，疲劳不易恢复，时间一久，体力消耗很大。行军途中，不少同志边走边打瞌睡，距离越拉越长，时有当地反动武装偷袭，造成人员的伤亡和物资的损失。

部队渡过乌江天险后，又准备在黔西、大方、毕节地区或黔南安顺地区建立革命根据地，也未能实现，又折向北前进。不久攻下遵义，得以暂时修整补充，体力得到一定恢复，士气也好多了。但天险娄山关横在我军前进路上，且有敌军把守，要过娄山关，必须消灭守敌。遵义与娄山关相距一百二十华里之遥，又逢阴雨连绵，道路泥泞。我先头部队克服重重困难紧急行军，对守关敌人以突然袭击，经过激战，夺关在手。为大部队北上打开一道难关。

下道难关是金沙江。我军到达金沙江南岸渡口时，找不到一只船，船在我军到来之前已被敌人烧掉了。金沙江水宽而流急，水寒彻骨，无船渡江是最大困难。广大指战员心急如焚，有几位强健性急的同志，试图游过江去，跳下去没游多远就被冰冷的急流吞没了。接到情报后面又有强敌追击（只有几天路程），现造船已来不及了。几只船关系到我军的生死存亡，全军上下焦急万分！怎么办？老办法，依靠当地人民群众。经过我军四处派人积极而耐心地向群众宣传动员，群众把隐藏的船献给我军，并说服了部分船工和渡江能手帮助开船（当然也给了丰厚的报酬），我军才得以在绞车渡等几个渡口经过几天昼夜不停地强渡，全部到达北岸，摆脱了敌人的追击包围。

过金沙江后到达西康省境内，部队穿行在深山峡谷间。已有很长时间没有看到敌机，想是受飞行半径和飞行高度所限，敌机对我军已无能为力了。

在西康境内听上级传达动员时说，我军已跳出敌人的包围圈了。但是，我军北上抗日和一、四方面军会合，还有铁索桥、雪山、草地、腊子口等令人无法想象的艰难困苦在等待我们。整个长征每一步，都充满艰辛。长征途中，真是千山万水，万水千山！

过铁索桥

记得过雪山前不久，部队来到大渡河泸定桥。毛主席在《长征》一诗中提到“大渡桥横铁索寒”。在我的记忆中，我师过泸定桥时，全桥已铺有木板。只见铁索吊在两岸绝壁的铁桩上，桥下水流湍急吼声震耳欲聋，两人对面大声讲话都听不清。

大队人马过桥时，为减少桥的负重和摆动，防止牲口乱跑，先将驼子抬过去，几人牵一头牲口过桥，人在桥上要拉开距离。即使这样，桥身仍左右摇摆得厉害，使初过铁索桥的人胆战心惊，稍有不慎就会跌进河心。

过桥之后，仍是沿崇山峻岭间行军，长征途中跨过如泸定桥那样的铁索桥，记得有一二十座之多，结构大同小异，长短不一。回想当年，无论哪一座桥若被破坏，插翅休想过河。为防止敌人毁桥，每座桥先头部队夺下后都留武装部队守桥，等后续部队到达，循序移交，如此直待全军过完为止。

翻过雪山

1936 年 5 月，我军来到西康境内的雪山脚下，西康省是少数民族杂居之地，以藏族同胞（当时称番人）较多，也有苗族，汉人很少定居。去的汉人以贸易为主，除贩卖番民喜爱的锦帛绸缎、皮靴、茶叶、盐巴之类，也贩卖枪支弹药。这些人大多既通汉话，又懂番语，被称为通事，对当地地理、道路、风土人情极熟，往往被请来做向导。

在翻雪山前的那带地区，有不少喇嘛寺，我军到时，虽没有蒋军正规部队，但有以喇嘛寺为主的地方武装，拥有机枪、小炮之类武器，有一定的战斗力。这些人盲目排外，既抵制蒋军入境（听说曾消灭蒋军一个师，蒋介石再也没敢向此派军队），又和我军打麻雀战，或接近喇嘛寺时向我军开枪。

除以上麻烦外，要翻雪山，还有更大的困难。据通事讲，翻山前要有充分准备，多预备御寒衣物和干粮、烈酒、辣子、食盐等。由于当地居民居住分散，我军到达时许多人对我军不了解而远远跑掉。加上我军人多，过雪山的物资除少量羊皮、粮食和辣子外，其他很难搞到。衣服前不久倒是发过，可惜大多数同志给丢了。那还是在贵州境内时，时当初夏，气候已很热，上级把打土豪弄到的棉衣、被褥等物资发给同志们，起初大家都不理解，认为绝大部分同志负荷已相当重，背这些棉东西其热难耐，加上对雪山并不真正了解，不当回事。为轻装，沿途基本丢光了。经动员后，方知不久要过雪山，十分后悔，但已经晚了。

大多数同志仅有单衣夹被，只好硬着头皮翻雪山。我记忆里，二方面军翻越的雪山有四五座，其中一座两天时间才过完。翻山的里程，短的十几里，长的二十多里。翻头两座雪山前，每人还有一小碗加盐辣子汤喝，可以稍助御寒，后来什么也没有了。

雪山顶上气候多变，夏天也时有风雪。山上积雪很厚，看不见路，只能沿通事足迹走，若偏离前面足迹，就可能掉入深雪内被埋没。部队一人跟一人排成曲曲弯弯的一行慢慢向上爬，大家把所有能御寒的衣物裹在身上，低头而行。山上空气冷而稀薄，令人喘不过气来。登山时只能看脚下和前面人的身上，乱看很易头晕。当时我凭年少气盛四处看了一下，除皑皑白雪和少量原始森林外，什么也看不到。好不容易爬上雪山顶，虽已极度疲倦，但绝不能坐下休息。由于长期营养不足，体质下降，加上冻饿，不少体弱同志，特别是年龄大些的同志，实在支持不了，坐下休息后再也没能起来。几匹驮东西的牲口也在惊慌中掉进了深谷被雪活埋了。

翻越每座雪山都要有上述不幸事情发生，牺牲了不少同志。只有年轻人，所谓“小鬼们”没有发生上述事故。大约是年轻人气血旺盛，对雪山气候适应性较强。而牺牲的同志多是饥饿、寒冷、疲惫、体弱等原因造成。

过草地

草地，是所有过来人永远也难以忘记的死亡之地。在当时严重缺粮和御寒之物的条件下，比过雪山的困难多得多，非亲身走过，实在难以想象。草地，夺去了多少优秀红军战士的生命！使历经千辛万苦，艰难险阻保存下来的红二方面军又受到一次重大的损失。

草地分两段过完。由于当时条件所限及形势情况不同，二方面军和一方面军长征的路线虽有时重合，但大多数情况下走的不是同一条路线。我记得 1936 年 3 月底在盘江，朱德、张国焘以红军总部名义电令二方面军同四方面军会师甘孜一带，因而二方面军比一方面军过雪山、草地的时间要长，减员也多。两段草地上级计划共用二十五天，分别为第一段十五天，第二段十天（是根据上级命每人准备干粮的天数计算的）。因种种困难，实际天数比计划天数要多，但究竟多了多少天，具体已记不清了。

当时情况根本弄不到那么多粮食，只搞来为数不多的青稞炒面分给大家，没干粮袋的用单裤扎三头装炒面。每人每天只允许吃一小瓷碗。

开始进入草地时，每到宿营地即到处挖野菜，烧牛粪，用瓷缸将野菜煮后抓一两把炒面和成糊，每日两餐。不要说油，就是吃盐，除非在梦中。进入草地腹地后，找不到可燃之物，干脆吃口炒面喝口水，抓把野草口里塞。而有的草有毒，有的地方水不能喝，不少同志饥不择食，误吃有毒植物或水，中毒而死。

草地地形复杂，神秘莫测，根本没有人烟，连只鸟都很难看到。远远望去，一片水、一片草直到天边，实际上是大沼泽地。常年积水，泥沼上长着青草，处处隐蔽着吃人的泥潭。有的同志不小心掉入泥潭越陷越深，最后被吞没。这时营救是很危险的，往往营救者也一同陷进去。在一望无际的草地上，同志们手里拄根棍一边探路一边支撑身体节约体力，沿草墩深一脚浅一脚地行进，前边看不见队伍的头，后面看不见队伍的尾。脚上穿的多是牛皮做的“草鞋”，当时叫“皮草鞋”，像现在的凉鞋一样，是用两块生牛皮边上打个孔捆扎在脚上，经水一泡，一走一滑，十分费力，行军速度很慢。

草地气候变化也很特殊，有时白天晴得好好的，夜里就下雪或打霜。大家衣被少而单薄，饥肠辘辘，真是饥寒交迫。尤其在进入草地十天后，同志们都在生死线上挣扎，不少同志陆续冻饿而死，倒在人迹罕至的草地上。

宿营时要找高一点的草坡，晚风一吹，更增寒冷，许多人挤在一起互相取暖。早上继续赶路时，有的同志就再也没能起来。望着同甘苦共患难的战友的遗体，活着的同志洒泪而别。

由于部队减员严重，红二军团的两门炮和马克沁机枪埋在了西康省境内。前几年，我在北京参观革命军事博物馆时，还看到了其中的一门。经说明，就是原红二军团当年埋在西康境内的大炮，另一门已经找不到了。

过完第一段草地，来到毛儿盖，我军休整了一个短时期并在此准备过第二段草地。上级要求每人准备十天干粮（因无粮，第二段草地实际走了十多天），但当地产粮很少，同时喇嘛寺头人和土司下令将粮食藏了起来，牛羊群赶到很远的地方，即使碰到牛羊群，要买，部队已无银圆，也无多余物资拿去交换了。借，当时是不可能的。我军有铁的纪律，绝不能像国民党军那样去抢。尽最大努力弄到的炒面每人最多的五六斤，少则三四斤，这么点粮食怎么能够吃十来天呢？有了过第一段草地的经验，谁不清楚粮食和食物就是战斗力、就是生命！别无他法，我军就这样在严重缺粮的情况下，去过第二段草地，去做不可能做的事情，只有豁出去了。

进入第二段草地不久，干粮就吃完了，草地仍是望不到边，全军真是身处绝境了。万般无奈，只有忍痛将为数已不多的骡马杀了充饥。由于人多，每人只分到一小块马肉。没两天牲口也基本吃光，饿的实在无法，就将枪上枪皮带、束腰的皮带，脚上穿的“牛皮草鞋”等，用火烧后煮煮吃了，这些吃完后，就只有挖草根了。野菜、草叶早已被先过的部队都吃光了，除了挖草根，别无充腹之物。总之，一切能吃的东西都吃光了，不能吃的也吃了，才走过这段最艰难的路程。到达草地边缘的包座前又有不少同志倒下了。

四川和甘肃交界的腊子口，是饿着肚子冲过去的。因二、四方面军都在腊子口经过，能吃的东西早已吃光。直到到达甘肃哈达铺时，情况才有所缓和，不管怎样，好赖半饥半饱总算有点吃的了。

我军在甘肃哈达铺一带休息时，又遭到敌人偷袭，双方展开激战。我堂兄刘延富在那次战斗中负重伤，不能随军行动，留在当地群众家里养伤，直到1972年才联系上。1973年兄弟相见叙述那段经历，不免泪流满面。当时在群众家里养伤也十分危险，因是南方口音，敌人搜捕到就杀。只好认给老乡做干儿子，做入赘女婿，被老乡隐藏保护下来。

后来红二方面军冲破敌人渭水和漳县之间封锁线，在甘肃又经过许多大小战斗，于1936年10月，红二、四方面军在甘肃会宁地区与红一方面军胜利会师。当时红二、四方面军服装杂乱，衣衫褴褛，唯有军旗和八角帽上的红五星标志着我们是红军。大家虽然头发、胡子老长，面目黑瘦，但炯炯有神的眼睛里充满着胜利会师的喜悦和革命必胜的信心。

说句老实话，当时红二方面军，军不成军，师不成师，总之所剩人数不多，由长征开始时的二万余人在不到一年的时间里，锐减至四五千人。犹如一棵大树，在经历了狂风暴雨之后，虽然损失了大部分枝叶，但却留下了主干和根，它还会长出新的枝叶，显示出更顽强的生命力。希望就在这里！

严明的纪律

长征途中，红军像在老根据地一样，始终保持着严明的纪律。一到有群众的地方，《三大纪律、八项注意》是每天要唱的军歌，真正是不拿群众一针一线。

沿途严禁扰民，公平交易。这在当时和旧军队相比是很了不起的，因而扩大了红军的影响，受到了群众的拥护和支持。由于我军依靠了沿途群众，并团结了少数民族，终于化险为夷，胜利到达长征的目的地。

下面我再讲几件有关群众纪律的具体事情。

宁冒饿死的危险，决不侵扰牧民。我军在毛儿盖，由于要过第二段草地需要准备干粮，而粮食紧缺，严重不足。当时，喇嘛寺头人、土司和国民党勾结起来，从中作祟，不让牧民接近我们，因此粮食很难搞到，牛羊群也远离我们。我们在行军时，看到过不远处牧民赶着的牛群，他们一看见我们就拼命赶着牛群慌乱而去。我军并不追赶，继续走路。当时同志们议论过买牛或换牛。买牛吧，已无银圆可付，交换吧，除武器和简单日用品外，实在无可交换之物，当地又无土豪可打。没有办法，只有宁愿冒饿死的危险，牺牲自己，但决不会像国民党军队那样，到处抢夺，坑害百姓。

严厉处置违反纪律的人。当时在极端艰难困苦的条件下，加上红军兵源的复杂性，部队还残存一些军阀作风、自由主义等，也曾出现过违反群众纪律的事情。但是，对于严重违反群众纪律的行为，当时的处理是极严厉的。记得在贵州境内某镇上，一位战士当街拿了老乡的六个鸡蛋，老乡追着要钱。这个战士无钱付给，引起了纠纷。这件事被一位团长碰见，团长问明情况后，怒不可遏，当场拔出了手枪把这个违纪战士枪毙在大街上。然后，这位团长掏出钱来付给了那个惊呆了的老乡。

这件事是我亲眼所见，现在回想起来心里仍非常难过。这位团长这样处理虽是有些过分，但当时情况复杂，如不制止，乱拿起来，就可能遭群众反对，许多事情就不好办了。

我本人也有过一次违反群众纪律的事情。那还是在长征中过雪山之前，一次宿营时，在河边看到有一群小猪，每只有十来斤重，四周并无百姓。当时饥饿难耐，很久没吃到肉了。我看到有的战士抓了几只带走了，我忍不住也抓了一只带回和同志们一起煮熟分吃了。后来这件事被师部首长知道了，考虑到我年龄小，把我叫去严厉地批评了一顿，还说要我听候处理，关了一天禁闭。亏得有紧急情况，部队马上集合转移，就顾不得我这件事了。但从此以后，不论何时何地，我再也没有违反过群众纪律。

甘孜印象记

甘孜城，是原西康省省会，是长征中（1935 年 7 月初）红军二、四方面军胜利会师后分东西两路继续北上的出发地，也是汉族商人往返贸易的中心，当地贸易和畜牧业比较发达。

甘孜的居民大都是藏族，人口较稠密。城内房屋大部分为两层木楼，也有三层的，二、三层住人，一层圈牛羊。牛粪干是当地主要燃料，烧起来有股气味。

城内外散布着大小喇嘛寺，外观相当雄伟。寺顶全是金黄色，曰金顶，太阳一照金光闪闪，在数十里外的高处就能看到。当时不少同志说它是金子做的，有的说哪有那么多金子？是铜的。后来才知道是鎏金的。金顶呈四方形，每角挂一铁铃，刮风时叮当作响，在好远的地方就能听到。寺院大都有坚固围墙，少数没有围墙。寺院是当地政教合一统治人民群众的所在。有些事情我军首长需和寺院主持喇嘛交涉，我曾有机会跟随首长由通事带着进过几个寺院，只见墙壁上雕刻着各种反映宗教色彩和当地习俗的壁画，华丽美观。殿堂内供奉着许多菩萨，大小各异，层次分明，每层中央有一尊较大的菩萨，大的丈余，小的如用手握不露其形。看过的几座寺院基本上大同小异。每座菩萨像前点燃着长明灯。这里的大喇嘛有一种特别的爱好，他们中有的喂养了各种颜色的大公鸡，名曰神鸡，因为是神，故而禁食。

当地水源充足，雅砻江绕城而过，江里鱼甚多。因当地视为神鱼，禁止捕捞和烹食。河边常可看到以水为动力的磨房，主要加工青稞麦，当地也养猪，同样吃不得，杀猪是犯忌的。食肉主要为牛、羊肉。居民主食是青稞麦，粒大色青，磨成粉后用牛羊奶做成熟面团，名叫糌粑，手抓而食，无论男女老少，都是围着火盆屈膝吃饭。每顿饭后必须饮茶水，很浓，用小木碗盛之。酥油是当地高级食品，味香且营养丰富，在西康境内，我吃酥油只不过一两次而已。在甘孜休整时，有时直接接触藏民，为尊重和团结少数民族，我们学着他们的样子吃饭。

和藏民交易货币全用银圆，为使用方便，将一块银圆凿成分量不同的小块。也有以货易货。藏民男女老少对五颜六色绸缎之类特别喜欢，连万金油盒他们都稀罕得不得了，自愿拿几斤糌粑来换一个万金油盒。可惜这些东西到甘孜时已相当稀少。

藏民穿的大都是用羊毛捻的粗毛线织成像麻袋样的齐膝袍子，喇嘛等上层人物才有布袍袈裟。脚上穿的是长筒皮靴，内藏匕首，都磨得相当锋利，一刀多用，平时屠宰牛羊，吃肉当餐具，战时作武器。男性体格健壮，右臂袒露，腰束皮带。青年女性则将头发辫成许多细长小辫子，有的头戴无檐小花圆帽，中老年女性是粗辫子盘头。

总的印象，藏民性格豪放，强悍而热情好客，甘孜的确是西康难以找寻的好地方。

从十四岁参加革命到现在五十三年的历程中，长征给了我革命生涯以决定性的影响，具有不可磨灭的印象。每当我想起牺牲在长征途中的战友们，一种强大的力量促使我对工作兢兢业业，认真负责。现在我虽然年近古稀，身体也大不如以前，但我要以一个革命老战士的标准要求自己，活到老，革命到老。要把自己的一切，贡献给我们的国家和人民，贡献给伟大的共产主义理想。

选自 1987 年 11 月《漯河文史资料》第一辑

从延安到东北

——四十年革命生涯回忆片段

王英樵[①]

1932年暑假，我从郾城中学师范班毕业。同学们都有两个月的实习期，我和同学胡位东免去实习，被校长常廉岑推荐到郾城第六高小五沟营去做教员。这个学校的校长常保一是常廉岑的哥哥。暑假前两个月我俩任课任教员，暑假后胡位东任教务主任，我任训育主任，都兼任不同的课程，每月工薪15元。第二年快放暑假的时候，经庶务主任透露说：做职员兼教员的每月工薪向县教育局呈报的是20元，发给15元，校长从中每月贪污5元。国难当头，一个青年到社会上想着能为国家和人民作点贡献，初到社会就受到贪官污吏的敲剥，实在令人愤怒不平。学期考试结束放假后，和同事张耿朗商量在他家的楼上写“打倒贪官污吏土豪劣绅常保一”的标语，利用夜间天黑无人，就在学校院内和五沟营寨内大街上及四门上张贴出去。第二天大清早我就直接去西平县乘火车到开封去了，原想到开封投考河南第一高师，因这个学校每月有5元公费补助，家中不花钱也可以节俭上学。当年招收两个班录取70人，报考的4000余人，然而第一高师未被录取，另外考取了河南艺术师专学校。这个学校是自费，由于家中贫困无力供给继续上学，从此，就下决心做一个漂泊者自谋生路。当时有个亲戚张和法在西安市任公安分局长；别的想不出办法，就去找他谋求职业。那时西安还不通火车。陇海铁路西段刚通到渭南，经渭南到临潼，徒步走了两天赶到西安，在亲戚家闲住两个月也找不到工作。一天表叔张和法对我说，有一个机关要用文

---

① 王英樵，郾城县人。1938年参加革命，历任教导主任、校长、省教育厅督学、县长、省工业厅副厅长、哈尔滨市工业部部长、建委主任等职。

书，但必须是国民党员，问我是否是国民党员？我说不是，他说填个国民党员登记表试试看，登记表也填了，文书的位置被他人挤占了，事情未成，在个人历史上还烙印了填国民党员登记表的污点。一个青年人住在亲戚家吃闲饭，心里实在过不去，总得有个生活出路。10月间，公安总局招考新警，我报考被录取，分配到西安东大街公安一分局书记室帮助做缮写工。冬天，公安总局新警训练班开学，让我去学习。一天上三次操讲四堂课，课堂上主要讲西安城市地理、违警罚法、交通规则、卫生规则、“三民主义”等。受训期间，正赶上杭州警官学校招生，限定高小文化程度，班上让我报名参加考试，考试结果，班上告诉录取，名列前茅，但三天后又告诉说不是陕西人不行。原来招考条件，并未限定非本地人不行，以后得知名额是被他人顶替。当时训练班出刊有警钟壁报，我曾投稿写过“青年救国的责任”，被怀疑思想“左”倾，让我的亲戚对我提出注意。值此东北沦陷、华北危急、国难当头之际，一个热血青年连句爱国的话都不能说，真是令人悲痛欲绝。

1934年9月，我的亲戚的一位朋友，原杨虎城部的一个旅长曹国华被任命为陕北洛川专员公署专员兼保安司令，我的亲戚任副官主任，把我也带去了，做文书收发工作。洛川是陕北重镇，张学良的行辕和六十七军王以哲的军部都设在洛川。这里距延安不足二百里，只隔鄜县和甘泉就到延安。洛川是陕北苏区的外围，从军队缴获的宣传品中常可以看到红军的情况。专员公署秘书处一位同事卫孑人思想进步，常给我介绍一些进步书刊如上海出的《光明月刊》《大众哲学》等让我看，对我的思想进步有很大帮助。1936年“双十二”西安事变期间，专署停止办公，国民党县党部被取消，成立了抗日救亡群众指导委员会。这时卫孑人我们二人直接到西安参加抗日救亡活动，到西安后他被派到陇东地区工作，这才知道他是地下党员。我在西安投考救亡运动训练班学习。不久，张学良送蒋介石去南京被扣，东北将领六十七军军长王以哲被刺身亡，继之西安事变和平解决，群众运动救亡训练班解散。从此，我和卫孑人中断了联系。无奈，我即从西安返回郾城家乡。到家后，有杨店小学校长张光灼老师邀我去学校工作，任训育主任。1937年2月到校工作。在这期间利用课余时间进行抗日救亡宣传活动，通过我表妹董秀英在漯河励行中学念书的关系，介绍认识了励行中学的同学谭西海、陆广治、罗芳清、罗秀清、陆秀芳等，乘星期天从杨店小学常去漯河和他们见面研究抗日救亡活动和学习方面的问题。当时国民党军队一〇五师杨子恒部驻漯河，部队的政训处很反动。已处抗日战争的前夕，他们还镇压抗日救亡活动，实行白色恐怖，把励行中学的同学谭西海等逮捕了。我在学校工作也有人向我散风说："你要在地方工作，要保持饭碗，必须得参加国民党什么组织（大概是 CC 派）。"我坚决表示，我向来不愿在地方工作，更不愿参加国民党什么组织！由于政治环境恶劣，我即借故辞职于 5 月间离校。当时有杨虎城部独立十九旅驻防河南中牟县，有位朋友曹兴仁在旅部工作，我找他求职，被安排在旅司令部做书记。"七七"卢沟桥事变后，在旅部编印抗战新闻。后因蒋介石为消灭异己，把军队进行改编，旅长沈玺亭名义上提为副师长，实际把军队四个团编散了，旅长成为空头司令。10 月间我又回郾城家乡，被五沟营第六高小任教务主任的同学胡位东邀请到学校任教。平时上课，星期天带领高年级的学生到乡下进行抗日救亡活动。1938 年元旦学校放假，我去郾城看望同学。放假期间五沟营被土匪占了，学校陷于停顿。既然如此，不如远走高飞，我背着双亲，离开家乡，前往西安，想去延安学习。

去西安想找卫孑人，但打听不到他的消息。这时我的表妹董秀英在西安（她和国民党军队的一个连长赵文斗结婚了），据她讲励行中学的同学罗芳清、罗秀清姊妹二人去了山西阎锡山办的民族革命大学，问我是否愿去？这时太原已经沦陷，民大已经迁往临汾。平时知道阎锡山是个老军阀，他办的民大情况复杂，听说托派头子张慕陶、叶青都在那里任教。阎锡山是借抗战之机收买青年扩充私人势力，不能去。临时在妹夫赵文斗的新兵连里做司务长兼文化教员。当时军队驻防凤翔、岐山一带，平时除给新兵管理伙食，上文化课之外，还出去做些救亡宣传活动。2 月间去的，5 月间团部政训处提出，说我有"左"倾嫌疑，通过赵文斗对我提出警告。华北已经沦陷，国家、民族处于危亡之际，抗日救亡活动仍受限制，在这里醉生梦死何以为人？决定不干，先去西安再想方设法前去延安。

奔赴延安

这时正巧有励行中学的同学罗芳清、罗秀清二人从山西给我表妹董秀英来了信说：她们已离开民大到了八路军随营学校学习，并说西安八路军办事处有延安抗日军政大学和陕北公学正在招生。喜从天降，我立即离开部队前去西安。到西安后住在一家旅馆里，经过与八路军办事处联系，办理了投考陕北公学的手续。一天，在大街上遇上原在西安公安总局训练班时的班长于俊声，在训练班时，他文化水平低，常让我帮他学文化，成为当时的挚友，有较深的感情。这时他从杭州警官学校毕业，已成一位警官，任派出所所长。他很诚恳地、坚决地非让我搬到他那里去住，我无法推脱，不得已搬到他那里住了三四个晚上。谈论中他知道我要去延安学习，即向我进行反动宣传，说延安生活非常艰苦，吃小米、穿草鞋、没有工资，到那里受不了。现在抗日战争已经开始，在哪里都是抗日救国，并说中央军校七分校和西北战干团都正在西安招生，七分校负责人严立棠是公安局训练班时的副队长，他是黄埔军校第四期的毕业生，他俩关系很好，他愿意写信让我免考进去。当时我在八路军办事处陕北公学招生委员会已经报名，正在考试。为了避免他的纠缠，我假意答应，中央军校我可以报名，不需要个人介绍，凭自己考试成绩，考取我去，考不取我不去。他知道我的为人，同意了我的意见。待陕公考试完毕录取后，临走的当天，我告诉他说今天我要走了。他说你去哪里？我明确告诉他，在八路军办事处考取陕北公学，决定去延安学习。为了救国抗日，正需要在艰苦中锻炼，不为升官，不为发财，只希望做个对国家有用的人。过去几年，我的遭遇你是知道的，说到这里他掉了眼泪。看我意志坚决、无法说服，送给我 20 元钱含泪分手了。到了八路军办事处，随同大家编队（一起走的有四十多人），背着行李（衣物和一条毯子），徒步起程，到关中旬邑县看花宫陕北公学分校去学习。从此，才算真正踏上了革命的征途。

陕北公学分校所在地旬邑县看花宫，距西安三百多里路，途经咸阳、泾阳、三原、耀县到旬邑，多系山区。沿途越岭，完全是行军生活，每天行军七八十里路，走了五天，到了目的地陕北公学分校。陕公分校是从延安陕公总校分迁出来的。我们是第一期，共三个队。编队从总校连续算起，编为 29 队、30 队、31 队（女生队），每队 200 人左右。学生来自全国各地，还有港澳与南洋华侨。1938 年春天，是国共两党统一战线高潮时期，西安是国共两党争夺青年的中心地。国民党在西安设有中央军校七分校和三青团的战干团。青年们根据自己的志愿，各寻自己的出路，有的留西安，有的去延安。当时有个很响亮的口号——青年的方向在延安。西安附近关中地区，共产党设有两个学校，一个是陕公分校，一个是三原安堡青训班（冯文彬任主任），和国民党的七分校与战干团遥遥相对。陕公分校的校长是罗迈（李维汉），教育长邵式平，政治部主任周纯全，都是经过两万五千里长征的名将。队长、指导员是从总校先期毕业的同学中选拔的，区队长和协理员也多是经过长征的知识分子。学生程度高低不同，有大学生、高中生、师范生、初中生、工人，个别的还有国外留学生。男女生分别编队。课程设置根据抗战的需要，设有中国问题、政治经济学、群众运动、游击战争、军事体育等。“中国问题”由原广东中山大学教授、共产党员何干之讲授；“政治经济学”由从苏联回国的李培芝（王若飞的爱人）和李凡夫讲授；“群众运动”由邵式平教育长讲授，他和方志敏都是出名的群运领袖；“游击战争”由周纯全讲授；“军事体育”由东北军的一个教官负责。上课没有教室，都是采取露天上大课的形式进行。学校的校训是：“忠诚、团结、紧张、活泼”。生活和学习很紧张，但精神愉快。吃的是小米和白面馒头，因为这里属关中地区，是产小麦的地方，也产小米，比延安地区要富裕一些。学生的服装是各人穿自己原有的衣服，有学生装、有西服、有工装，女同志有穿旗袍的、裙子的、学生服的，什么都有，自己有啥穿啥，学校不限制。个别特殊困难的，学校给予救济补助。学习期间，学校号召同学们给亲友、同学写信，欢迎他们到陕公学校来学习。当时，我曾经给几位同学写信介绍情况，请他们出来学习，以后听说有鄘城中学和师范班的同学曹世超、朱良才到三原安吴堡青训班学习一段，因身体不适应又回家乡了。陕公学校学习五个月毕业，并发了毕业证书。毕业后的去向由组织分配，大体上分为有去前方工作的，有去大后方工作的，有留校工作的，有去延安继续学习的。我决定去延安继续学习。10月间毕业，这时正是武汉失守，也是抗战后第一次反共高潮开始。从此，全国各地去延安的青年开始受阻，西行已没有自由，有的被扣，送往国民党战干团，有的送往集中营。我们四五十人是从陕公分校直接去延安的，完全在陕甘宁边区根据地范围，约八百里路全是山区，一路翻山涉水，穿越高原，经过十多天到了延安。当时心中有无法言表的高兴，延安是革命的心脏，是革命圣地，是党中央毛主席居住的地方，是根据地的大后方。抗战初期，延安的学校有抗日军政大学、陕北公学、鲁迅艺术学院、马列学院、中组部训练班，以后增设有中央党校、自然科学院、女大（以后改为延安大学）、行政学院、医科大学、新文字干部学校、边区中学、保育小学等。我到延安后继续在陕北公学高级研究班学习，当时研究班有两个队，每队约二百人，我被编在第二队，总校校长成仿吾，教育长江隆基，课程设有社会科学、哲学、联共党史、中国近代史等。教授都是中央领导机关的同志，哲学是艾思奇、陈唯实讲，联共党史是陈昌浩讲（当时中文版还未出版，陈昌浩精通俄语，是按俄文原版讲的），社会科学是徐冰讲，中国近代史是杨松和吴亮平讲。有时毛主席、陈云、李富春也去作报告。我们是10月下旬到总校开始学习的，到校不久，有九架日本飞机第一次轰炸延安。当时延安城内很繁华，又是星期天，飞机轰炸造成一片混乱，不过商店都设在靠西山的窑洞附近，所以人员伤亡不大，城内房子多被炸毁。陕公总校是在延安北门外半山坡的窑洞里居住，飞机轰炸那天，有许多同学到城内玩去了。我因刚到延安，在已是10月底的深秋天气还没有棉衣，正在把买来的一斤棉花用单上衣和衬衣自己在校缝制棉袄，没有到城内受到飞机轰炸的惊吓。

延安的生活，比陕公分校要艰苦些，因为陕公分校地处关中，是产小麦地区，天天可以吃到馒头。延安附近各县都是生产谷子和苞米，所以多是吃小米，每星期才能吃到一次馒头，有点带肉的菜就算是改善伙食会餐了。平常小米饭的锅巴都抢着吃，感觉吃着很香，很有味道，大家都把它叫列宁饼干。每个月每人有一元钱的津贴。那时东西便宜，一元钱到小饭馆可以炒三个菜。一发津贴，到吃饭时候大家端着小米饭就到饭馆买炒菜去了，互相请吃，非常有意思。当时我们队有两个同学是南洋华侨，他们家中寄钱来就让他们请客，到馆子炒几个菜，大家饱餐一顿。学生是男女同队，分住在窑洞里。每个窑洞有一铺炕，一个炕上睡七八个人，拥挤的翻身都困难。大家来自天南海北，同吃、同住、同劳动、同学习，团结友爱、互相帮助，不分彼此、亲如手足，真是四海之内皆兄弟也。个人的生活用具很简单，一个搪瓷缸子可以多种用途，终日拴在腰间的皮带上，早晨到延河之滨去洗脸可以作脸盆，可以作漱杯，吃饭时可以作饭碗，可以作菜盆，喝水时可以作茶杯，生活简单愉快，作风紧张活泼。回忆起来，这是我一生中最愉快、最有生气、最幸福，也是最有意义的一段生活，永远留恋难忘。

1939 年 2 月，学习期满毕业，工作由中央组织部统一分配。我和鄜城中学时的老师孙敬毅同志等几个人由于过去教过书，中组部介绍到边区政府教育厅。当时教育厅长是周扬同志，经他亲切谈话，介绍工作情况，说保育院小学部急需教员，并说保小是干部子弟学校，因为统一战线的关系，对边区以外叫陕甘宁边区保育院小学部，这样可以从重庆宋庆龄主持的全国保育总会领到一部分经费，所以叫保小不叫干部子弟学校。随后，教育厅通知保小来人带着牲口，驮着我们的行李到距延安 80 里路的安塞白家坪保小去工作了。

“园丁”三年

后来我知道保小成立于 1937 年，当时叫鲁迅小学。最初，校长是教育部长徐特立兼任。1938 年改为边区师范附小，开始只有几十人，以后有 100 多人。1939 年 2 月搬到安塞白家坪时已有 300 多人，行政领导为边区政府教育厅。中组部、西北局、中央妇委对学校都很关心，经常过问。学生来自四面八方，有中央领导同志的子女，如毛主席的侄儿毛华初、侄女毛远志，刘少奇同志的儿子刘允斌、女儿刘爱琴，项英同志的女儿项苏云，肖劲光同志的儿子肖永定，方志敏烈士的儿子方荣柏、方荣竹，刘志丹烈士的女儿刘力贞，刘志坚烈士的儿子刘虎生，李维汉同志的儿子李铁映，丁玲的儿子蒋祖林、女儿蒋祖慧等以及地方干部县以上领导的子女，军队团以上干部的子女和父母在敌后或国民党统治区地下工作同志的子女，烈士子女，也有朝鲜干部的子女，都有在这里学习的。这几百个孩子男女大体各半，他们的年龄悬殊，最大的十七八岁（过去没机会念书），最小的七八岁，但大家都能和睦相处、团结互助、相亲相爱、情同手足，同生活、同玩耍、同学习，形成一个幸福的乐园。

白家坪，是山口外的一个小村庄。有一批原来地主留下的石窑洞，又打了一部分新窑洞，背后靠山，门前临道。这时保小的校长是郭青同志，抗战前他在陶行知办的淮安学校工作。生活指导主任兼学校支部书记是彭镜秋（女）同志，她是大革命时期的老党员，抗战后从南京监狱释放出来。总务主任刘坤模（女），是彭德怀原配夫人。我任教务主任。1940 年以后，教务、教导合一改为教导主任，我在这个学校工作了三年，担任两年半教导主任、半年校长。

当时保小教职员工近百人，学生 300 多人。教职员工的情况，从革命经历来看，有 1925 年大革命时期参加革命的老党员，他们在白色恐怖中出生入死，久经考验，如彭镜秋、孙敬毅、宋恩纯、周文楠几位女同志；有参加两万五千里长征和陕北土地革命与敌人作殊死斗争的，如罗冬祥、谢肇通、贺吉树、梁加业、肖义贵等同志；有新到延安参加革命的大批爱国青年知识分子，这些同志有抗大毕业的、陕公毕业的、鲁艺毕业的、女大毕业的、马列学院毕业的、中组部训练班毕业的、青干校毕业的。从他们原来的学历看，有大学生、师范生、高中生，有的过去做过教育工作，有的没有做过教育工作。总务和保育工作人员，多是文盲半文盲，或者念过小学。教职员工来自全国各地，有的来自白山黑水的东三省，有的来自南洋群岛的爱国华侨，有的来自黄河和长江沿岸各省市，民族有汉族、满族、蒙古族、朝鲜族等。他们民族不同，学历不同，经历不同，语言不同，生活习惯不同，但有一个共同的目标——打日本救中国，最终实现人类的理想共产主义。共同的理想和目标把大家团结在一个革命大家庭中。学校的生活也是艰苦的，师生都是供给制。教职员与学生所不同的是每月有三元钱的津贴，当时毛主席、朱总司令等中央领导同志也不过是五元钱津贴。学校的伙食师生都是一样的，大家一起吃饭。教职员工认真学习，积极工作，热爱学生。教师们的任务是双重的，既要教学生文化和科学知识，又要负责生活管理，既教书又育人、当老师，又当学生，处处可以学习并得到锻炼，是一个真正的革命大熔炉，革命的大家庭。

学校实行供给制。衣食住全部公家负责，每人每年发灰布单衣一套，白布短袖衬衣，灰短裤两套，草鞋、棉鞋各一双，冬天发自制白布袜子一双，每个月一元津贴。孩子们穿衣服费，破了补，补了破，缝缝补补倒无所谓，可鞋子坏了是很难办的，不管大小都知道省鞋穿，有人找同学打草鞋，有的同学干脆在热天打光脚板，把鞋省下来在最需要的时候穿。

同学们铺盖条件都很差，小而单薄，学校有种互相友爱的好制度，就是把大同学和小同学搭配开，给每个小同学都分一个大哥哥、大姐姐，这个小弟弟、小妹妹的一切生活琐事都由大哥哥、大姐姐照料。有的没有被子，分配住房时大的和小的分到一个窑洞里合盖被子。当时学校的经济条件有限，不能给每个同学解决被褥，只能重点解决或者个别补助一部分。团结友爱，互相帮助，大同学帮小同学是很好的校风。

吃饭军事化。吃饭阵势很有趣，有浓厚的兵营色彩。开饭前值日的大同学去厨房把已经装好饭的大木盆抬到大操场附近厨房的一边，一字形拉开距离排好，把已装好了菜的白铁小菜盆前后左右拉开一米多的距离纵向摆成十多行，然后看守着、等待着。开饭吹吃饭号，全体师生在操场大集合，学生大队长或值勤中队长喊“立正，向右看齐向前看”的口令，然后指定一个会指挥唱歌的同学，出队指挥唱吃饭歌，歌词是“我们的粮食是老百姓供给的，我们就应当加倍努力，服从纪律，用功学习，准备去打倒日本帝国主义，实现共产主义。”唱完吃饭歌，按先小后大的顺序进入饭场，由值日同学打饭，打圈由组分菜，菜分完后全体等候开吃饭令，这时大队长或值勤中队长吹一声长哨，喊一声“开动”，大家才叮叮当当吃起饭来。就餐时间半小时，那时候一切行动都是军事化，包括吃饭在内。习惯了，大家既能遵守纪律，又能愉快饱餐。

保小的卫生工作，在艰苦的生活条件下，不论是环境卫生，个人卫生，还是医疗卫生都是很出色的。

当时学校宿舍分团结、友爱、勇敢、活泼四个区，每个区都有选出的大同学做“号长”，为卫生管理干部，其责任是管理同学住宿、生活和劳动。室外组织同学轮流打扫，室内组织同学轮流值日整理内务。除负责扫除外，把被子挨墙摆成一条线，整理得平平板板，四四方方，看起来像墙一样齐，像军队营房一个样。个人卫生事项主要是洗衣、洗澡、洗头、刷牙和洗脸。洗衣、洗澡除冬天外，每星期在延河里连洗澡带洗衣一周一次，冬天每星期煮一次衣服以灭虱子。洗衣、洗头，大同学自理，小同学是阿姨洗，洗脸有洗漱棚，用做好的木槽通向水房，洗漱棚有土自来水装置，孩子们站在槽子两边，一个个用毛巾、牙缸从洞孔处接水洗脸、刷牙非常方便，那时没有牙膏，多是用牙粉和盐水刷牙。

医务室：学校的医务室只有一间十几平方米的窑洞，里边有小药柜、一张桌子、一个方凳、一张条凳，在物质条件极端困难条件下，医务人员想方设法保证孩子们的健康成长，医生、护士都是参加红军长征的同志，对待同学和自己的亲生孩子一样关心。冬天为预防感冒就找中草药煮汤给孩子们喝。为预防冻疮，自制油膏给孩子们擦脸，有了冻疮抹些自制的冻疮膏。夏天午睡起床后，都加一顿绿豆汤，以解热消暑。传染病蔓延时，学校除积极治疗外，还临时放假若干天，让孩子们疏散回家，无家可归的，临时和病人隔离开，以免传染。

学校后勤供应工作很艰苦。生活供应、日用品和学习用品的运输多是从 80 里以外的延安运来。总务科的同志，不论刮风下雨，严冬酷暑，赶着骡马从延安运来生活用品，从山沟里驮来煤炭。一年365天，很少有休息的时候。

当时全校学生300余人，分为五个年级十个班，每班20至40人不等。每班都有级任老师（即现在的班主任）一人。课任老师二三人，学制五年。一、二、三年级是初级班，四、五年级是高级班。教学设备很简单，没有桌凳，每人一个小木凳、一块小木板，以膝盖支上木板当桌子，有时在窑洞上课，有时露天上课。课程除国语、算术、历史、地理、自然常识等文化课外，还有劳作课、军体课，高年级每周有一次形势报告，讲抗日战争形势，或讲抗战的理论，通俗地讲毛主席的论持久战、论新阶段、新民主主义论等，有时也讲关于思想品德方面的问题。十来岁的娃娃学这些东西是不容易的，但他们思想明确地记着“今天在这里学习，明天为国出力，新中国要我们建立”的教导，每个人都把自己当作革命的后备军，未来国家的主人翁。都明确今天的学习，就是为了明天参加战斗，有了这种精神，重担也就不重了，难题也就不难了。老师积极热情地教，同学们如饥似渴、刻苦认真地学，所以教学质量比一般小学要高。由于老师们为培养革命后代而工作，在大家的辛勤哺育和正确的教导下，保小的学生受到了良好的文化科学教育，更受到了爱国主义、共产主义和国际主义教育。从1940年到1941年，在高年级年龄稍大的同学中，有二三十人输送给战斗部队和被分配到中央机要部门去工作。

学校衣食虽然都由政府供给，可是日子和边区人民一样艰苦。在艰难困苦的情况下，为了打日本救中国，为了打破国民党的围困封锁，毛主席提出“自己动手，丰衣足食”的战斗号召，开展了大生产运动。自力更生是为了自救，更是为了救国。那时《生产歌》中唱：“开荒呀开荒，前方战士要军粮，织布呀织布，前方战士要衣服。”还有一首歌词中唱：“你弹毛来我纺织，织下毛衣送军营，你拿锹来我拿锄，种瓜种菜又种豆，生产起来齐动手，自力更生把国救。”在党中央毛主席的号召下，在边区政府的领导下，全边区党政军民开展起来了“自力更生，丰衣足食”的大生产运动。上自毛主席、朱总司令，每个人除做好工作学习之外还有生产任务；军队除粮食自给外，还给政府交公粮。保小在这一大生产运动中也不例外，教职员除完成教书育人任务外，也都要完成规定的生产任务，有的纺棉花，有的捻毛线。连小孩子也参加生产运动，主要是学校要做到蔬菜自给自足。学校在延河边开了40多亩菜地，设有懂得种菜的管理员，指导种菜、整地、播种、浇水、施肥、除草、收获，由老师带领并组织大的同学参加。在河滩的菜地里种有西红柿、南瓜、白菜、萝卜、莲花菜、辣椒、茄子等。在山坡上还开荒八九十亩地，种植土豆、大豆等。冬季蔬菜窖藏的如白菜、萝卜、土豆等大量储存起来，做冬季和第二年春季食用。除了种菜、种地外，还常组织大同学上山打柴、背柴，因为是山地，不能车运，只能人背，牲口驮。在大生产运动中，不参加种地种菜的一部分女同学，女教职员组织参加纺棉花和捻毛线等劳动。总之教职员除完成教学任务外，都参加生产劳动。学生除完成学习任务外，根据年龄大小都参加力所能及的生产劳动。劳动也是必修课，对培养学生的劳动观点，群众观点，爱祖国、爱人民的思想和艰苦奋斗精神，很有成效。

保小培养了大批人才，而今遍布祖国各地，为党和人民作出了重大贡献。当时在学校就出现不少好苗苗，现在回忆起来如几个学生干部像毛远志、毛华初、刘允斌、谢绍铭等同学，父辈亲属都是革命的领袖，但这些同学从不依仗父母的威望、地位而表现特殊，恰恰相反，他们向父辈学习，表现更加谦虚谨慎。总是吃苦在先，享受在后，事事带头，处处当模范，在同学中威信很高。还有刘德才、陈慧连（小红军）、马正方、郭官位、强中楼，他们也都是学生干部，他们都是同学的代表者、组织者。他们把同学当小兵带，同学们也把他们当小首长尊敬。同学们聪明伶俐，人才辈出，当时小画家洪小灵（作家洪灵菲之子），小歌唱家陈英、陈英秀、何文康、何靖康、毛海英、刘幼雪等都很有名。记得有一年，在“九一八”纪念会上何文康、何靖康小姊妹俩在台上演唱《松花江上》这首歌，台上、台下老师、同学产生了强烈的共鸣，感动得大家都哭泣落泪。小演说家于龙江、项苏云等，不管在学校开会代表同学讲话，或是去延安参加比赛活动，他（她）们小小年纪，举止大方，走上讲台，脸不红，心不慌，从容自若，口齿清晰。讲起话来声情并茂，深得大家称赞，曾有“小演说家”“小政治家”的称谓。在学校和边区的比赛中总是名列前茅。

当年的圣地幼苗，有许多人如今都成了国家的栋梁，现在中央部长以上的干部如国家教委主任李铁映，建设部长林汉雄，冶金部长戚元靖，轻工业部长曾宪林、副部长肖永定，体改委主任贺光辉，体委主任伍绍祖等都是保小学生。

保小的许多学生不仅聪明伶俐，而且勤学好问，爱憎分明，无私无畏。他们学习目的明确，长大决心为祖国的独立、民族的解放、人民的幸福而努力奋斗。当年党中央、西北局、边区政府各级领导同志对这些革命后代，都非常关心爱护，如八路军总司令朱德同志，边区政府主席林伯渠同志，边区参议会副议长谢觉哉同志，五省联防司令萧劲光同志，副司令王维舟同志，三五九旅旅长王震同志，教育厅长周扬同志，周文同志以及肖三、丁玲同志和国际友人路易·艾黎、马海德同志等都曾到过学校参观、看望孩子们。党的许多领导人都给孩子们题词，鼓励他（她）们好好上学，努力学习，将来做一个有益于人类、为大众服务的人。

生活的食粮，满足不了孩子们成长的需要，精神上的食粮常常是充足供应，有求必应。谁能想到当年在保小和延安的部分同学的小小笔记本上，会看到这样的笔迹——毛泽东同志大笔写道：“又学习、又玩耍”“为人民服务”“光明在前”。

朱德同志写道：“小朋友，努力学习”。

周恩来同志写道：“艰苦奋斗，努力学习”。

洛甫同志写道：“好好长大起来，成为中华民族的优秀战士”。

任弼时同志写道：“长大了，当个革命家”。

林伯渠同志写道：“努力丰春华”。

陈云同志写道：“努力学习，将来做一个有益于人类，为大众服务的人”。

凯丰同志写道：“努力学习”。

罗迈（李维汉）同志写道：“中国的主人”。

张鼎丞同志写道：“如日之升”。

王首道同志写道：“愿你学习毛主席、朱总司令！愿你活泼、健壮和进步”。

康克清同志写道：“小同志，学习猛进”。

南汉宸同志写道：“努力学习，造成一个很好的革命青年”。

看了这些题词，我不知道该用怎样的语言来评价这些题词的内涵。我只能看着题词而默默沉思，我只能感觉到我的热血、我的泪水、我的思潮，随着它而起伏翻腾，随着它回到五十年前艰苦而幸福的岁月中。

在边区教育厅任督学

1942 年，我从保小调到边区政府教育厅担任督学工作。为了调查延安专区所属延安县、延长县、延川县、安塞县、甘泉县、固临县、鄜县、子长县、志丹县等县的学校教育与社会教育情况，3 月间听了贺龙司令员作的整风动员报告之后，经过一段学习，督学室几个人分头出发到各专区（当时陕甘宁边区管辖延安专区、关中专区、陇东专区、三边专区、绥德专区等五个专区）所属各县进行教育视察。我分工到延安专区所属各县。陕北都是山区，只有一条从西安到榆林的公路，可以盘山而行走汽车，但由于国民党胡宗南几十万军队对陕甘宁边区的包围，公路只是穿过延安，很少有汽车（抗战开始，爱国华侨陈嘉庚捐助有几辆救护车）。其他车辆如马车、牛车、胶轮车也都没有。运输的主要交通工具是牲口，驮货物、驮煤炭、驮庄稼、驮人等，笨重物品主要是马匹、骡子来驮。代人步行的主要是毛驴，我到各县去查学，主要是骑毛驴。山区小道毛驴走起来轻便灵活，转山小道看起来很危险，从山上往下看头晕眼花，但毛驴走起来却很稳当。所骑毛驴不是固定的一只，而是到每个县由县里代雇，一个县到一个县。山区多是偏僻的山村，集镇很少。像延安县甘谷驿、延长县的蟠龙、子长县的瓦窑堡、安塞县的真武洞等，有二百来户人家就算大镇子了。所以学校比较分散，每个县一般只有一所完全小学，多属初级小学。虽然是战争时期，边区政府对教育工作很重视，每县都设有教育科负责教育工作，学龄儿童基本没有失学的。社会教育也较普及，各县城都有民众教育馆，根据生产季节灵活安排教学时间，如农忙时学生放农忙假。成人教育，普遍组织四十岁以下的男女上冬学，或结合民兵训练组织冬学短期学习。因汉字笔画复杂，不好认，不好写，便采用新文字（拉丁字母拼声）编成课本进行学习。当时教育厅专设有新文字干部学校，教育厅专门编有新文字课本，边区专门出有新文字报。学校的教育内容，根据战时国防教育的方针，学习文化知识，学习科学与生产知识，学习政治与时事，进行爱国主义与国际主义教育。根据学生年龄的大小，编为少先队与儿童团，经常进行社会宣传活动，配合社会治安要求，组织轮流站岗放哨，清查来历不明的人，保卫边区安全。社会青壮年除动员参军外，参加冬学的民兵都按着战时要求，参加民兵训练，随时准备配合正规部队参加民兵战勤，打击反动派和日本侵略者的进攻，保卫边区、保卫祖国、保卫党中央，争取全国抗日战争的胜利。

出席延安边区文教大会

1944 年 10 月，延安整风运动基本结束后，陕甘宁边区政府在延安召开了边区文教代表大会。代表都是由各地区各县从基层选举产生的。有文化、艺术、音乐、戏剧方面的代表，学校方面的代表，社会教育方面的代表，共六百多人参加了大会。毛主席在大会上作了“文教统一战线”的报告。我在绥德实验小学工作中，在绥德分区召开的文教代表大会上被评为“执行新教育方针”的甲等模范，所以这次作为绥德分区的代表出席延安边区文教代表大会。大会上提出“百花齐放，百家争鸣”的方针，大会民主团结、自由讨论、生动活泼，热烈的情况回忆起来仍历历在目。

万里长征　奔赴东北

1945年8月15日，日本侵略者战败，宣布投降。中国人民本来可以开始医治战争创伤，重建家园，恢复和平生活，但是，国民党反动派却阴谋发动反革命内战。它一方面假意宣布邀请毛泽东主席去重庆进行国事谈判，另一方面给八路军、新四军下达了原地待命，不准接受日军投降的命令，同时布置国民党军队向我华北根据地大举进攻。党中央、毛主席识破了敌人的阴谋诡计。毛主席冒着生命危险，毅然去重庆和蒋介石进行谈判，同时组织力量粉碎蒋介石的进攻，命令八路军、新四军挺进敌后，接受日军投降；抽调军队和大批干部，星夜兼程开赴东北，解放被日本侵略者压迫蹂躏十四年之久的东北人民。在延安去东北的干部动员会上，毛主席英明地预言："抗日战争胜利后，谁占领东北，谁就能占领全中国。"1945年9月我们经绥德组织批准，随同西北局组织的干部队和抗大干部队一起，带着家属和吃奶的孩子，人背驴驮，踏上奔赴东北的万里征途。和电影《啊！摇篮》的情景一样，我们从陕北东渡黄河，穿越山西、河北、绥远、察哈尔、热河、辽西、辽北各省区，行军三个月，到了白山黑水零下40℃的大东北。在晋西北穿越同浦路敌人封锁线时，没有部队护送，只有地方民兵掩护。干部队的同志们带着孩子老婆，一夜急行军130里，越过了一公里宽两边都是敌人碉堡包围的封锁线。很奇怪，夜间急行军中，小孩不哭，驴子不叫，到天明太阳出山，安全地穿过了这危险的地带。去东北沿途多是山区，常是早晨出发上山，到天黑才能走到山下找到村庄宿营。记得经过热河一个地区，连走四天没有人家，都是野外露营度过的。过封锁线时，为了轻装，每人只能带十斤重的东西，多余的全部扔掉或送给老百姓。因此，12月下旬到东北时大家还都没有棉衣，到辽西阜新民主联军总部后（第四野战军开始的番号）每人才发给一件灰棉袄。当时由于锦州被国民党军占领，并开始进攻黑山、新立屯，在零下30℃，我们五天五夜急行军赶到沈阳附近的法库县。

从延安出发前，原来想着日本投降了，中国胜利了，东北有许多大城市，我可以在和平的环境中，可以在城市办学校，继续做教育工作。但客观情况的变化，和自己的愿望相左。我们到东北时，已是战争环境，根据工作需要，开始留在接近战争前线的辽西康平县工作，辽西行署委任我做康平县教育科长，实际只办了一期教员训练班。因为当时是开辟工作，接收一个县也只是去几个关内的老同志，往往只是有县委书记、县长、大队长、公安局长等几个人。我们到康平是第二批，先我们而去的第一批同志县长、公安局长已经牺牲了。我到康平县政府任教育科长，实际是做政务秘书兼民政和教育科长，另外有县长张雪涛，财粮科长苑凭，其他都是伪政府留用人员。康平当时距战争前线只有几十里路，主要是做战勤工作，支援前线。1月间到康平，8月间敌人占领康平，在那里只工作了几个月，从康平撤离时，县长、县委书记带领县大队坚持武装斗争。我带着县政府的四十多名干部，地委组织部长曾志同志（省委书记陶铸同志的爱人）带着地委机关四五十名干部，在一骑兵连掩护下，绕道蒙古地区，行军两个多月，到了辽吉省委驻地白城子。我们带出来的干部，一路行军中自动脱离逃跑了一半。东北长期被日本鬼子统治，正统观念很重，只知道有国民党，不知道有共产党，看到穿灰棉袄的八路军，衣服破，武器差，认为八路军占不长，所以途中有些人偷着跑了，当时能跟着走的算是革命的。那时土改还没有进行，群众尚没有发动，好坏人也不易分清。在康平县曾发生县委书记田某同志一天晚间带着县大队一个排，到区上去援救被土匪包围的区政府时，途中被自己的警卫员打死的事（警卫员是新吸收的地方青年，曾经当过伪满的警宪人员）。从此，有个教训，用警卫人员，向关内来的老部队中去要，地方新吸收的青年不敢用。一直到1947年至1948年地方进行了土改，分清了阶级队伍，才算改变了这种状况。

经过两个月绕道蒙古行军，到白城子已近10月了。省委组织部分配我到洮南辽吉省委党校任班主任。当时四平失守，辽西一些县陆续撤出，为了保存力量，将他们和原来从关内来的一部分老同志，加上各县新吸收的党员共300多人，都组织到党校进行学习。那时党组织还未公开，对外是工农干部学校，对内是党校。大家一面学习，一面打柴劳动（学校取暖做饭用）。党校距战争前线很近，要随时准备打游击战争。我爱人周文楠在学校做机关支部书记，因为有一个两岁的女儿，于11月和一部分家属一起到黑龙江省太安县后方留守处去了。1947年2月，党校第一批学员毕业，当时我正患肺结核吐血，也去后方留守处休养。到太安后，当地正在开展土地改革运动和动员参军，地方工作异常紧张。县委书记、县长等同志都到乡下领导土改去了。开始，我带病到县政府帮助工作，担任政务秘书，负责县政府日常工作并和公安局长一起负责县城的群众运动工作。随着形势发展，东北解放，大军南下，大批干部随军进关。1949年3月，我留在太安任县长。1950年2月调到沈阳。周文楠同志到沈阳市法院任刑庭庭长。东北局让我到沈阳市委宣传部任宣传科长，我因不善于写文章，不会编报纸，不愿做宣传工作，但还是服从组织决定，去进行了交接。后来体检发现有肝炎，未到职工作，即去大连休养了，去宣传科工作也就此作罢。5月间，毛主席亲自写信给周文楠，让她去湖南接她母亲去东北。她于5月回湖南，到各处看望了亲友，加着生病一段时间，10月间才和她母亲周陈轩老人一起回到了沈阳。这时抗美援朝战争即将开始，大连已在疏散人口，我回到了沈阳，沈阳也开始疏散人口。东北局组织部又让我们第二次回黑龙江，因为黑龙江背靠苏联，是大后方。到黑龙江后，省委组织部体念我身体不好和周陈轩老人新来东北，原在太安工作过几年，情况较熟，又让我回太安任县长。1952年2月第一次三五反动结束后，把我调到齐齐哈尔原黑龙江省工业厅任企业公司经理。1953年任省工业厅副厅长。1954年东北大区撤销，恢复“九一八”以前的东三省，把原来省会设在齐齐哈尔的黑龙江省和省会设在哈尔滨的松江省合并成为现在的黑龙江省。我在哈尔滨担任城市建设局局长兼党组书记。1958年调哈尔滨市委先后任基建部、工业部、工交政治部副主任。“文革”后任市战备办公室、城建办公室副主任、市城建局党委书记兼局长、市城市建设委员会副主任等职。1983年离职休养。而今已成年逾古稀、须发斑白的老人了。但只要人老心不老，就会永远年轻，我要活到老、学到老，余热发光，有一分热发一分光，不负人民哺育，不负党的教养，生命不息，奋斗不止，为人民服务到最后一分钟。

选自 1990 年 12 月《漯河文史资料》第四辑

走上革命路

周云章①

七七事变后，问十镇冠英小学在党的领导下，以进步教师、学生为主组织了“战事服务团”（以下简称“服务团”），共50多人参加。我是往届毕业生，也参加了“服务团”的活动。“服务团”的团长是张鸿杨老师，我任副团长。它的主要任务是唤起民众，抗日救亡。口号是：“国家兴亡，匹夫有责，有钱出钱，有力出力，誓死不当亡国奴！”宣传的形式有街头演讲、唱救亡战歌、演话剧。歌曲有《松花江上》，话剧有《放下你的鞭子》。大部分是利用课余时间或节假日下农村宣传，并有目的地向一些富户募捐。我们把捐来的款少部分交国民党地方政府，求得他们的支持，便于合法活动，大部分交给我党作活动经费。

从1938年到1939年春，乘国共合作抗日大好形势，党组织在冠英小学很活跃，不少进步师生被发展为党员，并选送有志青年到竹沟、延安学习。我是1938年秋季经校长朱灿东（县工委书记）介绍加入中国共产党的。加入组织后，他让我准备30元路费，组织上补助20元到延安去学习，我很高兴。但是，因家庭经济困难（全年收入也不到30元），没有去成。朱校长对我说：“这次去不成，下次再去吧。”这次去延安的有麻继先（曾任南海舰队副政委）、师凤翔（曾任北京海军司令部政治部副主任）等人。一个月后，朱校长叫我到河南确山竹沟训练班学习，一同去的还有张培英（黄李人）。他写信让我去找特委换信，当时特委设在舞阳城南街一家药铺里，管辖舞阳、叶县、襄县、西平、临颍、许昌和郾城7个县。他们找到特委书记周泉森同志，他让“民先”（民族解放先锋队）给我们写了信又画了路线图，我俩便带着行李从舞

① 周云章（缺）。

阳出发了。当时路上很乱，自卫队、土匪到处盘查。我们从出山到板桥就遇到几起盘问，说是到确山上中学去，都顺利通过了。从沙河店到竹沟要走三十里山路，走到十字路口，被两个家伙拦住检查，检查后抓住行李不放，我们不给，相持了一个多小时。正在紧要关头，从山上下来几个赶集的老乡，那两个家伙才放下行李走了。我俩趁此机会，背起行李赶路，走了一段距离，就高声骂他们是“土匪”。第三天到了竹沟，在省委组织部报了到，组织干事孙西岐同志接谈后，送我俩去政训班学习。当时竹沟对外称“十八集团军留守处”，对内是河南省委；学校对外是政治训练班，对内是党校。留守处主任王国华（王老汉）、政治部主任兼军事部长是李先念、组织部长是陈少敏（陈大姐）。

我们到政训班不久，张运岐、李俊保、谭西亭一块去了，麻纪周（麻达）、李永钦一块也去了。我们在政训班学习三个月，农历十二月二十八日结束。组织干事孙西岐同志给我讲：“准备把你留下做报务工作，你考虑怎么样？”我高兴地说：“可以，但能不能多留一个，把张运岐也留下。”他考虑一下说：“可以，你和他谈一下。”就这样，我和张运岐留下了，被编到豫鄂皖赣挺进纵队，我在老一团电台做见习员，1941年提升为电台台长。

选自1995年《漯河文史资料》第六辑

军政轶事

漯河市民国年间大事记略

马树奇[①]

编者按：漯河市，地处淮河流域。沙河、澧河在市内交汇，京广铁路贯穿南北。廛闬扑地，歌吹沸天，物华天宝，人杰地灵，为豫中南军事、经济、交通重镇。民国年间，漯河市（包括现在所辖的郾城县、临颍县、舞阳县）曾经发生过许多重大的历史事件。过去，由于无人对此加以征集、记述，以致这一段重要历史没有留下系统的文字记载。现在，马树奇同志根据搜集的各种历史文献资料以及在采访耆老过程中所得到的口传资料，从中加以辑录、甄选、整理和编写，将1913年到1949年漯河市近40年的以政治、军事为主的历史大事，进行了初步排列编年，名其题曰"漯河市民国年间军政大事记略"。筚路蓝缕，岂敢曰俱无遗逸，文献不足，全其功尚俟来日。为此，谨吁请海内外知情老人，专家学者，赐寄史料，匡正疏谬。俾使漯河市于民国年间的重大政治、军事、经济、文化、交通以及其他方面的历史得以全面系统地记载。以史为鉴、启迪后人，前事不忘、后事之师。在全面明了从20世纪初至40年代末漯河市人民所遭受的压迫与剥削、反抗与斗争的历史以后，将会激发起广大人民更高的爱国主义热忱，从而在中国共产党的正确路线指引下，为我们的社会主义国家的繁荣与富强、为漯河市的振兴与发展作出更大的贡献。

① 马树奇，1930年生，河南沈丘县人，1949年参加工作。历任干事、团总支书记、科长、副厂长、办公室主任等职。1986年调入漯河市政协，主编《漯河文史资料》，1990年离休。

1913 年

冯玉祥来郾城招兵。梁冠英、吉鸿昌、田金凯、赵廷选等同时应募。

1913 年 8 月 31 日，北洋军左路备补军左翼第二团团长冯玉祥来郾城招募新兵。他在《我的生活》一书中作了如下记载：

1913 年的秋天，左路备补军又另外成立两个团：左翼第一团同左翼第二团。我奉命招编左翼第二团。

我在阴历七月二十九日奉到命令，当天晚上，即在原来统带的一营人中选拔了几位官长头目，翌晨带同他们到河南郾城一带去招募新兵。

在漯河下车，五里路即到郾城。这里既靠车站，南面又有一条大沙河，下流可通到临淮关，上流亦通许多重要的城镇。河中船舶拥挤，产鱼颇丰。所以郾城是一个水旱码头，市上一片蓬蓬勃勃的兴隆气象（后来因连年的内战，景况大非昔比了）。我们到了郾城，即找地方落脚。我向来牢牢记着“冻死不入民房”的纪律，以为无论如何，我自己得把这句话拿来身体力行。至于住旅馆，则更不相宜。所以，我每次行军，必住祠庙或空着的公所。这次在郾城，找到有一家停闭的戏院，室里有现成的木床，我们当即住了进去。

郾城这一带人烟稠密，年轻力壮的小伙子也多。我除在郾城招收以外，并派出人员在逍遥镇、西华县、沈丘、项城等数处分头招募。录取标准，凡农工良民，身无暗疾，年在 18 岁到 25 岁，身高 4 尺至 5 尺者，一律收录。凡面黄肌瘦，精神萎靡者，体高不够者，皆不要。人民生活的确看出一年一年的艰难起来了。整整一团人——1600 余名，不够两个星期就招足额数。梁冠英、田金凯、赵廷选、吉鸿昌等，都是这次应募招上的。

白朗于 11 月 10 日率农民起义军自邓州来舞阳。

会合舞阳大刀会首领方万盛，共四五千人，与驻舞阳的北兵一营交战，大胜，义军进驻舞阳。28 日义军挥师南下，克象河关，破春水和牛蹄镇，沿磨轴峡西行，入方城。12 月下旬，复入舞阳、旋离。

1918 年

毛泽东同志路过漯河。

1918 年，毛泽东在湖南组织 20 多名青年赴北京，送他们去法国勤工俭学。6 月 25 日，火车行至漯河，恰逢沙河发水，行车受阻。毛泽东与罗仲言（即罗章龙）、罗学赞、陈绍廉、欧阳玉生等全体学生下车，一起观看了墙上贴的请旅客静候，待大水稍退即恢复通车的布告。随后，毛泽东让大家将行李集中起来，留人守护，宣布其余的人可随意到漯河寨内游览。毛泽东与罗仲言、陈绍廉三人同行，进寨转了一周，然后出东寨门，在一座小土地庙旁稍事歇息，即返回车站。翌日，河水稍落，但火车仍无法行驰。由于大家北上心切，便雇脚夫将行李挑过沙河，从孟庙车站乘火车赴北京。

1919 年

郾城县青年学生在五四运动影响下，与压制学生运动，镇压青年学生的县知事进行了针锋相对的斗争，并取得了胜利。

这一年秋天，北京学生南下来到郾城，详细介绍了北京反帝斗争情况，热情宣传了五四运动的伟大意义，得到了郾城中学、师范的积极响应，并很快成立了郾城学生联合会，组织了演讲团。他们走上街头，向城乡人民控诉北洋军阀出卖主权的罪恶，揭露帝国主义瓜分中国的野心，痛陈国家兴亡匹夫有责的道理。同时，对见利忘义甘为洋人效力的奸商、豪绅的卖国行径进行了激烈地抨击。这些活动，遭到当时任县知事的汪杉的反对。他嘱令劝学所、县视学告诫学生要安分守己，莫问国事。不久，当学生联合会派代表要求县政府在漯河镇设立国货调查会，以加强对奸商私运“仇货”的监视时，与汪杉发生了冲突。汪杉执意不允，并进而威胁学生：“徒说无益，再敢胡闹，定予治罪！”对于汪杉的倒行逆施，学生忍无可忍，立即列队游行，高呼“外争国权，内除国贼”“抵制日货”“打倒汪杉”“打倒贪官污吏”等口号。游行队伍闯进县衙，打毁了大堂、二堂的几案家具，进而惩治了汪杉。汪一面逃避，一面命县卫队予以镇压。卫队手执武器，蜂拥而上，学生当场被打伤数十名，同时被逮捕关押30余名。消息传出，郾城各校纷纷罢课，上街游行示威，抗议汪杉镇压学生的暴行。一面火速发函寄呈河南省省长赵倜和省学联，报告事件经过，要求惩办汪杉。省学联态度鲜明，立即召开了紧急会议，并派代表与赵倜交涉。省会新闻界、教育界仗义执言，反应强烈，纷纷对汪杉的暴政予以谴责。《时报》《新申报》《新中州报》先后披露消息，发表评论，引起了社会各阶层的极大关注。赵倜迫于社会舆论压力，派员来郾城调查。为平息舆论，安抚人心，下令将汪杉撤职。

舞阳县于五四运动期间，县立师范学校校长胡铭荃、教师李子纯（鲁山人）、孙国藩（新乡人）等发起组织“舞阳抗敌后援会”，县内高等小学响应，开展搜查日货运动，并派学生赴漯河火车站竖起“舞阳县抗敌后援会”大旗，声援五四运动。

1920年

著名教育家王拱璧（1886—1976）在郾城青年乡开办“私立青年公学”。

1920年，我国著名教育家王拱璧从日本留学归来，决心从事新村建设与普及农村教育工作。这年10月9日，王于其家乡郾城县砖桥乡将其父王梦山先生创办于1913年之“崇实小学堂”改办为“私立青年公学”（后易名为青年中学）。

该校从创办至今，已历半个多世纪。从1920年到1948年郾城解放，“私立青年中学”累计送出中小学毕业生800余人，为发展地方教育作出了贡献。

王拱璧先生思想进步，富有正义感。在国民党黑暗统治下，不畏强暴，不为利诱。他招聘了许多包括共产党在内的进步教师在学校任课，并为此招致了国民党的恐吓与打击。新中国成立后，王拱璧离开学校，调任河南省图书馆馆长。青年中学由政府接办，改名为“郾城县青年高中”。

1925年

漯河人民在“五卅运动”中掀起了声势浩大的反帝爱国热潮。

1925年5月30日，上海学生2000余人走上街头，演讲宣传，声援青岛、上海工人反帝罢工的斗争。号召收回租界，散发“打倒帝国主义”的传单。游行中，近百名学生被英警逮捕。当日下午，英警又开枪打死10余人，逮捕53人，造成了震惊中外的“五卅惨案”。消息传出，全国近500个城镇人民纷纷举行游行示威、罢工、罢课、罢市以及通电、捐款等爱国活动予以响应。这一场全国规模的反帝爱国运动，显示了中国人民的觉醒与力量。

“五卅惨案”发生后，漯河人民在中国共产党的领导下，首先由铁路工人发起，号召各界起来斗争。接着，成立了“郾漯各界沪案后援会”。6月23日上午，郾、漯各界于火车站和德和蛋厂（今公安街中段）之间空地，冒着倾盆大雨召开了群众大会，到会者5000余人。会后，工、学、商、军等各界于泥泞中从漯河至郾城游行示威，一路高呼口号，散发传单，街头讲演，唤起民众，爱国热情十分感人。

为抵制“仇货”，他们勒令所有洋商一律停止销售英、日商品，其他商店，也限期禁售英、日货物。对卖国奸商阳奉阴违者，商号查封，“仇货”焚烧。一面每日派人在火车站严查英、日商品，抵制“仇货”入境。

同时，漯河铁路工人率先开展募捐活动，捐款1300元。漯河各界闻风响应，捐款（包括变卖“仇货”款）3000元，一并汇寄上海受难工人。

铁路工人的这些爱国活动，遭到了帝国主义分子与少数民族败类的忌恨。意大利监工与黄河总段长勾结一起，呈请路局对参与“五卅运动”的26名工人处以罚款，但工人不畏强权，继续组织武装纠察团，与信阳、驻马店工会纠察团一起北上郑州、新乡、安阳等地扩大宣传，开展反帝斗争。

在临颍县，教育界首先组织“沪案后援会”，通电全国，表示声援。继又联合全县各界人士，成立“临颍县各界对抗英日联合会”。7月15日，于火神庙召开国民大会，到会群众3万余人。会上，北京救国团代表谭慕愚、林德懿、夏葵如，上海三育大学教授谢毓龄、建国豫军军需处长邓建侯等在会上发表了演说。大会决议：惩办杀害我上海工人、学生的凶手；英国政府正式向中国道歉；收回英租界；撤退屯驻中国内河之英国军舰；取消英国领事裁判权等9条，分电国民政府、外交部及全国各省会。之后举行了游行示威。

在这期间，郾城县青年村（原名砖桥村）一带农民也加入了反帝爱国的斗争行列。农民连日停止耕种，由爱国教育家王拱璧先生创办的青年公学和青年书教社进行解说讲演，并于6月7日在青年公学召开援沪大会。闻讯赶来参加的有万金、砖桥、归村、冷饭店、商水县的谭庄、肖谭等70余处村镇的农工商学团体。会上通过了反对英、日暴行；为沪案死者举哀；抵制英、日仇货等七条决议。14日，青年村再次召开农民大会，到会者达数万人。为了防止帝国主义侵略，青年公学还组建青年学生军一连，制订组织大纲16条，成为全省最出色的一支学生军。

革命高潮中，驻漯河的国民第二军及驻临颍的建国豫军广大官兵，在爱国运动的感召下，也积极支持、参加反帝斗争。二军四师第七旅旅长徐延龄派部队参加市民大会，并和漯河各界一起游行示威。驻临颍的建国豫军，除参加大会声援沪案外，司令樊钟秀宣布捐款5万元，救济上海失业工人。

军阀王乃文师驻舞阳，城内各学校占为兵营，军纪废弛，县民不堪其扰，其中尤以驻县城的路广宇旅与驻北舞渡的刘绪邦旅为患最烈。

1926 年

1 月，中共党员石庭桂、郭培轩（后脱党）由开封师范回舞阳，于北舞渡天主教堂成立“时雨学社”，宣传共产党的主张。6 月，吕蕴儒（后叛党）由开封回舞阳，与石、郭联系，改“时雨学社”为“学友会”，发展中共组织。10 月，根据上级党组织指示，吕、石赴国民党省党部联系，中共党员和“学友会”成员，分别填写申请表，加入国民党组织。

1927 年

国民革命军二次北伐，于漯河、临颍与奉军展开大战并击败奉军。

国民革命军二次北伐，是第一次国共合作后期的重大历史事件。原来，蒋介石于四一二反革命政变后，公开叛变孙中山先生的三大革命政策。蒋介石的叛变反共，使即将统一的中国再次出现了分裂。武汉革命政权处在南京蒋介石政权和北京张作霖政权南北新军阀的包围封锁之中。为了打破这种包围，武汉革命政权召开了国共两党联席会议，决定举行第二次北伐并首先出兵打击张作霖以扭转局势。遂任命驻湖北的国民革命军第四方面军唐生智为武汉北伐军总指挥，驻陕西的冯玉祥为国民革命军第二集团军总司令。从鄂、陕两方入豫进攻奉军。1927 年 4 月 18 日，武汉北伐军誓师于武昌南湖，任命并部署张发奎为第一纵队司令，率第四军、十一军、独立第十五师为左翼；刘兴为第二纵队司令，率三十五军、三十六军为中路；另以原在河南境内之魏益三、任应岐、梁寿恺、庞炳勋等部组成第三纵队，居中响应。

先是直系军阀吴佩孚自 1926 年在湖北被北伐军重创后，精锐损失殆尽，为苟延残喘，由长沙、武汉退守河南，希图东山再起。不料奉系军阀张作霖心怀叵测，以援吴为名，从河北率军趁虚入豫，将河南地盘据为己有，部署军队集中于许昌、临颍、郾城、汝南一带，威胁武汉革命政权。吴佩孚在双重压迫下，不得已再次起用靳云鹗以应付局势。靳愤于吴佩孚平时对他的猜忌和排斥，遂利用河南人民倾向革命和保卫家乡的心理，自树旗帜，提出了“保卫河南”的口号，自任“河南保卫军”总司令，并在漯河车站东门外广场召开了“河南保卫军成立大会”，一面宣布反对奉军，一面与北伐军总司令唐生智取得联系，公开叛吴反奉。吴佩孚众叛亲离，从洛阳仓皇逃往四川。

4月中旬，奉军前部进占汝南、上蔡等地，与北伐军第四军、三十六军、三十五军发生战斗。自5月12日起，双方在汝南、上蔡分别展开激战，革命军进占汝南、上蔡等地，压敌于郾城、许昌一带。两军于漯河隔河炮击，战事胶着数日。5月2日，北伐军在漯河附近东起黑龙潭西至大新店70余里的沙河防线上与奉军进行了激烈的战斗。自拂晓至薄暮，经一日苦战，北伐军攻克漯河。接着乘胜强渡沙河，将奉军逐出郾城，进而直指临颍。临颍奉军部队，计有王树棠率领的原属于珍的第十军，其番号有第四旅刘廷辅部，第三十七旅何柱国部、第四十五旅戢翼翘部，另有野炮兵第四团、山炮兵第四团，并有飞机、坦克助战，声势浩大。不久又加上由郾城撤退的第十七军步骑兵约7个旅，第八军残余3个旅，总计兵力在10万以上。张作霖倚仗拥有的优势兵力，加上远较北伐军精良的火炮武器，以为胜券必操己手。5月28日，临颍大战爆发。北伐军二十四师与奉军接火，二十四师每人仅有步枪一支，手榴弹数枚，在师长叶挺的卓越指挥下，勇冠三军，奋力冲杀，一举击溃奉军。与此同时，北伐军独立第十五师在贺龙师长率领下，先在漯河和奉军交火，击退奉军后，继在逍遥镇打了一次硬仗，消灭奉军两个团。5月27日下午，贺龙十五师进抵临颍小商桥以北邢庄一带，当晚双方互相射击。28日上午，贺龙以4个团的兵力投入战斗，枪声如骤雨疾风，杀喊声惊天动地，死伤枕藉，战斗十分惨烈。29日上午，北伐军三十六军赶来支援，贺师第五团与奉军左翼展开了白刃拼刺，奉军抵御不住，纷纷弃阵溃逃。27日下午，北伐军第十二师进抵苇塾附近，与筑有坚固工事、布防甚严的敌人于七里头接触，该师三十四团于傍晚向敌发动攻击，敌恃坚固工事，顽强抵抗，三十四团屡攻不克。28日，二十六师七十七团来援，乘拂晓之际，实行全线进击，北伐军奋勇杀敌，前仆后继，由于敌方兵力数倍于进攻部队，加以工事坚固，兵器优越，与北伐军自晨至午，苦战半日，正面前线官兵伤亡甚众，全线情势危急。北伐军急调七十六团、七十一团及第十师赶来支援。七十七团团长蒋先云（中共党员）为配合作战，摧敌炮火，率全团疾趋辛庄向奉军炮兵阵地进攻。全团将士，视死如归，在枪林弹雨中冲杀，蒋先云同志三次负伤，三扑三起，牺牲在战斗前线。28日下午2时，北伐军反守为攻，向奉军阵地再次发起冲锋，其势如排山倒海，锐不可当，奉军慑于北伐军英勇无敌，军心溃散，阵地动摇，纷纷弃阵遁逃，北伐军一举攻克临颍。临颍之战，奉军威风，扫地而尽，弃甲曳兵，退出河南。6月1日，武汉北伐军与冯玉祥第二集团军会师郑州，二次北伐，取得了胜利。

在武汉革命政权对奉系军阀实行武力讨伐的同时，河南农民运动配合北伐也蓬勃发展起来。临颍、郾城及其他县先后建立了一批农民协会、农民自卫军和农民武装组织红枪会。4月下旬，北伐军由武汉进入河南后，中共河南各地党的组织，领导广大农民热烈欢迎北伐军，同时，发动豫东、豫西、豫北数十万武装农民暴动起义，威胁敌人后方。5月中旬，漯河、郾城、临颍及北伐军所到之处，各地有组织的农民积极配合北伐军，开展了许多支援北伐、打击奉军的活动。郾城、临颍、确山、驻马店、上蔡、汝南、遂平等八处还举办了农运训练班，培养了农运骨干和红枪会首领700多人。在北伐军与奉军进行最激烈的临颍战役时，郾城、临颍的农民自卫军、红枪会会员，冒着枪林弹雨，奋勇争先，不怕牺牲，给革命军挑茶送饭，运输物资，向导引路，侦察敌情，救护伤员，扰敌后方。革命军渡河需要搭桥，农民军、红枪会将他们家里门扇、破屋的木料拆下，搬给革命军搭架桥梁。临颍、许昌两县，十万红枪会会员，在奉军后方暴动。这一切使得奉军在河南整日处在四面楚歌，风声鹤唳之中，最后陷于全线崩溃。奉军撤退时，漯河一带的农民军、红枪会十万余人，沿途截击，袭其溃散，迫使奉军狼狈逃散，枪支沿途抛弃无算。当时农民编了歌谣道："农民军，大活动，宗旨高，法术正，不爱钱，不惜命，抄后路，截辎重，神出鬼没阵阵胜，胡军（指奉军）听了脑袋痛。"这首民谣概括地说明了河南农民军在协助北伐军驱逐奉系军阀过程中所起到的重要作用，历史证明，北伐战争能够在河南迅速取得胜利，河南广大农民的全力支援是一个重要因素。

河南省主席冯玉祥，派李向寅任舞阳县长，大力推行新政。改衙役为警察队，县长出门，取消"喝道"，改坐轿为骑马，提倡女子放足，男子剪发，禁烟禁毒，兴修水利，破除迷信，捣毁神像，并在城四门树"治国安民碑"。碑文如下："我们一定要把贪官污吏、土豪劣绅扫除净尽；我们誓为人民建设极清廉的政府；我们为人民除水患、兴水利、修道路、种树木及做种种有益的事；我们要使人人有受教育、读书、识字的机会。我们训练军队的标准是：为人民谋利益，我们军队是人民的武装。"下署名冯玉祥。河南全省民团军第四军第一师第一旅旅长兼舞阳县长李向寅立。

1928 年

舞阳农民协会发展壮大。8 月，国民党舞阳县第二次代表会在县城召开。中共党员郭培轩等参加领导了这次会议。会议通过了"关于建立农民协会，开展农民运动的决议"，"关于开办党务训练班的决议"，"关于建立妇女协会的决议，"关于建立学生联合会的决议"，"关于建立理发工会的决议"。会后成立了舞阳县农会。冬区乡农会普遍建立，会员达四万余人。同时，妇女、学生、理发等群众组织也相继成立。

1929 年

蒋、唐战争爆发，唐生智战败，残部 16000 人在漯河缴械投降。

二次北伐以后，武汉革命政权国、共两党决裂，国民党反动派背叛孙中山先生的三大革命政策，使中国革命进入了低潮。同时，国民党内部矛盾加剧，开始了连年新军阀之间的战争。

1929年12月3日，唐生智在汪精卫改组派的策动下，与宋哲元、孙连仲、徐源泉等75人联名于郑州通电反蒋。唐生智自任总司令，以晏勋甫为参谋长，以刘兴、龚浩为总指挥兼军长。命令门炳岳、孙英、安俊才、戴民权、冯华堂诸部向驻马店以南前进，孙殿英之主力一部扼许昌。

蒋介石为讨伐唐生智，于12月6日组成了南北两路大军对唐采取军事行动：南路由刘峙指挥，从湖北向驻马店挺进，北路由何成浚指挥，从洛阳向郾城、漯河进逼。12月24日，蒋介石设行营于武汉。

12月下旬，刘峙由湖北孝感进驻信阳，杨虎城新编十四师由南阳直指驻马店。何成浚也从洛阳向郾城靠近。12月26日至31日，两军在漯河附近冰天雪地中展开了激烈厮杀，血战达五昼夜，唐军主力被完全摧毁。1930年元月8日，唐军残部退守郾城，9日于漯河集结。唐生智走投无路，宣布下野。11日，刘兴、龚浩、晏勋甫等16000人在漯河全部被蒋军缴械。

以蒋介石为代表的国民党右派叛变革命，实行清党，在河南省各县成立了“党务整理委员会”。将中共党员和有共产党嫌疑的人全部清除出国民党县党部，并宣布禁止农会、学生联合会、妇女协会等群众组织活动。

1930年

中原大战爆发。蒋、冯在漯河进行了角逐。

中原大战，又称蒋、冯、阎大战，是国民党新军阀之间的一场大混战。先是，蒋介石以中央自居，利用他所控制的国民党编遣会议和国民党第三次全国代表大会排斥异己，削弱其他军队势力，使他与各实力派之间的矛盾骤然尖锐起来。各实力派为了反对蒋介石的控制，1930年3月，冯玉祥国民军、阎锡山晋军、李宗仁桂军等三个集团军的将领鹿钟麟、商震、黄绍雄等57人联名发表通电，共推阎锡山为“中华民国军”

总司令，冯玉祥、李宗仁为副总司令，联合反蒋。4 月 1 日，阎、冯、李通电就职。4 月 5 日，蒋介石的南京国民政府下讨伐令。于是双方在东起山东、西至襄樊、南迄长沙绵延数千里的战线上展开了一场空前大混战。战争开始后，双方以陇海线为中心，津浦、平汉两线为左右翼，调集重兵，互相厮杀，但总的形势对阎、冯有利。津浦路晋军一度攻占济南。商丘一线冯军已打得蒋军几近崩溃。在这关键时候，由于冯军缺乏补给，官兵过度疲劳，加以阎军配合不好，给蒋军已经动摇的前线以稳定的机会。

这时，在平汉线战场，蒋介石为策应陇海、津浦一线，达到其分散冯军力量的目的，发表何成浚为总指挥，驻漯河。将杂牌军队徐源泉、王金钰、杨虎城等部组编为第三军团。命令向许昌附近冯玉祥第一路张维玺、樊钟秀、石振清、任应岐、刘桂堂等部进攻。何成浚老于世故，深知他率领的杂牌军并不真心替蒋介石卖命。为了笼络这些杂牌军将领，何从汉口调来一批有名的中外厨师，除日夜制作各种各样点心、筵席，流水般地招待他麾下的杂牌军队头目外，还从汉口成批运进来一群高级妓女，分配给各个将领。还在漯河街上一所相当宽大的四合院子里布置了一个“军中之家”，他和各个将领就住在这里，吃喝玩乐，指挥作战。

5 月 16 日，何成浚下总攻击令。王金钰包围樊钟秀于临颍，交战 20 余日，樊军失利，退守许昌。随后，樊钟秀被蒋介石飞机轰炸许昌时炸死。6 月 22 日，蒋介石乘飞机至驻马店，转赴漯河，偕何成浚晤徐源泉、上官云相、杨虎城等，督其作战。

这时，桂军已经攻入湖南，占领衡阳。冯玉祥为了配合桂军，亲到许昌督师。抽调陇海线孙连仲部驰赴许昌增援；命令第三方面军赵承绶骑兵团袭击周口，第二方面军高树勋、葛云隆两师进攻漯河。在冯玉祥指挥下，冯玉祥第二方面军第一路总指挥张维玺率赵凤林十七师、倪玉声十六师和特务旅、手枪团前进郾城西北；部署田金凯部驻新店至北舞渡一带；石振清、宋天才部驻沙河北岸的半截塔、河西刘、枣树王至孟庙等十几个村庄。7 月 11 日，刘郁芬一部由许昌南来增援。12 日夜，冯军首先向五里庙、郾城、十五里店、新店等沙河沿线蒋军发动进攻。拂晓前，冯军十七师出动步兵两团，迫击炮两连，机枪一连至郾城城外西、北两侧以密集火力向城内射击，不料守城蒋军炮火猛烈，十七师死伤甚众，进攻受挫。是日，十五里店也发生战斗。冯军十六师以小炮、迫击炮与蒋军徐源泉部四十四师一旅之野炮互相炮战，双方激战约两小时，冯军势弱，向原地撤退。14 日，冯军因铁路以西进攻困难，改攻铁路以东沙河沿岸之董庄、姚庄、青龙潭、河沿李、陈村等蒋军阵地。交战持续一夜，枪炮交加，不辨人声，持枪冲锋，继以肉搏。蒋军抵御不住，被迫后撤。何成浚立即调兵遣将，重新布置兵力。16 日，冯军全线发起进攻，钱路东西两方同时爆发大战；石振清、任应岐攻逍遥镇、青龙潭、邓城；张维玺攻郾城；刘郁芬攻十五里店；田金凯攻新店、北舞渡。其中郾城、十五里店厮杀最为壮烈。战役持续九昼夜，何成浚支持不住，被迫向漯河以南撤退。此时，由于冯玉祥计划在豫东方面布置另一次会战，下令张维玺停止平汉线上的追击，将孙连仲重新调回陇海线，双方遂相持于漯河一带。

此时，战争打得双方都已精疲力竭，处于相持阶段，谁也没有力量取得最后胜利。唯一举足轻重能够左右战争胜负局势的，是处在战争以外的东北军张学良。双方都派要员川流不息地进出沈阳张学良的官邸进行游说争取。最后，张在蒋极力拉拢并委任为陆海空军副总司令，贿款 2000 万元之后，于 9 月 18 日通电拥蒋。9 月 19 日，张学良率军入关，进占平津。战局急转直下。阎军撤退至黄河以北。冯军将领吉鸿昌、梁冠英等降蒋。冯玉祥的西北军完全瓦解。攻入湖南的桂军也退回广西。至此，历时七个月的中原大战结束。双方动员兵力上百万，共死伤三四十万，财产损失无法计算，给社会经济造成了极大破坏，成为中国现代史上规模最大的一次军阀大混战。

张钫于中原大战期间，在漯河就任河南省代主席兼二十路军总指挥。

1930 年 5 月，中原大战爆发后，蒋介石为稳定河南，分化收买西北军和河南其他地方武装，遂发表张钫（河南省新安县人，辛亥革命元老，与西北军关系较密）为河南省代理主席，加委张兼任二十路军总指挥。7 月，张乘飞机到漯河，在漯河挂出了“河南省政府办事处”的牌子。一面暗中派出多人策动冯玉祥第六路军叛冯投蒋，作为其组建二十路军的基本队伍。冯玉祥第六路总指挥万选才与冯玉祥第十一路总指挥刘茂恩历史上颇有积怨，大战期间，万选才在通过刘茂恩防地时，被刘乘机活捉。刘将万解送南京，同时叛冯投蒋。第六路群龙无首，总指挥临时由石振清代理。石率部从豫东前线移驻平汉线沙河以北地带，设总指挥部于临颍。部署宋天才师驻临颍东，范龙章师驻黑龙潭、李万如师驻漯河附近，与蒋军相持。不久，第六路内部发生摩擦，石振清无力控制，愤而自行脱离部队。张钫见此机会，加紧策动第六路官兵倒戈，宋天才、李万如、范龙章陆续投降张钫。张目的既经达到，接着又收编地方杂牌武装陆续成立了李万林师、王凌云师、王殿阁师、赵冠英师、韩文英师、史克勤师和李学政独立团，合起来共一个军八个师组编为第二十路军。10 月，阎、冯在中原大战中失败。张钫以河南省代主席兼第二十路军总指挥的身份前往开封组织省政府，不料蒋介石突然发表刘峙为河南省主席，仅委张钫为河南省民政厅厅长兼第二十路总指挥职务，张至此始悟为蒋欺骗。

1932 年

张钫二十路军在潢川与红军打仗一年，损兵折将，部队撤回许昌、漯河、驻马店一带。范龙章二二八旅（只有一个团）驻漯河。张钫借整训机会，准备把土匪干部换掉，范将四五六团团长姚星五（杆匪）撤职，委周盛西接充，并补充新兵一营。范为了巩固自己的地位，使尽方法维系军心，但仍有连排起讧哗变，驻临颍一连长楚某，因姚星五被撤，怒而抢劫县政府，打伤县长张定一，把连队带回宜阳家乡。

1933 年

二十路军二二八旅调洛阳不久复返漯河。张钫于 8 月以蒋介石特使身份赴陕西与杨虎城接洽问题，返豫时运回鸦片烟土约 30 万两，范在自己的防区漯河、舞阳、周口、西平等处为张销售 3 万余两，得利 2 万元。

1935 年

梁冠英在郾城问十村创办冠英小学。

梁冠英，郾城县问十村人。幼年家贫。1913 年冯玉祥来郾城招募新兵时入伍，从士兵升至军长。1930 年中原大战中投降蒋介石，被委任为第二十五路总指挥。1936 年任国民党军事委员会中将高级参谋。抗日战争胜利后受聘为河南省政府总参议。1948 年 10 月迁往苏州。解放后，曾任苏州市第四届政协委员。

1935 年，他利用蒋介石给他的一笔奖赏，在他的家乡问十村创办了一所小学，取名“冠英小学”。该校由于师资好，重人才，学生的学习成绩为郾城各小学之冠。抗战初期，冠英小学曾是中共郾城县委所在地，校内半数以上教职员为中共党员。县委先后输送麻继武、韩庚尧等 10 名师生赴延安、竹沟参加革命工作。其中一部分在新中国成立后成为国家的中高级干部。“冠英小学”从创办至今（现易名为问十小学），已历半个多世纪，为地方教育事业作出了一定贡献。

范龙章在漯河生产毒品海洛因。

国民党二十路七十六师二二八旅旅长范龙章在驻防禹县、漯河期间，为聚敛钱财，于漯河私设工厂，生产毒品。据他自己回忆说：“我在漯河弄钱的办法，大多是与商人、商会会长、公安局长、郾城县长等互相勾结、狼狈为奸干的。我曾借口往汉口运输军用物资，给他们要车皮运芝麻，仅这一项，商会会长田雨生就给我送了两万元。我还和公安局组织军警联合稽查处，由我的副官长雷少全任处长，向那些贩毒商户，根据他们营业收入情况进行勒索，由雷直接给我往家里送，每月三千五千不等。后来由郑州商人顾竹峰、毛虞岑耸动我做老海。从上海运来机器，招募工人，厂址设在漯河车站一个打蛋厂里。这个打蛋厂已经停止生产，我派特务连警戒封锁，负责生产的是旅部副官张银安，负责推销的有顾竹峰、毛虞岑、宋汉卿等。每日生产老海 60 包，约需原料大烟土 6000 两，取名'上海白'。由于原料跟不上，机器时开时停，干了三个月，除了一切应酬和消耗外，我净赚五万余元。"

1937 年

韩复榘弃守山东，将部分人员、物资转移漯河。

"七七"事变以后，抗日战起。山东军阀韩复榘由第三路总指挥升任第五战区副司令长官兼第三集团军总司令，奉命抵御日寇。韩自恃有七八万军队，不服从指挥。为保存实力，韩不与日军交战即率部逃往鲁西南菏泽、济宁一带。11 月，他把他的官佐眷属、家私、弹药、给养、医院、修械所及伤病员等等，仓促用火车送往漯河以西的舞阳等县；将鲁东、鲁北民团扩编的两个团以及韩认为可以作后备队的由乡建派组织的民团 8000 多人，命专员孙廉泉率领，开到漯河。由于他背离国家民族利益，遭到了全国上下的反对。1938 年元月 24 日，韩复榘在武昌被判处死刑。

1938 年

中共豫中特工委在舞阳成立

5 月，中共河南省委决定以舞阳为中心成立中共豫中特工委，周泉森任书记兼中共舞阳县委书记。领导舞阳、叶县、襄县、许昌、郾城、西平六县党组织。

沈东平同志英勇牺牲。

沈东平，原名张秉乾，1905年出生于舞阳县太尉乡林庄村一个贫苦农民家庭。少年时期读过私塾。1926年，受共产党和进步思想的影响，投身革命。先后在上海、天津、太原从事革命活动。1932年，化名李平，参加驻张家口的吉鸿昌的部队。1933年，转赴察绥民众抗日同盟军。同年9月，沈东平受中共北方局的派遣回到河南，在洛阳、漯河、郾城、许昌、西华等地以教书、修钟表等公开职业为掩护，从事党的秘密工作。1936年，他根据党的指示，以西华、许昌、淮阳为据点，从事统战工作。1937年，抗日战争爆发，沈东平奉命创建革命武装，建立了一支3000人枪的西华人民抗日自卫军，同时，开办各种训练班，培养抗日干部。1938年夏，为配合活动于睢县、杞县、太康地区抗日游击队的作战，沈东平多次率部东渡新黄河，给日军以沉重的打击。是年8月，为侦察睢县敌情，沈东平亲自带领18名战士化装进城，不料被日军发现，于街头展开激战。100多名全副武装的日军包围了他们。子弹耗尽，又无援军，沈东平与18名战士全部壮烈牺牲。

冯玉祥来舞阳视察。

1938年5月，台儿庄大会战刚刚结束，日寇又进逼豫东、皖南，一场新的厮杀——武汉会战即将爆发。为了解形势，冯玉祥将军亲自到前线视察。6月，他来到河南，一面察看防务，一面宣传抗战，他走到哪里，受到哪里群众的欢迎。

6月14日，冯玉祥将军从泌阳象河关来到舞阳。当日，在王店街停留一天，召开了群众大会。四乡民众闻听冯玉祥来了，纷纷前来听他讲话。冯玉祥将军在大会上说：抗战不能光靠政府，光靠军队，更重要的是全民抗战。古人有一句话，叫做国家兴亡，匹夫有责，就是说人人有责任抗战，人人也有权利抗战。老百姓都起来了，日寇就会在人民的海洋里淹死。他的讲话把年轻人都鼓动起来了，当场许多青年争着报名参军。

冯玉祥离开王店街，经尚店、接官厅来到舞阳县城。这时庞炳勋的四十军在台儿庄会战后也撤到这里，人员损失很大，需要补充兵源。庞招兵两个星期，仅招了十几个人。冯知道后，就在舞阳城里发动了一个军民联欢会。群众听说冯玉祥召开大会，扶老携幼，熙熙攘攘，到会的有近万人。冯事先准备了许多小板凳，请老年人坐在前面，然后他站在高台上讲话。他先半旋转着身体向群众行了个军礼，接着开口说：老乡们，都好吧！玉祥今天能和大家见面讲话很高兴。现在正在打仗，打谁？打日本鬼子！日本人欺负我们多年啦，它残杀了我们数不清的同胞，侵占了我们大片的土地。我们要救国，要报仇，要狠狠地打！中国人不是孬种。祖宗给我们留下的家业，不能丢在我们手里。有良心的中国人要有力出力，有钱出钱。不要说当个老百姓会有多大力量？咳，力量大着呢！中国有句老话，“国家兴亡，匹夫有责”。有钱的可以出钱，没钱的出力总可以吧？当兵打日本人就是出力，只要为国家立了大功，谁都有万古留名的希望。日本人要我们当亡国奴，做他们的牛马，骑在我们头上拉屎，大家愿意吗？我想谁也不会愿意。这时，冯玉祥拿着一根树枝，支起一个放了鸡蛋的草帽打比方说：人家砍你的树你不管，只知道保护你的窝和蛋，可知道树倒了，窝也完了，蛋也完了。我们这次打仗是救国，是为了子孙万代不当亡国奴。小日本没有什么了不起，他们仗着武器好些又早有准备，开头我们是吃了点亏，这不算啥，胜败乃兵家常事嘛！这回在台儿庄我们揍了它一下，他们就死伤了好几万人。日本国小不富，只有几千万人，我们国土大，人口多，有四万万同胞，五个人拼他们一个还有剩下抱衣服的。只要我们坚持打下去，我们的武器也会慢慢好起来，打仗经验多了，胜仗也会越来越多，我相信最后胜利一定是我们的。由于他讲话语言生动，鼓动力强，会场中不时应和着他的讲话发出笑声和掌声，群众的抗日情绪被他调动起来了，抗战必胜的信心也随之坚定起来了。当时就有不少老头老婆激动地拉着自己的儿子挤到冯玉祥将军跟前说：叫他跟着冯大帅打日本人立功吧！把娃子交给冯大帅就放心啦！这样，群众大会变成了征兵动员会。一个星期以后，他给庞炳勋动员新兵 8000 多人。

6 月 22 日，冯玉祥将军经辛店离开舞阳，前往叶县。他在舞阳短暂的停留，给舞阳人民留下难忘的印象。

河南战时教育工作服务团来舞阳。

初春，由著名学者嵇文甫、范文澜率领的河南大学抗敌训练服务团来舞阳进行抗日宣传，他们联合当地青年，广播救亡种子，演出话剧，宣传抗日，开办训练班，讲授中国问题，游击战问题，深受广大青年人的欢迎。这些爱国活动本应受到各方面的支持，不料却遭到当地政府和驻军的反对。90人的抗敌训练服务团在明的和暗的压迫下，离开舞阳。

1939年

刘少奇同志、徐海东同志等赴竹沟途中路过舞阳。

为贯彻执行中共中央六届六中全会关于“巩固华北、发展华中”的战略方针，刘少奇同志受中央委托，和徐海东等同志一起前往中共华中局机关所在地确山竹沟，以加强对华中的领导。

赵伊坪（1910—1939）同志壮烈牺牲。

赵伊坪同志，出生于郾城县城关镇东街一个农民家庭里。1926年，于北平汇文中学经彭雪枫同志介绍加入中国共产主义青年团，1927年加入中国共产党。是年春，中共郾城首届县委成立，赵伊坪返回郾城从事革命活动，任城关东街党支部书记和新成立的“文化促进会”负责人。1928年秋，国民党在郾城进行大搜捕，赵伊坪为主要搜捕对象，在群众掩护下，安全脱身。以后，辗转于杞县、西安等地继续从事革命工作。1936年，赵伊坪同志赴山东。抗战军兴，曾在太原学习中央文件一段时间之后，再返山东，任山东省政训处长。两个月中，训练出数千名抗日干部，分批派赴山东各地，同时，并积极创办《救国导报》，宣传党的抗日方针。1939年3月，战争日紧，赵伊坪同志随八路军先遣队护送干部家属赴鲁西大峰山根据地。当行至茌平县琉琉寺宿营时，被日寇包围。夜间下着大雨，他们分两路突围：干部骑马为一路，战士护送家属走另一路。泥泞中，赵伊坪于途中丢失了深度近视眼镜，他看不清道路，辨不出方向，所乘坐骑无目标地乱跑，脱离了大队，终于负伤被俘。他受到日寇的种种酷刑。但他大义凛然，坚贞不屈，并义正词严地训斥日寇对待俘虏的残酷政策，最后，敌人把赵伊坪同志绑在枣树上，浇上煤油，活活烧死，终年 29 岁。

1941 年

1939 年至 1941 年中共豫中地委设舞阳。1940 年底，中共河南省委机关主要部分也临时迁舞阳办公。

1939 年，中共豫中特工委设舞阳。年底，根据中共中央《关于各级党委暂行组织机构的决议》精神，改豫中特工委为豫中地委，任张维桢同志为书记。领导舞阳、叶县、西平、郾城、襄城、许昌、临颍等县党的工作，竹沟事变后，又划遂平、泌阳归豫中地委领导。地委机关先是在县城柴凯同志家中，继在城西南角一老乡家，最后设在梁八台。豫中人民在党的领导下，组织革命武装，发动游击战争，抗日救国热情极高。在组织上，舞阳、叶县、襄城建立了县委，郾城、西平建立了县工委，这五个县先后发展党员 800 人以上。到 1940 年，遂平、泌阳、许昌也建立了县委或县工委，全区党员发展到 1750 人。在青年工作中，舞阳、郾城、临颍先后成立了青年救国团（会），救国团在群众中广泛开展抗日运动，影响很大。同时，地委注意党员学习，关心党员理论水平的提高，创办了《巩固》旬刊，编印了《政治基本常识解答》。1940 年底，河南省委机关主要部分也迁来舞阳，省委书记刘子久同志到舞阳不久调淮北工作，中央任命张维桢同志为省委书记，同时兼任豫中地委书记。1941 年 4 月，中央通知，河南党内出现大内奸，决定区委以上干部全部撤退。河南省委立即决定：豫中干部由张维桢负责向延安撤退；豫西干部向鄂中新四军五师撤退；各级党组织一律暂时停止活动；撤退不了而有暴露危险的干部，要离家出走，自行隐蔽。豫中一二百名干部在张维桢、郭晓棠（省委宣传部长）领导下到了延安。6 月，党中央在延安组成了新的河南省委：张维桢、危拱之、郭晓棠三同志分别任省委书记、组织部长和宣传部长。

日寇发动豫南战役，舞阳等十余县沦陷。

1941 年 1 月，日本侵略军乘国民党发动第二次反共高潮，第一战区汤恩伯部准备东向进攻新四军，豫南防务空虚之机，纠集三个师团，分三路向豫南国民党第一战区部队进攻。1 月 20 日始，敌第三师团由信阳以北突破汤恩伯防线，向泌阳突进；敌第十七师团沿平汉线向上蔡、遂平方向进攻；敌第四十师团东向进攻汝南。双方曾在西平、舞阳、叶县等地发生战斗。由于汤恩伯避战溃退，屡受重创。敌连陷舞阳（1 月 29 日）、确山、遂平、西平、方城、南阳、桐柏、泌阳、正阳、汝南、上蔡、项城等 10 余县城。国民党部队伤亡 1 万余人。2 月 12 日，日军回返，战役结束。

1943 年

河南蝗灾严重。

郾城县，夏秋之交蝗虫遮天蔽日从北飞来，满地皆是，它们飞到屋梁上、窗户上和锅台上，赶不尽，打不完。庄稼地里，谷子的叶穗被吃光了，只剩下光杆。豆子、红薯吃得较少。

舞阳县，这年 7 月，舞阳西北天空出现一块土黄色云彩，从叶县到舞阳，在马村和狄青湖上空盘旋，嗡嗡有声，像刮起了一阵大风，然后分散开来，向碧绿的秋田降落。这些数不尽的飞蝗，有所选择地落在谷子、高粱地里。蝗身长 5 ~ 5.5 厘米，带翅约 6 厘米，全身土黄色，六足四翅，前三翅及大腿内侧有细黑色花纹，飞行迅速而有力。飞蝗边吃边屙，谷子地里沙沙有声。中午时分，雌蝗纷纷飞落地下，一个个把尾部插入土中，开始产卵，每穴 30 ~ 50 粒。下午群蝗起飞，另觅新的食处。飞蝗去后，地下蝗卵经 7 日日晒，黑色的蝗蝻破卵出土。千百万个蝗蝻聚堆成块，然后成群迁徙到有幼嫩小草的去处，三四天后，蝗蝻长至一厘米以上，身呈深黄色块片，虫体长至两厘米时，全身变为黄色。此时杂草和庄稼被吃光，它们开始了以寻食为目的的大迁徙活动。逢沟过沟，见墙爬墙，遇有陡崖，蝻上爬蝻，结成团块，一团一团地往下落。庄稼、树叶、杂草吃净以后，蝗蝻蜕皮，长成飞蝗，云雾般漫天盖地飞起。凡是可以充饥的，一切都咬，放下的草帽被咬坏；在场里，苫子、席子被咬烂；屋里面，墙上贴的对联、财神像也成了食物，甚至脱下的衣服也成了它们的充腹之物。在舞阳境，除了芝麻、红薯、绿豆等阔叶网状叶脉作物外，其他作物被蝗虫吞噬净尽。

1944 年

日本侵略军发动中原会战。漯河、郾城、临颍、舞阳等 38 座城市沦陷。

1944 年春，日本侵略军为了挽救它侵入南洋的孤军，急需打通从中国东北直到越南的大陆交通线，企图占领湘桂、粤汉及平汉线沿线要地。在冈村宁次指挥下，日本华北方面军第十二军 6 个师团、4 个旅团及第五航空军一部分共 14.8 万兵力，发动了中原会战。国民党第一战区得悉敌情后，部署兵力，决定于嵩山附近与日寇周旋。4 月 18 日，日军由中牟县一带渡过黄河，与暂十五军交战一日，日军突破阵地，占领郑州、新郑。22 日—23 日，洧川、长葛、荥阳相继失守。26 日—30 日，两军于尉氏、密县一带发生战争，日寇以迅速行动向许昌、禹县、襄城猛攻。5 月 1 日，许昌被敌攻陷。2 日，继陷临颍。3 日陷襄城，并分股向宝丰、临汝突进。7 日，许昌南下之敌，陷郾城、漯河。8 日，敌南北会攻，平汉南段被日寇打通。25 日，日军攻陷洛阳，会战结束。此次会战共进行 30 多天。汤恩伯坐镇中原，以三四倍于敌人的兵力，在敌人的进攻下，风声鹤唳，摧枯拉朽，国民党军队丧失 20 万人，失城 38 座，河南全省沦入敌手。

国民党将领汤恩伯在河南横征暴敛，拥兵自重，成为河南人民的灾星。

自 1938 年夏在台儿庄与日寇交战后，汤恩伯即撤退到河南，被蒋介石委以第一战区副司令长官、豫皖苏鲁边区总司令兼四省边区党政委员会主任等要职。他以叶县做巢穴，拥有十九、二十八、四十五、

十五、三十一等5个集团军，还扩大掌握了十二、九十二、九十七军，暂十五军，暂九军及骑二军，加上统辖泛东汜北的挺进部队约80个纵队以及独立旅、补充团等共约40万之众，分屯于河南中部及豫皖边境。与第一战区司令长官蒋鼎文分庭抗礼，不接受其节制。蒋鼎文手中没有实力，对汤也无可奈何。

汤恩伯为加强对四省人民的统治，在漯河设立了自兼主任委员的豫皖苏鲁边区总司令部整训委员会；另在漯河、界首分别设立警备司令部，为便于区别，设在漯河的又称豫西警备司令部。此外，汤还和国民党军统特务头子戴笠相勾结，在叶县开办“中正学院”“政治学院”，在漯河开办挺进部队干部训练班和其他各种各样的军事学校、党政训练班。受训人员，恒在千人以上。

汤恩伯拥兵40万，屯聚中原，全部军粮由河南供应。1939年，国民党实行田赋征实政策后，汤借征实之名，派部队到四乡催缴，捉鸡打狗，争相抢掠。农民罄其所有，挣扎在饥饿线上。1941年，河南大旱。1943年，连月不雨，更加蝗虫为灾，河南赤地千里，饿死者达400万人之多。农民为求活命，相率背井离乡，逃荒他方。从漯河到周口的大道两侧，每十步左右，即有饿殍尸体数具，野狗群集，嗥叫争食，情景之惨，恍如地狱。在此大灾之年，汤恩伯不思抚恤百姓，与民休息，依然横征暴敛，百般剥削。河南人民忍无可忍，愤而发出了“宁叫日本人烧杀，不让汤恩伯驻扎”的呼声。其待民之虐，为祸之烈，较之烧杀成性之日寇更甚。

中原会战期间，汤以超过日军三四倍之兵力，又经过两年以上的休整训练，本应应敌裕如，不意失败之惨，溃退之速，使人无法预料。日寇如入无人之境。汤军闻风丧胆，一触即溃。加以军纪败坏，沿途骚扰，老百姓恨之入骨。群众被迫组织起来，袭击汤军，汤的卫队即是这样被缴械，指挥全军的电台也在溃散中丢失，汤恩伯自己为保全生命，化装成伙夫混在乱军中才逃了出去。

国民党在漯河的特务机关林立。

抗日战争期间，漯河是南京、重庆政治战场的桥头堡，又是经济贸易的中转站。在日本占领区与国民党统治区边界线上，只有洛阳、漯河、界首的交通线是日本侵略军总司令冈村宁次与国民党参谋总长何应钦秘密协议中唯一不受干扰的“国际”通道。其他的交通线均因战争而封锁。因此，漯河出现了畸形繁荣。带有政治色彩的贩毒走私活动及特种政治交易者在漯河十分活跃。国民党也乘机在漯河设置了各种特务机关，计有军统局河南站漯河组、国民党军事委员会办公厅特检处漯河邮电检查所、财政部缉私署漯河查缉所、财政部战时货运管理局漯河运输站、军事委员会华北工作督导团漯河招待站、郑漯警备司令部第二处参谋处漯河警察局、中统漯河站、县党部调查室等，于此可见漯河在国民党政府心目中的重要战略地位。这些特务机关在漯河布下天罗地网，专事搜集和破坏共产党人与进步人士的抗日革命活动，为蒋介石法西斯独裁统治张目。其主要特务机关为：一、军统局河南站漯河组。组长卢敬轩，办公室设在原寨东门内戏楼后街 14 号，电台设在火车站东万庄一带。戏楼后街 14 号原是资本家李青的私产，抗战开始后李转大后方，房产交卢敬轩代管。卢将这所住宅改为军统人员的接待所。其后进主楼是漯河邮电检查所所长石兆歧居住，左右五间厢房是财政部战时货运管理局漯河运输站总务组组长赵广庆使用，前院主房是河南缉私处漯河查缉所王恪则办事的地方，其余厢房住户也都是军统重要人员。1944 年 5 月漯河沦陷时，卢敬轩撤退至郾城、舞阳的大刘店、北舞渡、大新店一带活动。二、军事委员会办公厅特检处漯河邮电检查所，它和军统漯河组一样，是没有招牌的军统重要单位之一，负担着重庆、南京政治口岸的邮电检查扣发。有十几个成员。办公地址距当时的邮电局很近。这条邮路通道，也是冈村宁次与何应钦协议中的一个项目。凡是太原、北平、上海、南京、东京、“满洲国”及解放区、沦陷区所寄发的各种文化资料，都是通过这个单位扣留后再部分转寄到重庆军统局二处党政科。当时从沦陷区进来的邮袋中，除装有民间信件外，大部分是从敌伪占区购进的各种书刊，还有一部分汪伪国民政府文告及伪开封绥靖公署主任庞炳勋给尚未沦陷的郾城、叶县、西平等县所下达的卖国训令。对这类从日伪政权来的训令等东西，本应依法扣留，但因进口的邮件数量太多，不成捆的部分小件，日伪的训令有时会夹杂在普通邮件中交给邮局投递了。国民党的县政府就曾经接到了日伪政府的“训令”，一时成为郾城县政坛的笑柄，使特务们尴尬异常。这个邮检所向军统提供的情报，从全国范围看，除军统领导的区、站、组之外，数量之大，居其他单位之首。同时，这个单位还受当地军统情报机构的委托，有代为扣检有关函件等罪恶勾当。三、财政部战时货运管理局漯河运输站，1944 年上半年，国民党得悉日本拟向中原进军的情报后，决定在日本进军前来一次抢购高潮。国民党将后方的木材、桐油卖给日本，再从敌占区抢购棉布、西药等物资，以缓解以后经济上的更大困难。抢购的物资运至安徽，交豫皖货运处河溜货运站转运洛阳、西安。不及起卸的，沿沙河上溯在漯河装车。于是增设漯河运输站。其主要成员于 1944 年元月抵漯，在军统漯河组的协助下，郑漯警备司令部征用煤市街永源商栈和德和打蛋厂的楼房为站部，开始办公。运输站的中心任务，为过往车辆住宿时，提供安全保护，监督驾驶人员，防止进行破坏，这是对内对外一种威慑的象征。1944 年 4、5 月间，货物进口达到高峰期，界首河溜站的接收能力已达饱和，来不及装卸的货物，原船沿沙河上溯至漯河市郊李埠口码头，抢卸抢运。在抢运期间，军统曾通令沿线各公开秘密机关，均处于高度戒备状态，如有需要，应不惜一切代价进行协助。军统特务头子戴笠，亲自坐镇于汤恩伯在叶县的总部指挥，并不时往来于漯河、界首之间巡视。1944 年 5 月上旬，日军攻陷漯河，运输站工作结束。

郾城人民在中共党组织的领导下，建立了一支 2000 人的游击队，不断惩戒敌人。

漯河沦陷后，日本北支那派遣军 2917 部队九十一师团驻扎漯河，决定把漯河变成日军的军、政、财、枪械、弹药、粮秣基地。他们在漯河设立了军政部、宪兵队、指导官室和西山公馆、万祥公馆、富士机关、九十一师团情报机关等特务机构，成立了维持会和伪警察局。同时，伪河南绥靖军司令寇英杰也派军长邱三宁、十六师师长张星耀盘踞漯河。

日军在郾漯烧杀奸淫，无恶不作。漯河沦陷前夕，国民党抓丁拉夫，刚刚拼凑起的一个 400 名临时团队，漯河沦陷时未及时撤出，日军把他们全部枪杀于母猪圈和干河坡里。在市郊阎庄、干河陈村，先后屠杀17人、活埋10余人，烧房70余间，连续制造了“小沟张大屠杀”和“火烧老应”等骇人听闻的事件。日寇的这些罪恶行径，激起了广大群众的怒火。

这时，中共党员蔡永令刚从开封监狱释放回县。与活动于豫中的新四军五师一支队取得联系，得到支队政治部主任冷新华的指示：一、把地方上分散的枪支尽量收集起来；二、团结一切抗日力量，组织广泛的抗日民族统一战线；三、迅速组成并扩大抗日武装，开展游击战争。蔡永令根据这一指示，以地下党员为核心，一面争取国民党流亡县政府、县保安团和人民站在一起，共同抗日；一面组织了一支拥有百余支枪的抗日游击队，并利用游击队员亲属组织“两面政权”，掩护游击队的抗日活动。这支武装由于正确运用了党的游击战方针，从日寇和伪军中夺得大量武器弹药，很快发展成拥有3个大队、16个中队、2000多人的抗日武装力量。拥有迫击炮4门，轻重机枪25挺，手枪300余支，步枪1000余支。他们神出鬼没，声东击西，让日伪惶惶不可终日。

1945年

舞阳、郾城革命武装继续寻机打击敌人。

1月，王震司令员和王首道政委率领的第十八集团军独立第一游击支队同新四军五师河南挺进兵团会合。是月，建立豫中军分区。舞阳南部为军分区根据地的一部分。2月7、8日，一支队和挺进兵团对盘踞在母猪峡的伪军独立游击支队史聘侯部发动攻击，经7小时激战，歼灭史部300余人，俘大队长史聘侯以下150余人。另外，还粉碎了舞阳、叶县、漯河、驻马店等地日伪军2000余人对八台山区抗日游击队的“扫荡”。3月，共产党员王方明，发动曹集地主武装100多人起义，开赴嶻岈山区，由豫中军分区编为抗日挺进第十五团，王方明任副团长。3月12日，新四军第十五旅旅长周志坚率领三十八团第一、第二两营，会合河南挺进兵团一举攻克尹集，歼灭伪和平建国军关震亚部1600余人，缴获长短枪900余支。7月，在豫中工委领导下，于尹集山区成立中共叶（县）方（城）舞（阳）委员会和抗日民主政府。（日本投降后改名舞、叶、方民主县政府）苗宝泰任县委书记兼县长，王方明为副县长。12月，国民党县政府于日本投降后重返舞阳，国民党一〇四师驻舞阳并进行反共活动。舞阳县民主政府随新四军转移，全部撤离舞阳。

6月，郾城游击队击毙伪十七师师长兼漯河警察局局长洪福堂。洪原籍东北，漯河沦陷前夕，任漯河直接税局事务主任。漯河沦陷后，因事敌有功，被委为十七师师长兼警察局局长。6月某日，洪福堂从舞阳返回漯河，游击队于其途经的大陈镇东设伏等候。下午2时许，洪与他带领的伪军进入我游击队阵地，顿时枪声大作，杀声四起，洪福堂当场毙命，伪军四散逃窜。战斗结束，缴获战马4匹、手枪3支、步枪数十支、战刀2把和望远镜1个。

7月，于九拱桥炸毁日军一列从漯河南运的弹药车。先是，游击队获悉情报，即安排两个中队携带炸药，安放在漯河以南约10里的九拱桥中。夜半，敌列车从北疾驰而来，一声巨响，桥梁炸毁，车头陷入塌陷处。游击战士用机枪猛烈扫射机车，待日军驱铁甲车赶来时，游击队早已胜利凯旋。这次爆炸，铁路不通车10余日。

游击队在新四军五师一支队的领导下，经过近两年的奋战，和敌人交战30多次，击毙日军官兵60多人，击毙伪军不计其数，其中包括15名军官，如绥靖军十六师师长张星耀，十七师师长兼警察局局长洪福堂，维持会长李子芬，大信公司经理、汉奸周定庄等。此外，割掉日军电话线3000斤，炸毁铁路桥两座，炸毁火车头一个。缴获迫击炮4门、机枪23挺、手枪300余支、战马数十匹，弹药无算。

1945年7月，游击队由新四军五师收编，组建为一支队第八团。任蔡永令为团长，政委由支队派武仿倜担任。

豫中抗日根据地建立，并不断发展壮大。

1944年8月，为解救在日本铁蹄下的河南人民，壮大抗日武装力量，根据党中央指示，新四军第五师（师长李先念，政委郑位三）和鄂豫边区党委共同决定，由黄林同志和夏台农同志组成河南工作委员会，建立河南游击兵团。夏末到职，由黄林同志率领 190 多人挺进豫中舞阳、叶县一带。是年冬，新四军五师副政委任质斌同志带领三十九团一个营和一批干部进入豫中以加强领导，成立了河南省工委，任质斌同志任工委书记兼挺进兵团政委。以嵖岈山为中心，积极开辟豫中抗日根据地。

1945 年 2 月，挺进兵团一举击溃了盘踞在嵖岈山西北母猪峡的河南皇协军独立游击大队近千人。发动了尹集战役（原舞阳境，现划入舞钢工区），打垮伪军一个团，俘敌 800 余人。4 月 13 日，发动合水镇战斗，活捉伪二师师长张国威和四县联防司令吴春亭以下官兵 300 多人，击毙日军舞、遂、西三县指挥官松木以下日伪军数十名。至 1945 年 7 月底，挺进兵团用一年时间，开辟了东起汝南、上蔡，西至桐柏、方城，南抵信阳，北达漯河纵横 200 余里的抗日根据地，建立了抗日民主地方政权。兵团由原来的 1000 多人发展到 1 万多人。

日本侵略者宣布无条件投降，刘峙代表国民政府在漯河设受降点接受日军投降。

刘峙于漯河接受日军投降后，即命令孙震之二十二集团军向舞阳、遂平、泌阳、桐柏等县地区内由李先念、王震、皮定均率领的诸解放军部队所在地区以及魏凤楼之人民地方武装部队活动的黄泛区大举进犯，发动内战。其驻舞阳的四十一军一〇四师，于 11 月中旬向母猪峡一带进行攻击，发生小规模战斗。解放军为顾全大局，争取和平，转移桐柏，脱离接触。一〇四师退回舞阳。

国民党军统特务部队交警第五总队在漯河组建。

国民党“交通警察总队”，是美蒋特务机关中美合作所施以特种训练并全部用美国武器装备起来的一支特务武装部队，是蒋介石宠爱的一支袖珍王牌军。它的前身是军统局设立的“军事委员会别动司令部”。这些武装共编成 7 个别动军纵队，纵队下设 3 个支队，支队下设 3 个大队，大队下设 3 个中队，每一个中队下设 4 个战斗组。蒋介石很重视这支部队。日本投降后，别动军进一步扩充，改名为交警总队。全国共建立 18 个总队，总局设在南京。所属各队按武职定级，总队长是少将，大队长是上校，以此类推。由于经过美帝特务训练，因此它既是战斗单位，又是情报组织。他们比其他反动军队更顽固、更凶残，同时对人民的危害也更大。它不仅在各战场上配合国民党正规部队担任攻守，还担任后方骚扰与破坏交通等活动，并协同各地军统特务组织进行搜捕、屠杀革命人士的罪恶活动。

日军无条件投降后，别动军第六纵队一支队奉命接收漯河、郾城日军物资。日军在漯河仓库里储存的铜币、银圆、金属原料、毒品、军毛毯、军大衣、军皮鞋，各种武器以及30余辆军用小轿车、摩托车、三轮野战车等，被该队全部接收。他们明抢私分，大发其财。不久，别动军第六纵队与第一纵队于漯河合并，改编为交警第五总队。驻扎不久，随着国内战争的爆发，这支特务部队离开漯河，开赴山东。

豫中第一个县级人民政权在舞阳建立。

1945年夏，中共豫中地委和专员公署决定，以舞阳南部山区为主，包括西平、遂平、叶县、方城、泌阳边区在内的地区，正式建立豫中第一个抗日民主县。8月，日本投降，民主县划出西平、遂平，更名为“舞阳民主县”。任命苗宝泰为县委书记兼县长，王方明为副县长。不久，苗、王调走，改任王泽民为县委书记，吴振挺为县长。新政权在组织夏征，开展税收，发展地方武装，建立乡级政权，支援过境革命部队等方面做了不少工作。是年秋，由于蒋介石发动内战，民主县自动结束。将革命力量组编为游击支队，活动于舞阳、方城之间。12月末，游击支队奉命开往桐柏，编入中原鄂豫皖军区，离开豫中。

1947年

解放军第一次解放漯河。

1947年，蒋介石发动的第三次国内战争已经进行了一年。我陈（毅）粟（裕）陈（赓）谢（富治）两支部队为配合活动于大别山之刘（伯承）邓（小平）大军，粉碎蒋介石的所谓“重点清剿”，于12月13日至30日，进行了平汉、陇海两条铁路破击战。这一战役切断了敌人东西和南北两条大动脉，将平汉路从郑州到信阳及陇海路从郑州到开封的 840 里铁路全部加以破坏。整个战役攻占漯河、许昌、驻马店等沿线城镇 20 多处，歼敌 4.5 万余人，打乱了国民党在中原的作战体系。

12 月 18 日，陈谢兵团十旅在周希汉旅长的指挥下，第一次解放漯河。当时，郾城及漯河守敌为国民党六十九师十三旅 7000 余人，加上第十七交警总队所属两个大队 1000 余人和地方保安团数百人共 8000 多人。其布防情况是：十三旅驻漯河寨内和郾城城关，交警总队防守漯河火车站，保安团警戒于车站以西马路街一带。当十旅在临颍、漯河地段执行破击战任务时，曾命令二十八团对郾城守敌进行一次牵制性攻击，战斗打响后，敌十三旅惊恐万状，为避免兵力分散被歼，除置少数兵力于漯河外，其余均麇集郾城，漯河防务因此大为空虚。漯河为平汉路重地之一，与郾城县城一河之隔，设有国民党在豫中的重要后勤兵站，囤积了大批军需物资，具有战略地位。十旅遂决定采取“明攻郾城，暗取漯河”的作战方针，于 12 月 18 日午后，命令三十团团长卢显扬、政委梁天喜率部由大新店一带出发，佯攻郾城，予敌人以兵临城下之势，继命二十八、二十九团于当日夜从大新店一带秘密渡过沙河，直取漯河。二十八团一营在营长阚其普、教导员张守庆率领下，神速袭进牛行街，爆破组炸开南门，战士争先恐后冲进寨内。与此同时，二十九团在团长吴效梅、政委刘德裕率领下，从东西发起攻击，一举攻占了漯河车站，进而扩大战果，占领了整个商业区。此次战斗，前后仅历两个多小时，“八一”军旗就飘扬在漯河上空。战后统计：十旅阵亡 2 人，伤 18 人，俘敌 2400 余人，缴获敌兵站物资汽车 200 辆、榴弹炮数十门，汽油万余桶，胶鞋、棉鞋 60 万双和其他武器装备堆积如山。19 日清晨两架敌机飞临漯河上空，漫无目标投掷数枚炸弹而去。同时，郾城敌十三旅以约一营兵力涉河来犯，我十旅居高临下，据城反击，双方枪战半个多小时，敌人死伤近半，狼狈退回郾城。十旅在此次破击战中，共拆毁铁路 70 多里，烧毁铁轨八九千根，枕木 9 万余条，电线杆 1400 余根，烧毁桥涵 10 余座，使敌人的铁路交通线陷于瘫痪。1947 年 12 月 25 日，十旅经过一个星期休整补充，离开漯河。

12 月 14 日，临颍县获得解放。

12 月 17 日晚，中国人民解放军陈谢兵团第二十二旅自叶县进入舞阳县城，18 日，在民众教育馆召开群众大会，宣布舞阳解放。并于舞阳南山柏庄寨成立了舞阳县人民政府。

国民党武汉行辕前进指挥所设漯河。

1947 年夏，刘邓大军挺进中原。蒋介石深知中原历来为兵家必争之地，便手忙脚乱，调兵遣将，进行堵截围攻。8 月 19 日，蒋急电武汉行辕副主任张轸，着即驰赴漯河，组织武汉行辕前进指挥所，担任豫南阻击任务。当时漯河兵力只有刘茂恩部六十四旅和地方团队王金声旅。蒋介石为加强力量，数日之内从各方面调集了 12 个整编师和两个独立旅归张轸指挥。时刘邓大军已进抵沙河一带，铁路以东各县，土豪劣绅大为恐慌，纷纷外逃。9 月，张轸前进指挥所由漯河后撤，移驻驻马店。

1948 年

解放军四次解放漯河。

3 月，中共中央军委为加强中原解放军部队力量，决定命令华东野战军粟裕兵团南渡黄河，加入中原逐鹿行列，同时，命令中原野战军钳制位于临颍之国民党胡琏兵团，迫其不能东顾，以利于粟裕兵团南下。4 月 9 日，漯河第二次解放，继而攻占郾城。5 月 4 日，中原解放军再克漯河，6 日，再次解放郾城。5 月下旬，国民党十一师来犯，郾、漯得而复失。6 月 3 日，陈赓兵团九纵二十六旅在郾城西部同国民党军队展开激烈的战斗。在旅长向守志、政委余洪远率领下，于李湾附近歼灭国民党方城、叶县、舞阳三县自卫总队官兵 500 余人，生俘 400 余人。同日下午，乘胜进攻郾城，守敌南逃，郾城重新收复。4 日，再克漯河。8 月 23 日，郾城、漯河结束了几经反复的“拉锯”局面，最后一次获得解放。

9 月 2 日，中共河南省豫西二地委派出以齐文川同志为首的 27 名工作人员从叶县进入漯河，挂出了“漯河人民办事处”的牌子，开始建立人民政权。办事处曾先后设在“清香池”澡堂（今马路街浴池）和寨内福音堂等处。11 月 7 日，办事处于“中兴戏院”（即现在的“运工俱乐部”一带）召开群众大会，正式宣布成立“漯河市人民民主政府”。首任市长梁仰云，书记（当时又称政委）齐文川。办公地址设美国医院（今市第一人民医院河沿门诊部）。政府下设四科三局和四个区，即财粮科、司法科、教育科、民政科；公安局、工商局、税务局；一区（辖寨内及牛行街，共 7 个保）、二区（辖马路街及以南地区，共 6 个保）、三区（辖老街及以北地区，共 5 个保）、四区（辖京汉铁路以东地区，共 2 个保）。此外，还建立了人民银行、贸易公司。从此，漯河市人民彻底摆脱了国民党的黑暗统治，在共产党的领导之下，为祖国的繁荣和富强，为建设一个崭新的社会主义城市，进入了一个划时代的历史时期。

郾城县于 4 月 9 日第一次获得解放，5 月 6 日与 6 月 3 日再获解放，8 月 23 日第四次解放，新政权正式建立。

临颍县于 4 月 5 日第二次解放，5 月 11 日第三次解放，进入新政权建设。

舞阳县自 1947 年解放后，至此已解放一年。

1949 年

第二野战军第四兵团在漯河组建。

1949 年 1 月，淮海战役结束后，陈赓率部沿淮河北岸西进，集结于河南漯河、周口地区整训，司令部设漯河。2 月 4 日，根据中央军委命令，决定以中原野战军第四纵队、第九纵队、豫西地方部队之一部及淮海战役中起义的廖运周师，组成中国人民解放军第二野战军第四兵团，任命陈赓为司令员兼政治委员，下辖十三、十四、十五军。1949 年 3 月 8 日下午，第四兵团在漯河召开渡江南进誓师大会。几千人在寨西广场集会。刘志坚副政委代表兵团首长宣布了上级下达的渡江南进、解放全中国的命令并在誓师大会上讲了话。不久，第四兵团挥师南下，强渡长江天险，为解放全中国再立战功。

选自 2010 年 9 月《漯河文史资料》第十八辑

冯玉祥主豫期间临颍县政改革

阎理之[①]

1927年6月，西北国民革命军与北伐军会师中原，赶走奉军，冯玉祥当了河南省主席，委派韩东岱（兰封人）来临颍当县长，进行了一系列的改革。

原来临颍县公署设有十房，即吏房、户房、礼房、兵房、刑房、工房、库房、仓房、户盐房、承发房。除分别负责缮写有关文件外，并分管全县十四保的征粮工作。他们毫、厘、捐、分地多收老百姓的粮钱，几乎是合法收入。韩县长到任后取消十房，留用一部分青年人，分别成立书记处，负责缮写县政府公文，成立经征处，负责征粮工作。

原来有七班衙役，即：民壮，分头壮、二壮；快班，分头快、二快；皂班，分头皂、二皂；捕班，又叫捕役，专捉盗贼，他们负责下乡叫官司户，讹诈勒索，习以为常。县长问官司，他们站堂用刑。县长上街下乡，他们前呼后拥，跟随保护。韩县长到任后撤销七班衙役，成立政务警察队，有薪饷，除保卫县政府跟随县长外出外，还持传票叫官司，按规定路途远近收费，不准额外勒索。县政府内除原有一科、二科分别办理民政、财政外，增设承审员、司法书记各一人，负责审问民刑诉讼案件，县长不再兼理司法，这叫“司法独立”。县政府外设警察局、教育局、建设局、公款局等机关。

以往县长上街下乡，有坐轿的、骑马的、坐轿车的，或坐东洋车的。韩东岱县长出来总是徒步，随从简单，衣着朴素，戴灰色八角帽，穿中山服、布底鞋。说话和气，平易近人，把冯玉祥的作风带来了。

---

① 阎理之，河南省临颍人，1911年出生。1936年毕业于开封师范学校，教师。1980年离休。

原来县衙的大堂改建为县政府大礼堂。门外白石灰墙上写着蓝字对联：“肃清贪官污吏，建立廉洁政府。”每星期一上午在大礼堂举行总理（孙中山）纪念周。各机关、学校、团队参加。由县长主持会议，读总理遗嘱，报告时事及县政工作情况。最后有余兴，由县立师范学生演话剧。当时我在师范上学，每次纪念周都要演剧。记得演的有《一夫一妻一妾》《睁眼瞎子》《私塾黑幕》《烟鬼末路》等。县政府公务员也演过京剧。每次开纪念周气氛活跃，兴趣盎然。那时各校学生都唱革命歌曲《打倒列强》，歌词是：“打倒列强，打倒列强，除军阀！除军阀！努力国民革命，努力国民革命，齐奋斗！齐奋斗！”革命空气，颇为浓厚。

1927年9月间国民党临颍县党部成立。为破除迷信，领导各校学生将城内城隍庙、火神庙、东关东岳庙、天爷阁、西关三皇庙、南关府君庙、北关大王庙、包公庙等庙里的神像都拉倒打碎了。以后由近及远，乡间庙宇的神像均被打掉，改办学校。

当时乡间虽然有初级小学，但是私塾仍然不少，与学校争学生，有些初小几乎办不起来。教育局对私塾搞了个改造利用的办法。1928年春招考全县私塾老师择优录取五十几名，办了一个塾师训练班，使他们受训一个月。学习国民党党史、党义、第一次全国代表大会宣言、教学法、教育心理学、数学等，毕训后，允许他们回去教私塾，但是只准教新课本，不准教四书五经，不准体罚学生。虽然学校与私塾并存，但是普及了初等教育。

男子留发辫，民国15年前城内已不多见，但是远乡少数农民还留发辫。冯玉祥主豫以后，明令禁止男子留发辫。城门站岗见到留发辫的上去就把它剪掉，从此城乡留发辫的绝迹了。

当时城内女校学生已经放足，或不缠足，但城乡一般女子缠足之风仍很盛行。为了放足，县里召开一次群众大会，广泛宣传妇女缠足的害处，放足的好处。规定六岁以下女孩不准缠足，二十岁左右青年女子一律放足。成立天足会，设放足委员，挨户检查、劝导与处罚缠足女子的家长。有的被罚款，甚至坐班房，雷厉风行。不久全县城乡青年女子都放了足，初生女儿都不缠足了。千百年的陋俗彻底根除，解除了妇女们一大痛苦。

城内大街道路高低不平，商店住户向当街倒垃圾、泼污水，农户在街旁积粪堆。风天尘土飞扬，雨天满街泥泞。县政府下令整修四街道路。建设局设计，警察局督促，谁家门前的道路谁家修，一律修成中间高、两边低的鱼脊背马路，两侧砌有排水沟。不准向街上倒垃圾、泼污水，不准堆粪。各户门前置太平水缸，每天下午由警察督促各户泼水扫街。重要街口闹市设有岗警维持交通秩序，监督公共卫生。遇有打架争吵，上前劝阻制止，制止无效者扭送警察局处理。街市卫生、交通秩序有了显著改善，并由警察局统一制发了街道名牌。音义不佳的街名借此机会都改新街名，如东拐改为文明街，大寺院改为平民院。

成立民团，团长时德严是本县城东北罗庄人，他和民团军总司令韩多峰同过事，因此荣任团长。衣锦还乡，显赫一时。

当时，城内东门里有个老杨魁开酒馆，很富有。老两口有个独生子，娇生惯养。老杨魁认为北伐胜利，军阀打倒，时局平稳，经亲戚代办为他在城东南十八里大户陈村买了一处庄院。砖瓦大厦，相当宽绰，于是他迁往乡间安家落户。一天夜里他的儿子被土匪架走，令他回赎。他托人前往野地与土匪说合，几次花银圆上千元，每次回赎都要带上等香烟、皮底鞋、糕点等礼品。谁知土匪是小杆，拉的肉票无处窝藏，早已把他儿子杀害（名为撕了票子），最后落个人财两空。老杨魁伤心极了，向县上报了案，后来这个土匪被民团捉住，理应法办，但是民团团长时德严收了贿赂把土匪放了。老杨魁听说，气愤至极，请人写了状子，亲自到省会开封，告到省政府主席冯玉祥那里，一个命令下来把民团团长时德严解省审讯，随即处决。冯玉祥打击贪官，惩办污吏，斩钉截铁、不徇私情，大刹了县里贪污受贿之歪风，临颍老百姓无不拍手称赞。

选自 1987 年 11 月《漯河文史资料》第一辑

新民主主义革命时期郾城县的学生运动

范子文[①]

第一次世界大战结束后，英、美、法、意、日等帝国主义国家于1919年1月，在法国巴黎召开重新分割殖民地的所谓“和平会议”，中国政府代表以战胜国的资格在会上提出取消外国在中国的某些特权，取消日本帝国主义和袁世凯订立的“二十一条”不平等条约，归还大战期间被日本夺去的德国在山东的特权等要求，但遭到英、美、法等帝国主义的无理拒绝，北洋政府却准备在和约上签字。消息传来，举国愤怒。5月4日，北京3000余名学生在天安门前集会并游行示威，反对签字，要求惩罚卖国贼，废除“二十一条”，收回山东主权。学生的爱国运动遭到反动军警的残酷镇压，对此全国哗然，各地学生和群众积极响应，声援北京学生的爱国壮举，抗议军阀政府的暴行。从北京掀起的反帝爱国浪潮迅猛冲击到中原大地，在郾城引起了很大反响。许多来自北京、开封、洛阳等地的进步学生在郾城街头巷尾聚众演讲，宣传鼓动，痛斥北洋军阀政府丧权辱国、倒行逆施的卑劣行径，控诉外国列强疯狂豪夺、疯狂劫掠中国的罪行。在他们的带动下，郾城县立中学、郾城县师范学校、蚕桑学校和县立高小纷纷成立学生联合会，高举反帝、反封建的旗帜，他们走上街头，深入乡村集会讲演，宣传北京学生的爱国行动，提出“外争主权，内惩国贼”的口号。学生们的爱国之心与正义行为，深为城乡各界人士所感动。

同年秋天，北京学生代表团经开封到达郾城，他们广泛宣传五四运

① 范子文，郾城商桥镇人，1921年出生，大学文化，1949年2月参加工作，曾任郾城一中（今漯河四高）、二中（今郾城实验中学）、孟庙、商桥等乡镇初、高中教师，1985年离休。

动的意义，进一步介绍了北京学生运动的盛况，更加激发了郾城广大学生的爱国热情。在他们的帮助下，郾城学生联合会成立了纠察团，开展街头宣传，高呼“打倒日本帝国主义”“取消不平等条约”“坚决抵制日货”等口号。学生们在漯河镇设立国货调查团，调查团成员登火车、串码头、进商号，查禁、封存、销毁日货。他们的爱国行动，令人民群众拍手称快，赢得了人民群众的同情与支持。一些有民族气节的爱国商人自动从自己的货物当中清理掉洋货，一些商行和转运公司，也停止了为帝国主义者代办、代购、代运的采购和转运。然而，郾城北大街有一个资金雄厚的商店老板，自恃有钱有势、财大气粗，对学生的正义之举置若罔闻，在郾城火车站坐庄为日本人收购桐木，学生联合会几次勒令其停业，他却充耳不闻，反而责怪学生，指使雇员照样收购。他的卖国行径，激怒了青年学生，一天，在学生联合会的组织和领导下，数百名群情激愤的青年学生涌进他的家门，把这个正与雇员谈论生财之道的老板拉到大街上游街示众，学生们当众揭露他的卖国行为，围观的群众听到这个消息后，怒不可遏，纷纷把鼻涕擤到他的脸上。

学生们的英勇壮举，使卖国商人威风扫地，他窝了一肚子火，找到郾城县知事汪杉对其发火。汪杉不敢得罪这个当地豪绅，只得向他赔礼道歉，但慑于学生运动的威力，不愿意直接出面干涉，就指使其劝学所和县视学（又叫督学，旧时教育行政机关负责视察、监督学校工作的人员）先行出面劝说和阻止。县视学杨景震十分同情学生的爱国行动，他到学生联合会走了一趟，然后回县署禀告汪杉：“青年学生，血气方刚，爱国心切，不听劝阻。”在那个奸商的一再催促下，汪杉只得亲自出马，在县衙后厅召见了学生联合会的负责人进行劝说，后见劝说不服，竟对学生大加训斥，要学生“埋头读书，不准介入国事”。学生们受到汪杉的训斥后，十分不满，立即召开会议研究对策，他们以拯救国家民族危亡为己任，寸步不让，先发制人，以学生联合会的名义进而请愿汪杉，要求设立“国货调查会”，以作为监督奸商私运仇货的机关。请愿书递进县署以后，视平民为草芥的反动政客汪知事，竟骄横跋扈，不批准学生的请愿。学生联合会当即推举 8 名学生代表去见汪杉，严厉斥责汪杉身为县知事、国家官吏，置国家民族危亡于不顾，反对学生的爱国行动、庇护奸商、甘心为虎作伥的行径。不料他勃然大怒，声色俱厉地说："今日之事我为政，徒说无益，再胡闹，定制尔等妖言惑众之罪！"血气方刚的青年学生，不惧怕汪杉这种以势压人的大话，义正词严地说："学生之举，全出于爱国思想，先生为中国官吏，却甘愿为虎作伥！"县官与学生在县衙大吵大嚷起来，后干脆拘捕学生代表。聚集在学生联合会内等候代表的学生听说代表被汪杉拘捕，群情激愤，遂结队浩浩荡荡向县衙涌去。一进县署便把大堂、二堂的几案砸个粉碎。汪杉闻听外面人声嘈杂，响声一片，慌忙出庭询问，不料刚出庭外，就被愤怒的学生当头掷一瓦砾，成群结队的学生把手中早已准备好的工具像雨点般地朝汪杉砸去，汪杉惊恐万状，抱头鼠窜，边跑边大叫："反了，反了！"此时，衙门里的县署卫队听到主子呼叫，遂列队出动，手持武器和棍棒，不分青红皂白，对青年学生肆意殴打，学生们奋力抵抗，一场激烈的搏斗在县署院内展开。汪杉逃到西花厅后，感到事态严重，再继续下去，伤害了学生，触怒了群众，自己也有逃脱不了的责任，便将几个心腹叫来，商议加以制止。院内一阵激战之后，经典狱员、警务长、公安局长等人双方排解始行罢战。而此时学生已有数十人受伤，30 多人被捕，受伤的学生躺卧在县署内，呻吟声不断。

县署卫队打伤学生的事件轰动了郾城县城，各界人士纷纷表示强烈反对。学生联合会遂作出决议，城乡各校全体罢课，以抗议汪杉镇压学生爱国运动的行为，并以学生联合会的名义，将此事快电禀告省学联和省长赵周人（赵倜）："郾城学生游街演讲，被县知事汪某武力解散，学生不服，大起冲突，被捕关押者 30 余人，受伤者甚众，已全体罢课。"

郾城县署武力镇压学生爱国运动的消息传到省会开封以后，省城为之大震，省学联即日召开紧急会议，会长翟君与各校代表面见省长赵倜，请求调查处理；省会各界人士纷纷发表讲话或致电郾城学联，表示声援和支持郾城学生的爱国行动。特别是新闻界反响最为强烈，《时报》《新申报》于 1920 年 1 月 5 日分别以《郾城知事逮捕多数学生》和《郾城县知事之荒谬》为题报道了此消息，将事实真相公布于众。紧接着，郾城学生又派代表赶赴省城，并公举县视学杨景震和省议员佟士楷一起赴省城进行呈诉，到省城后，会同省学联负责人一起面见省长。迫于社会各界的压力，赵倜答复派人前往调查处理。

郾城代表从省城返回后，省长赵倜暗中指使汪杉向学生赔礼道歉，以收拢人心，尽快平息社会舆论，早日了结此事。于是汪杉便委托他的部下警务长和典狱员前往学生联合会赔情、议和。但学生联合会并未被汪杉的假仁假义所迷惑，进而于1920年2月2日又以电文呈诉省署："汪知事蹂躏人权，违反民意，不准成立国货维持会，即以成立之学生联合会亦令解散，并关押30余人，不许越衙署一步。以此摧残学生，实与自治之政策大相刺谬，请予撤换，以报郾民。"在学生联合会和郾城人民群众的一致要求下，在省会各界舆论的强烈谴责和压力下，省长赵倜不得不作出撤换汪杉的决定。不久，汪杉被罢职。汪杉被罢官的消息传出来以后，郾城的大街小巷以及漯河镇的人们无不拍手称快，纷纷上街欢呼，庆祝胜利，还有人买鞭炮在大街上放了起来。当汪杉离开郾城时，学生们赶到衙前，为他烧了"倒头马"（旧社会，赃官离任时，当地老百姓在他的官邸，以纸扎马，对天焚烧，以示其不得人心，万人唾骂）。

郾城各界的爱国运动，是五四运动的重要组成部分。在这次运动中，广大青年学生以及各界爱国人士，冲破封建制度的束缚和反动军阀的压迫，勇敢地向黑暗的旧社会、旧制度展开斗争。他们已经认识到中国落后和任人宰割的根源是反动军阀的统治，因而渴望寻求真理，寻求解放自己，走强国富民的道路。

1935年12月9日，北平数千名爱国师生，在中共北平临时工委的领导和共产党的组织指挥下，冲破国民党政府的恐怖统治，举行声势浩大的示威游行，高呼"反对华北自治运动""打倒日本帝国主义""停止内战，一致对外"等口号，掀起了规模空前的"一二·九"爱国运动。消息传出，全国沸腾，各地青年纷纷举行声援活动，郁积在青年心中的抗日怒火猛烈地迸发出来。他们冲出藩篱，走上街头，举行游行示威，发表通电、宣言或组织请愿团卧轨拦车等，声援北平，奋起救亡，勇敢地加入了这场伟大的斗争。

“一二·九”爱国运动冲破了日本帝国主义与国民党反动派造成的恐怖氛围，公开揭露了日本吞并华北进而侵略全中国的阴谋，打击了国民党政府的妥协退让政策，给全国各阶层人民以巨大的震动和鼓舞，把抗日运动推向了新的高峰，掀起了抗日救亡运动的新高潮。消息传到沙澧河畔，郾城励行中学的青年教师和学生沸腾起来了，提出支持北平学生的爱国行动。郾城励行中学是爱国人士高靖侯创办于 1934 年的一所私立中学，高靖侯思想进步，他的办学宗旨是培养救国人才，他聘请的教员大部分都是从北平来的具有大学文凭、思想进步、年轻有为的爱国青年。这些教师，不但在学术上出类拔萃，而且在政治思想上异常进步，是一支力量强大的队伍，他们向学生灌输革命思想，进行爱国主义教育，激发学生的爱国热情。“一二·九”运动的消息传来后，一部分爱国主义觉悟较高的学生，在教务主任、共产党员张育远的启发下，串联全校学生准备罢课，以声援“一二·九”北平学生的爱国斗争，但学校当局为避免事态发展过大予以制止。在张育远的建议下，以励行中学全体师生的名义发了两封快邮代电，一封由张育远老师执笔致南京国民党政府，要求共同对外，一致抗日；一封由学生谭星海执笔致北平学联，声援北平学生的爱国正义斗争。从此，抗日救亡运动在郾城拉开了序幕。

“一二·九”运动后，随着革命形势的发展，要求学生建立起自己的组织。1936 年春，在励行中学进步教师的建议下，学校成立了“学生自治会”，又以自治会的名义成立了读书会，在郾城地方报纸《警钟日报》上开辟名为“心曲”的文艺副刊，每周一期，发表学生有关抗日救亡和开展活动的文章，很受读者欢迎。读书会由闵毓华（“一二·九”爱国运动的积极分子，民先队员）领导，培养学生阅读课外书籍的兴趣，引导他们读进步书刊，定期组织讨论，交流心得体会。利用读书会，闵毓华教学生世界语、新文字（即现在的拼音字母），用世界语宣传中国共产党的《八一宣言》，抗日民族统一战线；在女生部成立歌咏队，歌咏队在女班长陆秀芳的带领下，走出校门下乡向农民宣传、演讲，讲东三省人民在日本人统治下的苦难，演唱抗日歌曲，“工农兵学商，一起来救亡”等歌曲，在人们心中燃起了抗日火焰，唤起人们的觉醒。1936 年下半年，袁效之（北京大学哲学系毕业）继任教务主任兼国文教员后，他选了一篇题为《思维方法论》的论文，从中给学生讲授辩证唯物论和历史唯物论，为青年学生树立共产主义世界观起到了启蒙作用。

在进步教师的影响下，参加读书会的学生越来越多，这些学生经过一段时间的学习，逐步成为学生中的积极分子。1936 年 11 月，征得北平“民先”（中华民族解放先锋队）组织的同意，闵毓华（此时，其组织关系在北平）介绍读书会的积极分子谭星海、陆秀芳（女）、张国钧、陆广志、杨文哲、白书章、李持英（女）、吕鹤亭 8 人加入了中华民族解放先锋队，组织了鄜城励行中学小队，隶属北平民先总部第十九分队。组织成立后，闵毓华向学生们讲解民先队的性质、宗旨，使他们懂得了民先队是北平“一二・九”运动中的先进青年组织，是地下党组织的抗日青年团体，是党的秘密外围组织。民先队成立不久，震惊中外的西安事变发生了，同学们知道消息后，欢欣鼓舞，师生们都主张杀了蒋介石，国民党鄜城县党部强迫中学组织请愿队伍请愿，要求释放蒋介石。在民先队员的鼓励下，师生们一致拒绝参加。县党部还煽动学生写讨伐张学良、杨虎城的文章，师生中也没人理睬。励行中学的爱国行为，引起了国民党当局的不满，引起了县党部的注意，他们以莫须有的罪名，指使警察局要逮捕袁效之、贺仲莲、闵毓华、马志廉 4 位教员。为了保存革命力量，进步教师和校方一起邀请当地开明士绅和校董联合作保，并答复本学期结束后不再聘用，才使闵毓华等 4 位教师脱险。

1937 年春，学校来了几位落后而反动的新教员，驻在学校附近的国民党新五师政训处也开始对学生进行监视，他们暗中拆阅了北平民先总部给励行中学一些学生的来信，掌握了学生中的积极分子名单，便立即传讯谭星海和杨文哲等 4 人，逼迫他们交代学校的党团组织，被学生拒绝。谭星海为此写了一篇“爱国有罪，卖国有功”的日记抗议反动派，被敌人逮捕入狱。为此，学校受到牵连，校长高靖侯被迫离校，学校不得不提前放暑假。离校前，白书章等人写了反对校方和当局的标语，夜里偷贴在校园里，轰动了全校、县城及附近乡村。

励行中学的师生参加了伟大的“一二·九”运动，在省立郾中，同样也有这样的共产党员在为党工作着。

省立郾城中学，坐落在漯河镇西北隅，是一所完全中学，设有高中部和初中部，有教职员工和学生1400多人，教师多为北京大学、北京师范大学等名牌大学毕业生，师资力量雄厚，因此在社会上颇有名气，影响很大。1945年10月，在豫西抗日部队南下桐柏山时，王其梅政委向牛运仓布置了战斗任务：回到家乡临颍，通过自己的家庭和社会关系，以灰色面貌出现，潜伏下来，打入许昌、漯河、郾城一带敌党、政、军或文化教育团体，长期隐蔽，积蓄力量，等待时机，必要时可打入国民党组织内部，开展独立活动，暂时不要同地方党组织发生联系，等到八路军再次返回河南时，再公开身份，进行活动。经过不懈努力，1946年2月牛运仓化名牛德普，假托昆明国立西南联合大学肄业，利用亲属关系打入了设在漯河的省立郾城中学工作。

经过短时间的熟悉环境之后，牛运仓便以学校图书管理员的身份开始了工作。他充分利用图书馆这个阵地，扩大党的政治思想影响，播撒革命种子。学校图书馆除订有《文汇报》《观察》《文萃》《群众》《文摘》《文艺春秋》及生活书店、文化生活社、读书生活社、新知书店、奴隶出版社、海燕书店、黑白作家、作家、作家书屋等出版机关的进步书刊外，牛运仓还有计划地做好进步书刊的评论介绍工作，以此方式宣传革命。另外，他还在上海《大公报》综合文艺副刊及其他一些进步刊物上发表进步文章，这些文章在部分学生中引起共鸣，党的思想也在同学中间产生了一定影响。牛运仓还借助图书馆的便利条件和同学们加强感情联系，与经常去图书馆的几个高年级学生接触攀谈，宣传革命道理，使这些学生很快接受了党的主张，并在其他同学中扩展。

针对省立郾城中学比较复杂的政治情况，牛运仓很注意做好团结、争取校长程百让的工作，以便能在学校长期站稳脚跟，利用学校当局扩大党和革命的影响。此外，他还争取团结以进步教师为代表的政治力量，为党在省立郾城中学的工作打下了一定基础，创造了有利条件。

在郾城县中，革命的烈火同样轰轰烈烈。1946 年底至 1947 年初，郾城县中发生了一次学潮。当时县中的情况是：全校共有学生 400 多名，有的年级为三个班，有的年级为两个班，均分为甲、乙、丙班和甲、乙班，男生一个独院，女生一个独院，学校教务处设在女生院。女生人数不多，每班多者十来个，少者四五人。她们除上课外，什么活动也不参加，上完课就回独院。

当时县中的校长是许国祥（国民党县党部书记阎炳若的大舅子），教务主任是钮柏栋，训育主任是张钟琪。由于许国祥有“坚强的后盾”做支柱，所以他对学生实行了高压手段：不准学生阅读进步书刊，不准男女学生接触，不准学生有言论、集会的自由，不准学生接触社会。另外，学校的经济不民主，各项收支费用账目不公开，对学生收费过多，教职员工的待遇却很低。学校只管收取学生的茶水费，但不烧开水。这对于背馍到学校用开水泡馍的学生来说，是一大难题，这部分学生已忍无可忍。1946 年秋，从许昌县中调到郾城县中任教的贺连吉，通过一段时间与学生的接触，发觉县中的民主气氛沉闷，学生的政治情绪不高，读书气氛比较消极，便利用每周纪念周会的机会（每周纪念会均有一位教员讲话，由学校列表排列）向学生灌输追求真理的治学方法，给学生讲道理，教学生遇事要问个“为什么？”处事不可盲从，要善于清醒头脑，要学会独立自主；同时在教学中，把“保守与进取”思想融汇到教学内容当中去。他还领导学生出版了墙报《野风周刊》，在学生中组织读书会，提倡每人每周读一本新书，并开展周六下午分别开展谈认识、说心得、论体会、写笔记的活动，在学生中形成制度。在进步老师的启发教育下，县中学生的思想有了新的变化，他们靠近进步势力，发挥了青年学生敢闯敢干的精神。已富有正义感的高年级同学在老师的帮助下，为了求进步、长知识、学本领，便向校方提议购置一部分适合学生阅读的刊物和科普读物等，以利于扩展视野、掌握知识，他们推选三年级学生赵宗儒、二年级学生李金玉与校方进行协商，并提出以上几个方面的问题，结果遭到严厉斥责。张钟琪公开讲：“账目公布不公布，不是你们的事，你们无权过问，这是校政，你们干涉不了。”校方的无理激怒了学生，终于赵宗儒两人与校长、训育主任争吵了起来，争吵声引来了更多学生的参与，空气顿时紧张起来。张钟琪为了缓和矛盾，有意驱散围观的学生，谁知双方越吵越凶，各执己见，互不相让，由争吵发展到后来的顶撞，以至于双方动了手脚。围观、参与的学生越来越多，钮柏栋也出来说话了，他反复进行“说理”工作，劝解学生返回教室。张钟琪跑到校务处，写了一个布告，大意是：三年级中班学生赵宗儒受共匪煽动，在学校无理取闹，予以开除其学籍。布告一贴出，就被赵宗儒撕了下来，并当众宣布，学校学生一律不上课，辩论到底。

此事惊动了郾城县县党部，下午，阎炳若便带着三四个荷枪实弹的打手来到了学校，说是给学生解决问题，学生们便又推选赵宗儒等就上述问题与之交谈。为了稳定学生思想，阎炳若答应学生，把这些问题写成材料交县党部处理。暗地里，县党部却在追捕赵宗儒，要查出其幕后的进步教师贺连吉、马泽民等人。为了保护学生，马泽民带赵宗儒找到了当时在县三青团负责宣传工作的胡开化，通过与时任县保安团团长的蔡永令等人商量，委任赵宗儒任县三青团的分队长，并当面进行了指定，以此来对付校方“赵宗儒是共产党”的说法，又在学生中间进行了广泛宣传。一时间，赵宗儒是三青团员的传说闹得满城风雨，校方追捕赵宗儒一事也就不了了之。但是，胡开化、蔡永令却抓住这次机会，利用此事起诉到地方法院，告许国祥贪污学生钱财一事。学生知道此事后，纷纷支持，告状的学生站满了法庭，在正义的呼声中，许国祥这个贪污犯始终没敢出庭。

选自2013年12月《漯河文史资料》第二十辑

旧社会舞阳商民的一次抗捐斗争

张止宇[①]

1931年“九一八”后，蒋介石借口中国武器装备不及日本，更不能与列强比翼，竭力推行他的“攘外必先安内”的买办、地主国策，对日寇的侵略只是退让，不敢稍有抵抗，因此大好河山被人侵略，无数父老兄弟姐妹惨遭杀害，流离失所，国人对此无不痛心疾首。

1932年春，河南省主席刘峙看到河南暂可苟安，而且生产兴旺，人民生活稳定，商业相当发达，认为搜刮民财时机已到，便在全省范围发动捐飞机运动，一可适应群众抗日救国心愿，二可对蒋表示效忠，三可达到贪污自肥之目的。省政府饬令各县遵照办理，不得借辞延误。

当时舞阳县长窦瑞生（安徽省砀山人）接到命令，即召集全县区长及城内商会会长，举行县政会议，讨论募集飞机捐事宜，决议商民由商会会长阎德如负责收缴，农民由各区长负责收缴，捐款额数每户最高不超过一百元，最低不得少于三十元（当时银洋一元可购小麦五十市斤）。商民按资本大小，农民按地亩多寡定出级差，按级差派捐征收，并未谈应捐款项的总数。

当时我在第七区区公所任助理员职，区长宋焕如未经区务会议即直接向富户派了捐款，每天只见向区长说情的乡绅络绎不绝，询及究竟，有的说是区长派的富户捐，有的说是国难捐，实际上就是省里派的飞机捐。县里分派到区里的总数、区里派下去的总数，更无从得知。

农民对政府的法令，只有服从，绝少反抗。遇摊派无力承担时，唯一的办法就是央人说情求减。城内商户接到商会募捐条子，一时议论纷

① 张止宇，舞阳县人，1906年出生，曾参加河南省区政训练第三期及河南省训团政治系学习。现在乡。

纷，均持反抗态度。适有进步人士汤铭阁（七区汤庄人）在城内小学任教员，与东街太极生杂货商店经理康儒宾系乡亲关系，得知这次飞机捐并非中央通令征要，实属河南省自出的花招，就鼓动康儒宾，串通东街成记粮行经理包向离（商会副会长）花行经理张锡九等三人，出面向全城商户宣传，以“如此巨款捐款意非中央通派”为理由发动所有商户，联合起来，抗不认捐。县长窦瑞生为镇压商民抗捐运动，派政警队将康儒宾等三人逮捕，拘押于政警队部，借以示众。

窦瑞生的镇压，非但没有平息这次抗捐运动，反而激起全城300余户商民组织了空前未有的七天大罢市风潮。商民请刘信武（前清拔贡）先生撰写了以“法律不保障商人”为题的宣言，印刷分发到各户，张贴于商店门首，以表抗捐之决心。旋由士绅多人出面调解，县长趁势使管押之三人恢复自由，将各商户原来所派捐额一律减去三分之一，商户始恢复照常营业，平息了这场官商斗争。

但是部分商户对此仍不甘心，又自愿出资，推举士绅胡灿宇、马竹友、康磐如（康儒宾之次子）三人代表全体商民，持诉状一百余件，前赴省城开封，控告窦瑞生压迫商民及在县内之其他种种不法行为。刘峙接到诉状后，不理不问，致使三人进退两难。一天，刘峙在大街经过，康磐如不顾一切，上前拦截呼冤，才得到刘峙主席亲口谕示允许将窦瑞生撤职查办。

当时河南省的县长，多数都是经刘峙之妻杨壮丽的手，以高价卖出的。窦瑞生被撤职后，找到杨壮丽哭诉，说刮到的钱还远远不够老本。杨壮丽找到刘峙说明原委后，刘峙只得将窦瑞生调任鲁山去当县长。窦瑞生卸任离舞之时，胡灿宇又纠合多人，声称窦瑞生在舞任期内所有经办手续、账目，须清算清楚方可离去，否则……为避免再陷泥潭，窦于是日晚，趁夜深人静之时，在南门守城队长屈济民保拥下，缒城而逃。

选自1990年12月《漯河文史资料》第四辑

中共郾城党组织在二次北伐沙河之役中

孟新安[①]

郾城，武汉国民政府二次北伐的必经之地。地处豫中，京汉铁路纵贯南北，沙澧颍河横贯东西。境内的漯河镇（今漯河市），不仅是京汉线的一个车站，而且是沙河沿岸的重要码头。

1927年四五月份，中路北伐军进军郾城，决心再次痛击奉系军阀胡毓坤、荣臻。中共郾城党组织为迎接北伐，广泛发动社会各阶层，领导农民运动，组织农民自卫军，全力支持、援助了北伐军；北伐军将士在沙河之役中浴血奋战，野餐露宿，爱民如子，纪律严明。军民共同谱写了团结战斗的颂歌。

积极准备　迎接北伐

郾城素有革命传统和较好的群众基础。1925年以前，郾城车站（今漯河车站）就有了党的活动。在“五四”“五卅”运动影响下，学运、工运均轰轰烈烈，有声有色。随着革命形势的迅速发展，1926年2月下旬，中共中央明确指出，“党应从各方面准备战争”，“必须在北伐必经的湖南、湖北、河南等地加紧开展群众工作”。中共河南省委于1926年4月派汪涤源（商城武家桥人）来郾城开展农运工作；4月18日，郾城派三名代表赴河南省会开封秘密参加了河南省第一次农民代表大会，参与了《农民协会执行委员会组织大纲》《农民自卫团组织大纲》、成立河南农民协会等重大问题的讨论和制订工作。

① 孟新安，郾城人，1943年生，1962年毕业于漯河师范，曾任郾城县志办主编，郾城县政协常委。

该次代表大会，大大推动了郾城革命形势的发展。继郾城车站党小组建立之后，于1926年10月，中共郾城县第一个党支部在漯河诞生。在党支部领导下，农民运动蓬勃发展。据《中国农民问题》（1927年1月出版）记载：此时全县已有一区六乡成立了农协组织，会员15000人，其中红枪会会员5000人。郾城韩庄村更为突出，全村百十户人家，参加农协者达80多户。农运如同越滚越大的雪球，韩庄附近的邓店、上坡、曾红庙等几十个村子里的农民纷纷参加农协，会员达2000多人，波及上蔡、西华、西平等县。

1927年2月，郾城党支部改建为县委。不久由于蒋介石叛变革命，进行清党，使共产党的地方组织无法公开存在。中共郾城县委对外挂上了国民党县党部的招牌，继续进行革命工作。在此期间，着重抓了三件大事。

（一）组织社会舆论，为北伐鸣锣开道。1927年二三月间，首先在县城内组织了文化促进会。共产党员赵伊坪、王修理、袁志远、胡济众（胡恩普）、张仁甫（张尚德）、温世德和和绍仲为该会的骨干力量。创办了扶轮小学、《扶轮》半月刊，组织了新剧团，积极宣传革命；共产党员马长德（确山人）等接受河南省委指示，在城内北大街建立了文化书社，发售《苏俄视察记》《帝国主义论说》《共产主义ABC》《湘江评论》等革命书刊，介绍革命理论，为支援北伐战争做了充分的思想准备。

（二）开办“党义训练班”和“农民训练班”，为组建农民自卫军准备骨干。共产党员蔡永令（中央农民运动讲习所特训班毕业）、甄光远担任教官，赵伊坪负责教育工作。共培训学员118人。

（三）收编红枪会为农民自卫军。1920年前后，红枪会组织遍布郾城各地。而尤以县东南王马店（今属西平），县西南大刘、空冢郭，县北孟庙、老官田等地最为集中。他们各有自己的首领，其中以林中和与蔡寿彭两处势力最大，共拥有农协会员和其他人员8000人，枪支90支，打过土匪，与群众关系非常密切。会员绝大多数是穷苦农民，遭受过奉系军阀的压迫和敲诈勒索，思想基础好，倾向革命，拥护北伐。至二次北伐之际，遂由中共特派员于树德和第四方面军总指挥唐生智共同商定，予以收编。按原来的设想，是先把红枪会收编为义勇队，而后再收编为农民自卫军。但由于时间紧迫，便改变决议，由战区农运委员会将红枪会迅速联合起来，改编成农民自卫军。老官田一带的红枪会改编后，为大造声势，鼓舞士气，还召开了“农民自卫军成立大会”。一时各处的农民群众和红枪会，也纷纷仿效组编。据 1927 年 5 月 8 日汉口《民国日报》“紧要新闻”报道：“漯河附近有农团十万余人。”他们“歼灭奉军千余人”，其中敌“步兵一旅完全溃散”。

化装侦察　攻克漯河

1927 年 3 月，直系军阀吴佩孚在河南的残部已土崩瓦解，其部将大多投诚革命，多接受武汉国民政府的委任，吴佩孚如丧家之犬仅带少数卫队逃往四川。奉系军阀张作霖乘虚以数十万军队长驱入豫，占领了河南的大部地区。当北伐军继续向北推进，逼近驻马店、遂平一带时，驻守在郾、漯的吴佩孚部将靳云鄂看到大军压境，形势危急，便萌生依靠北伐军的念头。经我地下党组织积极策动，靳部终于倒戈。靳秘密派代表与北伐军取得联系后，公开宣布脱离吴佩孚，自成河南自卫军。并在漯河车站东门外广场召开了“河南自卫军成立大会”。不久，武汉国民政府派以于树德为首的慰劳代表团由武汉乘火车直达漯河，慰问郾、漯广大人民及靳云鄂部队。当时的中共郾城县委以国民党县党部名义于漯河寨内南街路东组织千人大会，欢迎代表团。

会上，中共县委书记谢梅村（1935 年叛党）、县委委员张光灼、宁香山等带头散发传单，张贴标语、漫画，高呼“打倒列强”“打倒奉鲁军阀”“铲除土豪劣绅”等口号，高唱《北伐歌》《国民革命歌》等革命歌曲，还有人自编文艺节目，准备会后沿街宣传。其中一首快板这样说：“奉鲁军阀真凶残，大街小巷胡乱窜。坐洋车，吃小饭，从来不给人家钱。‘妈的巴子’不离口，皮带常在手里掂……”

大会正进行间，主持人突然宣布散会。于树德让县委负责同志一同上了专车。火车刚开动，密集的枪弹纷纷飞来。

原来，驻在郾城的吴佩孚第八军，在和靳云鄂一起宣布反吴后，又接吴密令反水，趁漯河召开欢迎大会之机，在县城东小李庄过河攻打漯河车站，阻止专列南去。幸车站铁路工人拥护北伐军，竭力掩护，一路大开绿灯，专车安全返回驻马店。郾城县委同志经于树德介绍，与北伐军总指挥唐生智、党代表彭泽湘见面，并汇报了郾漯一带的地形、地貌和军事情况。

这时，奉系军阀继续南进，占领了郾漯一带，并沿河东西布防。其先头部队驻扎于郾城西南问十村附近。北伐军决定，派郾城县委负责同志返漯，沿途侦察奉军军事部署。郾城同志返回途中，绕道潜入问十，找到进步人士张家范（问十人，漯河文林阁书店经理）研究如何进入奉军防地，了解敌情。张找来一位进步邮差，让县委负责人穿上他的邮差服，挎上邮包，带着邮票，直入奉军营地。由于奉军将士长期离开东北故土，思乡心切，都希望在信上与亲人取得联系，无不欢迎邮差的到来。县委负责人闯了一个又一个敌军营地，把沿途奉军的人数、兵种、武器装备等情况，一一作了侦察，遂再返回驻马店，向北伐军报告。北伐军根据县委提供的情报制订了作战方案，决定立即挥师北上。因地情、敌情既已熟知，大军渡过洪河后，一举歼灭了驻防九空桥（亦称罗成桥）南侧的两营骑兵千余人。已毁坏的铁路也重新修通，为攻克漯河扫清了障碍。

此时奉军指挥机关尚自洋洋得意，妄图举兵南进。忽闻九空桥失利，不得不急忙改变计划，放弃漯河，由郾城寨北门渡河，希望凭借沙、澧河天险负隅顽抗。

捷报频传沙河岸

5 月 20 日拂晓，战幕拉开。以郾、漯两城镇为中心，东起黑龙潭，西到大新店，在 70 里长的沙河沿岸展开激战。奉军凭借其居高临下之有利地势，时时向北伐军进行俯射，并用飞机骚扰阵地。入夜则以探照灯照射南岸，炮火密集，爆炸声不断。双方多次强渡沙河，袭击对方，在沙河两岸展开了持续数日、拉锯式的争夺战，奉军曾几次在强烈的炮火掩护下，从漯河东西两侧渡河，皆未得逞。一次，一股敌人从郾城东五里小李庄渡河，在福音堂登岸直达龙王庙，被北伐军全歼。北伐军也曾于万庄等处以小股兵力强渡，因众寡悬殊而退回南岸。25日下午，双方皆下总攻令，战斗达到白热化，沙河面上，炮声隆隆，弹如飞蝗，冲锋号声、喊杀声、枪炮声响成一片，声闻数十里，水中浮尸举目可见，河水为之易色，沿河十几个村庄，郾城以西南关、孟庙、杨家、挂刀营、阴阳赵、十五里店，漯河附近的小李庄、万庄、娄庄、丁庄、郭庄等变成了厮杀肉搏的战场，战斗一直持续到26日晚，奉军支撑不住，终于全线溃败，撤退到小商桥，指挥部移驻临颍。

战斗中，郾城人民及由红枪会改编的农民自卫军，在县委领导、组织下，冒着枪林弹雨，挑茶送饭，救护伤员，帮助运输，引路向导，袭击散兵，扰敌后方，配合了北伐军作战。时北伐军工作组一行30余人，由阎叔敏带领，奉命北上，途中必须经过奉军北舞渡到许昌一段阵地，蔡庄党小组立即派得力人员绕路穿插护送其顺利到达目的地。由于河水很深，摆渡伤亡很大，郾城车站铁路工人积极赶制"铁甲车"，顺铁路桥把北伐军送向北岸。

当时，郾漯人民不仅做了大量后勤支援工作，还直接拿起武器杀敌作战，当荣臻残部溃逃颍河渡口时，遭到了共产党员谢瑞珍率领的老官田农民自卫军的伏击，敌人抛下辎重、弹药，狼狈逃到新店北坡刘村附近，又碰上了当地几十个青年农民组织的地方武装的截击，弄得奉军草木皆兵，望风溃逃，战斗步伐一时大乱。

奉军虽然败退，但暗中派遣特务潜匿漯河，搜集情报，伺机破坏，共产党员宁香山察觉顺河街福音堂对门一家染房内窝藏特务6人，立告北伐军予以逮捕，搜出其进行联系的物证——面额为五文之小铜钱5枚。经审讯，又于盐场破获敌电报机一部。捕特务2人。由于党组织的积极工作，迅速清除了隐患。

人民拥戴北伐军，北伐军将士爱人民。奉军从漯河撤退的当天，北伐军携带武器弹药，肩挑行李、炊具进驻漯河及附近村庄。除部分驻寨内顺河街天主堂和沙河岸边的“美国医院”（今人民医院）外，余均露营郊外。无一人打扰群众，无一人违犯纪律。

资料来源：

一、郭尚武、蔡伯川、翟广钦等的回忆；

二、郑州大学蒋相炎《直系军阀在河南的兴亡与新军阀在河南的混战》；

三、《地名与文史》（试刊）；

四、《河南史志资料》第五、六辑；

五、《郾城县党史人事记》。

选自 1988 年 12 月《漯河文史资料》第二辑

二次北伐郾漯战事述略

刘西森[①]　陈庭苔[②]

1927年4月19日，武汉革命政府发动二次北伐。北伐军第四方面军总指挥唐生智入河南进攻奉军，自5月12日起，在汝南、遂平与敌人展开激战，经过多次反复，革命军占领了汝南、遂平、西平，并压敌于许昌、郾城一带。之前，困守西平城之奉军主力一部，在北伐军猛烈攻击下“历二昼夜，敌死伤枕藉，势不能支，溃走郾城”。奉军退守郾、漯后，破坏铁路，修筑工事，抢先沿沙、澧二河天然屏障之北岸，自黑龙潭，经郾城、十五里店至大新店一带布防。奉军荣臻部第十七军（该军共辖步兵六旅、骑兵一旅）之贾万兴四十九旅、张占鳌五十旅及第二旅等重兵，以铁甲车、重炮、迫击炮、机关枪等重叠配置，据守于郾城县城与漯河镇北岸，妄想凭借地理优势与北伐军对抗。白天出动飞机，向北伐军阵地扫射，夜晚以探照灯照向北岸，并昼夜向南岸不停地炮击。

为横渡沙河，进据郾、漯，给奉军以沉重打击，北伐军总指挥唐生智命刘兴军长之第三十六军为中路，担任主攻郾、漯任务。命梁寿恺军长之暂编第三军与安俊才军长所辖部队为左右翼，沿沙、澧河南岸向奉军分进合围。

5月26日，北伐军各部在东起黑龙潭，西至大新店，总长70余里的沙河防线上与奉军进行了激烈的战斗。炮火连天，硝烟弥漫，北伐军将士个个勇猛顽强，前仆后继，喊杀之声不绝，战斗十分壮烈。主攻郾

① 刘西森，郾城县人。1982年毕业于中山大学历史系。曾任中共漯河市委党史办公室征编科科长副主任，中共漯河市委党校副校长。

② 陈庭苔，郾城县人。历任干事、科员、重工局办公室主任，漯河市委党史办副主任、科长等职。

城之中路军，战事更加频繁，双方犬牙交错，角逐尤烈，一村一地，皆往复厮杀，直打得奉军无法支持，始溃败逃北。

中路军之战斗部署：刘兴军长亲率第三师周维寅部担任正面攻击，进李岗后，继向王庄、丁庄、当庄一线发展，最后直捣郾城奉军总指挥部。以第二师唐明哲部，第一师廖磊部为左右翼，分别同时进击万庄、漯河镇、挂刀营、杨家、王庄与张李、郭湾、当湾等战斗据点。

26日拂晓，中路军左翼一师三团，由驻地出发，向沙河南岸推进，原定于强渡沙河之后，歼灭十五里店一带之敌，不意奉军亦于是日拂晓南渡沙河，占领了阴阳赵等地，伺机反击。当三团官兵匍行进寨时，被寨内奉军发现，子弹如雨向寨外射击，该团二营不顾一切冲入寨内，两军短兵相接，展开巷战，肉搏厮杀，往返冲击，战斗相当惨烈。为截敌人退路，兼阻奉军援兵，北伐军一师炮兵三连从寨南向奉军后方炮击。奉军后方重炮队发现我方火炮，恃重炮火力优势，立即开炮轰击北伐军南岸阵地。廖磊师长当机立断，急调一团官兵从左翼赶来增援。北伐军喊声震天，士气大振，以密集的火力将奉军驱逐出寨。秦军退守于寨北一里多远的沙河南岸河堤上，企图以堤埂掩护，阻止北伐军过河，并多次组织反冲锋南犯。敌炮火猛烈，密如连珠，自拂晓至下午1时，未尝稍息。直至午后，北伐军再次发起强大攻势，奋起冲锋，奉军终于支撑不住，纷纷弃守阵地，渡河向北逃窜。

当北伐军第一师三团三营官兵乘胜追击溃败之奉军时，正好与来援的奉军一部在占李村遭遇。已溃奉军见援军已到，掉头反攻，声势又振，一时敌众我寡，情势危急。三营官兵面对强敌，临危不惧，破釜沉舟，拼死攻击，战至黄昏，未曾后退一步。幸九团及时来援，遂合力将奉军击溃，占李附近之河岸悉被北伐军占领。午夜前，盘踞在尹庄之敌料三团鏖战经日，势已疲劳，遣队偷袭，必获全胜，孰知三团警惕性高，迅予反击，果敢勇猛，犹如初战，将来犯之敌和渡河支援之奉军再次击溃。

第一师广大将士，自拂晓至薄暮，经一日激战，全部扫清了沙河南岸之敌，尹庄至常湾十余里沿河阵地，悉被北伐军廓清。为扩大战果，师长廖磊果断下令，一鼓作气强渡沙河，进占十五里店，并亲自督率各团，挑选各营精壮数百人，组织挺进队。担任前锋，在强渡沙河后即展开与敌肉搏战斗，渡河部队在枪林弹雨中勇猛冲向奉军，此时奉军已成惊弓之鸟，经此一击，势若土崩，争相逃命，无法指挥，十五里店一带遂为北伐军所得。

右翼战事，在唐明哲师长指挥下，26 日 7 时向漯河前进。正好北岸奉军亦于拂晓在万庄附近涉河反攻，已登南岸者达一营有余，尚有一营正蜂拥渡河，已进入防线之二师四团，趁敌立足未稳以优势兵力向河岸压去；集中火力，迎头痛击来敌。奉军以攻为守，多次组织冲锋，妄想稳住阵脚，继又增加援兵，密集争渡，并以铁甲车、山炮、迫击炮、机关枪疯狂向南岸射击，掩护奉军强渡，四团进攻受挫。二师师长唐明哲沉着果断，急令六团派兵增援，北伐军反守为攻，士气大振，沿堤厮杀，猛冲敌阵，肉搏达 2 小时，毙敌 400 余名，尸浮河面，河水一片鲜红。奉军终于不支，不得不退守河北。

与此同时，该师五团在唐明哲师长督率下，由驻地涉渡澧河，向杨家、毛庄前进，也如四团情形一样，奉军一部于拂晓偷渡沙河南岸，并伪装成北伐军，打着青天白日旗帜，在杨家等村设伏。五团误认其为友军，予以靠拢，未加戒备。迨迫近毛庄，奉军突起猛烈射击，北伐军全无掩护，猝不及防，一时颇多伤亡。在此紧急关头，六团一部赶来救援，枪声绵密，杀声四起，激战至傍晚 7 时，将奉军全部逐于沙河以北，南岸尽为北伐军所有。

是日，担任正面攻击之第三师，在军长刘兴、师长周维寅指挥下，进至王庄以西丁庄、大楼魏一线，正遇战事激烈，遂即投入战斗。该阵地有一鸭庄，地处沙河自西向东北折之突出地。八团一营率先攻陷，因地形不利，三面受敌，奉军以整团兵力向鸭庄一营进逼，军力、火力数倍一营，一营官兵处危不怯，同敌人进行殊死搏斗。二连连长郭强生，率全连士兵与数倍之敌激战竟时，子弹耗尽，继以短兵，郭连长身负重伤，死战不下火线。危殆之中，三、四连及时赶来，北伐军协力冲杀，奉军溃败，退守河北。

夜暮，右翼二师五团在杨家、毛庄激战溃敌后，不予奉军以喘息之机，立即追踪渡河，陈军北岸，以迅雷不及掩耳之势，断敌入城之路，除以一部兵力追击奉军至五里岗外，其余全力发起攻城，此时奉军精锐均已消耗殆尽，城内守敌不堪一击，略予交手，即狼狈溃退，郾城县城遂为五团捷足占领。

总结此次郾、漯之战，虽不及汝南、遂平战役之规模，然战斗之变化反复，亦极惊心动魄。是役，毙敌数千名，缴获枪支子弹等军需品无算，取得了二次北伐中又一次胜利。

选自 1988 年 12 月《漯河文史资料》第二辑

北伐战争中的临颍战役

晁凌音[①] 姚颂年[②] 潘富安[③]

1927年5月下旬，在我们故乡临颍的土地上，国共合作的国民革命军和奉系军阀部队进行了一场殊死的较量。如今（70年过去了），战争的硝烟早已散去，我们这些昔日的小学生已成了耄耋老人，但北伐军将士浴血奋战、英勇杀敌的惨烈情景和军民团结、亲如一家的动人场面，至今回忆起来仍历历在目。20世纪80年代，晁凌音曾应聘在临颍县志办公室工作，接触到不少有关资料，还专程到当年的战场调查访问。现就我们所知叙述于下，以纪念这场对河南的北伐战争大局具有决定性意义的著名战役。

1927年2月，奉系军阀张作霖联合张宗昌的直鲁联军，以“讨赤”为名，分别沿京汉、陇海铁路进入豫境。此时，在湖南、湖北遭到惨败的直系军阀吴佩孚部，其内部已是分崩离析：寇英杰、米振标、郭振才等附奉；田维勤、段国璋等声称要“吾行吾志”，甚至还一度接受了武汉国民政府的改编，但最终还是投奉了；靳云鹗、魏益三、樊钟秀、庞炳勋、梁寿恺、马吉第、高汝桐等则组成“河南保卫军”，通电讨奉，魏益三等人还先后就任武汉方面委任的军职。经过反复激战和争夺，靳云鹗部被打败，奉军先后占领了郑县、开封，然后分兵两路南下：以荣臻第十七军等部为右路，连陷新郑、许昌、临颍、郾城、西平、遂平，前锋直逼驻马店；以赵恩臻第十一军为左路，攻占鄢陵，又取西华、周家

① 晁凌音，临颍县人，1913年生。长期从事教育工作，曾任临颍县政协常委、文史委副主任，离休。

② 姚颂年，临颍县人，1973年生。曾任小学校长、铁路职员，后还乡务农。

③ 潘富安，临颍县人，1947年生，曾任临颍县文化馆馆长、文化局副局长、文联副主席、临颍县政协文史委主任。

口、商水、上蔡。靳军屡遭惨败，损失惨重，难以维持。

饱尝直系军阀残暴统治的河南民众，又陷入了新的苦难之中。奉军军纪废弛，所到之处残害百姓、奸淫掳掠、横征暴敛、强拉民夫和农家牲畜，逼迫民众接受其一文不值的“军用票”。我们临颍的老百姓对军阀部队恨之入骨，说：“过去是‘吴鬼闹中原’。吴佩孚走了，又来了个张作霖，成了‘三臻[①]乱河南’。”又说：“张作霖的奉军自称‘安国军’，实际上坏得很，应该叫殃国军。”

晁凌音的老伴贾爱莲，娘家住县东瓦店乡前徐村，至今还能记起一些当时的见闻。她说：“从商水、西华败退的奉军逃到了我们村和附近的后徐、十里头、魏墩、吴庄、小杨庄、小王庄、李化宇等村，强占民宅，专拣后院和好房子住，强迫老百姓为他们找烟土、烟具，大姑娘们吓得东躲西藏。奉军抢走了全村老百姓家里的油去炸油条，还没来得及吃，就听说北伐军打过来了，吓得四散奔逃，村里的老婆们都说这是老天有眼，让奉军吃不成。”

当时小麦已近成熟，奉军怕北伐军在麦地里隐蔽，就摘下民房的门板，强迫老百姓用人力或牲口拉门板将麦子压平。老农王柱赶着自家的牛拉门板，奉军士兵嫌牛走得慢，一个劲儿地用枪托在牛胯上乱捣，牛疼得“哞——哞——”直叫。王老汉心痛地说：“老总，打仗就打呗，何苦坑害俺老百姓，还拿这哑巴畜生来出气。麦子眼看到嘴了，都压毁了叫俺庄稼人吃啥？”那士兵顿时暴跳如雷，厉声吼道：“妈拉个巴子！眼下老子命都保不住了，还管你吃麦不吃麦？再不好好干，老子就要你的脑袋！”

应河南民众的一再请求，国共双方经过多次协商，决定出师北伐，进军中原。4 月 19 日，武汉国民政府在武昌南湖举行了国民革命军第二期北伐誓师典礼。出征的部队称为第四方面军，唐生智任总指挥。以第一纵队为右路军，第四军和第十一军军长张发奎兼任司令官，第四军（副军长黄琪翔）辖黄琪翔第十二师（代师长缪培南）、朱晖日第二十五

---

① “三臻”系指奉军第十七军军长荣臻、第十一军军长赵恩臻和第十军军长于珍。“臻”和“珍”谐音。

师，第十一军辖蔡廷锴第十师、第二十六师（副师长吴仲禧）、贺龙独立第十五师；以第二纵队为中路军，第三十六军军长刘兴兼任司令官，并指挥何键第三十五军，第三十六军辖廖磊第一师、唐哲明第二师、周维寅第三师；左路军为靳云鹗部的梁寿恺暂编第三军、庞炳勋暂编第五军等部。至 4 月底 5 月初，各部陆续到达驻马店一带集结。

5 月 13 日，唐生智发出总攻击命令。经过激战，中路军刘兴部于 17 日攻占西平，很快推进至沙河南岸，与奉军隔河对峙。右路军张发奎部于 17 日在上蔡之东西洪桥大败奉军，后乘胜追击，至 26 日，连克商水城及周家口（今周口市）、西华城及逍遥镇宋庄等地。按原定作战计划，张发奎部应向开封东、西之线攻击前进。因发现奉军企图依托沙河顽抗，并在临颍境内集结大批援军，加紧构筑工事，摆出决战的架势，唐生智遂决定调整部署，令张发奎纵队于 27 日转向临颍方面，攻击敌之侧背，以策应刘兴纵队迅速渡过沙河，歼灭奉军主力。

张发奎奉命后，即令黄琪翔率第十二师经逍遥镇以西的宋庄向临颍攻击前进；令贺龙独立第十五师经西华、临颍、郾城交界处的黄连城直

张发奎（左三）、黄琪翔（右一）、廖乾五（右三）、缪培南（左四）、许志锐（左五）、吴奇伟（右五）、李汉魏（左一）、张弛（左二）等人合影（1926 年 1 月摄）

趋小商桥①，令蔡廷锴第十师推进到逍遥镇西北地区，监视鄢陵、扶沟之敌；自率第二十六师作总预备队，随第十二师西进。27日下午，第十二师抵达临颍城东十里头，迅速展开，攻击当面之敌，推进到叶庄、和庄、大杨庄之线，指挥所设在和庄东北的柏树坟。奉军退至七里头南北之线后，即依托工事拼命顽抗，形成对峙状态。至28日拂晓前，双方各向对方进攻十余次，均未得手。第十二师因地形不利，兵力、武器均逊于敌，因而伤亡严重。傍晚时分，第二十六师、独立第十五师、第十师均到达指定位置。张发奎到达邢庄，获悉郾城之奉军已撤至临颍附近，遂下达了28日拂晓发起总攻全歼临颍之敌的命令。

战前，北伐军仅侦察到奉军在临颍城南筑有工事，此时才发现奉军的工事呈反"C"字形，自城北绕至城东七里头、长坑王、上坡高，再折向西经城南十里铺至海子姚一带，全长20多华里。工事坚固隐蔽，明碉暗堡密集，射界广阔，且田里的麦子都已压平，七里头一带的地形向北伐军阵地的方向倾斜。临颍的奉军除第十军（王树常继于珍任军长）和由郾城败退的荣臻第十七军外，还有新调来的几个旅，大批轻重机枪和山炮、野炮、迫击炮、坦克车等。张学良以此战之胜败关乎全局，亲赴临颍城坐镇指挥。

中路刘兴纵队于26日夜强渡沙河攻占郾城后，第一师、第三师立即乘胜追击（第二师之第四团、第五团在攻击郾城战斗中伤亡较大，此时正在休整，仅以第六团配属第一师作战），27日下午进抵小商桥、李纪岗、谢庄、大杨庄之线，发现奉军已占据临颍以南之曹庄、十里铺、台陈、庙东龚、庙西龚、张陈、安庄、王曲街、大周一带，并正在抢修工事。以逸待劳的奉军乘北伐军立足未稳，连续发起反攻，战斗十分激烈。

此时，独立第十五师赶到小商桥附近。贺龙派人侦察了当面敌情，即令部队投入战斗：以第一团、第二团加入第三十六军第一师和第三师之间，沿铁路西侧向邢庄之敌攻击前进；以第四团担任阻援，自率预备

① 小商桥是一座始建于隋开皇四年（584年）的红石拱桥，位于临颍南部的小商河上。桥两端的村镇因此而得名。

队随第一团、第二团之后跟进。奉军仗着人多、武器好，死守阵地，攻击部队虽付出很大代价，也未得手。第一团团长贺锦斋令营长贺松如（二人均系贺龙的堂弟）率敢死队绕袭奉军后方的炮兵阵地，一举成功。主力在奉军慌乱之际乘势出击，迅速占领了距奉军阵地夹壕王仅1500米的邢庄。

在独立第十五师的有力支援下，第三十六军第一师打退了奉军的十余次反攻，第三师也在与邢庄隔铁路相望的大贾庄站住了脚。当夜，廖磊、周维寅两师长分别向所部下达了次日拂晓攻击的命令。

5月28日拂晓，北伐军各部同时向当面之敌发起总攻。

此前，张发奎、黄琪翔及随该部行动的武汉国民政府军事委员会总政治部主任邓演达已来到前线，听取了第十二师代师长缪培南的报告，得知该师与数倍于己之敌彻夜激战，全部兵力均已投入战斗，伤亡惨重，兵力薄弱，非但无力突破敌军阵地，而且己方之阵地随时都有被敌突破之危险，战况万分危急。张发奎急调作为总预备队的第二十六师投入战斗。第七十七团团长蒋先云建议："舍弃正面，迂回辛庄，先捣毁奉军炮兵阵地，而后插入城北，断其归路。"当即为张发奎所嘉纳。张令蒋先云团执行此项任务，令沈久成第七十六团增援第十二师。

第十二师辖吴奇伟第三十四团、马少屏第三十五团和李汉魂第三十六团是铁军——原国民革命军第四军的部队之一，素以作战勇敢、军纪严明而著称。该师的前后两任政治部主任、中共党员廖乾五、梅电龙（后改名梅龚彬）对此做出了重要的贡献，张发奎对政治部的工作亦称道不已。部队投入战斗后，梅电龙率师政治部工作人员，一面坚持在火线上开展宣传鼓动工作；一面与当地中共党组织和民众团体密切联系，组织群众运送，救护伤员。全师官兵冒着敌军的密集炮火和枪弹，浴血拼杀，前仆后继，牢固地守住了阵地，但因伤亡越来越大，进攻未能奏效。第七十六团增援上来后，全线于中午向前推进，但奉军的援兵亦同时到达，并向北伐军发起反攻，战斗更加激烈。此时，大家都寄希望于迂回辛庄，攻敌左翼的第七十七团。

蒋先云团从叶庄向北，经韩场转向西，上午8时前到达辛庄附近，遇到了前来向北伐军报信的该庄农民陈尚珍等人。他们告诉蒋先云："奉军的大炮就架在我们村南面岗上的史庄、符庄、三里头一带，驻有约两个团守卫，五里头附近还埋有地雷。我们村驻了一连奉军，把村里搅得鸡犬不宁，老百姓实在忍不下去了。大家听说瓦店一带驻有北伐军，是专门打奉军的，就叫我们几个去找，请你们赶快去救救俺老百姓吧！"蒋先云听后，立即命令尖兵连向辛庄方向搜索前进，自率大队随后跟进，并带领官兵们高呼口号"英勇战斗，不怕牺牲""只有前进，没有后退"，该团很快驱逐了当面之敌，占领了辛庄。三里头的奉军听到枪声，急忙向上司报告，援兵不久即到达。当蒋先云团攻至距史庄、符庄800米时，与奉军展开了激烈的攻防战。

奉军居高临下，人多，火力猛烈，工事隐蔽坚固；而北伐军则是在势单力薄、无任何地形地物可资掩护的不利态势下，向坡上之敌进行仰攻。不久，尖兵连伤亡殆尽，剩下的20多名士兵在连长指挥下仍顽强抗击着奉军的反扑。在此万分危急时刻，蒋先云驰赴火线，高喊一声："不要紧，我来了！打！"便身先士卒，冲向敌阵。"团长冲锋在前，全团士气顿时大振，官兵们早已将生死置之度外，前面的倒下了，后面的立即冲了上来……"

一颗子弹打中了蒋先云的左足，他拒绝士兵的救护，说："脚伤了，没关系，还能骑马，我必杀退敌人。"自己简单地包扎了伤口，就挥刀上马，继续冲锋。不久，蒋先云第二次负伤落马，仍不停地高呼，激励官兵们奋勇杀敌。副师长吴仲禧听说蒋先云受了重伤，要他撤离火线，蒋先云坚定地说："我蒋先云不捉住张作霖，不下火线！"他以惊人的毅力强忍着剧烈的伤痛，在两名士兵的护卫下又一次跨上战马，高举战刀指挥部队冲锋。突然，一颗炮弹在离蒋先云不远的地方爆炸，弹片击断了他的皮带，穿入腹腔，顿时血流如注。他用尽全身气力高呼："冲啊！杀啊！前进……"然后倒在了血泊之中。团长的牺牲，更加激发了全团官兵的斗志和对奉军的仇恨，大家发誓要为团长和死难弟兄报仇，继续顽强战斗。

第七十六团奉命增援第七十七团，以加强对奉军左翼的攻击力量，但不久团长和参谋长均受伤，其他官兵的伤亡也在不断增加。此时左翼第三十五团方面也来告急，奉军已冲到了距该团团部 20 米处。张发奎只得将剩下的最后一个团的预备队（欧震第七十一团）增援左翼，同时急令蔡廷锴第十师火速来援。

在南战场，战斗也在激烈地进行着。当日凌晨 5 时，第三十六军的两个师和独立第十五师同时向当面之敌发起攻击。

第三十六军第三师第八团（团长章亮基）首先进攻樊庄。该庄位于铁路以东、十里铺以西，周围地势平坦；田里的麦子虽未被压平，但亦无其他可资隐蔽之物。奉军发现该团位置过于突出，便集中各种轻重武器猛烈射击，还以骑兵抄袭该团的侧翼。章亮基深知“置之死地而后生”的用兵之道，率领官兵与奉军骑兵进行白刃拼杀，将其击退，后又发起猛攻，终于以很大的代价攻占了樊庄。不久，第九团和第七团经过激战，分别攻占了铁路以西的海子龚和樊庄以北的高庄，然后从南北两面向奉军的主阵地台陈发起围攻。

第一师经过近三个小时的苦战，首先攻占了台（张）陈，随后又克王曲街，中午时分攻占大周。该师在追击逃敌途中与奉军援兵遭遇，双方遂展开一场鏖战。

独立第十五师一部协助第三十六军第三师作战；主力由贺龙率领，展开于小商桥、韭菜田、万庄之线，向奉军发起猛烈攻击。奉军在南马沟河北岸构筑了坚固的工事，充分发挥各种武器的威力，在河南岸构成了一道火网。整整一个上午，两军阵地前枪炮之声震耳欲聋，硝烟翻滚，遮天蔽日，战况至为惨烈。独立第十五师官兵在师长贺龙和政治部主任周逸群指挥下，浴血奋战，虽伤亡惨重，仍不停地向敌军发起冲锋。中午过后，贺龙调整部署，加强了第一线的攻击力量。随着嘹亮的冲锋号声，贺师官兵如同下山猛虎、离弦之箭，冲向敌阵，很快推进到南马沟河南岸，然后泅水渡河，登上北岸，于下午 2 时攻占了城南曹庄、十里铺、荒张之线。

当南线战斗最紧张的时刻，由铁路工人组成的国民革命军前敌指挥部京汉线铁道大队投入了战斗。据 1927 年 7 月 17 日《汉口民国日报》

报道：“我军在小商桥三路进攻时，该队亦奉令驭驰铁甲车极力猛勇冲锋。数小时间，敌不能支持，溃退去，被缴械者不计其数。”

在东、南两路北伐军长达七八个小时的强韧攻击下，兵力、武器装备和地形均占明显优势的奉军已成了强弩之末，火力逐渐减弱。下午1时许，第七十一团和第三十五团向七里头以南之上坡高，第七十六团和第七十七团向奉军左翼，分别发起冲锋。2时左右，蔡廷锴师的先头部队刚赶到瓦店一带，奉军阵地就已动摇，开始溃退。张学良站在三里头大路口督战，下达了后退者一律枪毙的命令，但亦无法阻止势如潮水的溃兵。

增援东线的三辆奉军坦克车，刚出临颍东关就遇上了溃兵，遂慌忙掉头北逃。后因溃兵太多，阻塞道路，坦克兵弃车逃跑。结果三辆坦克，一辆扔在临颍北关，一辆丢在北场村村头路边，还有一辆已上了公路，又被弃于五里河桥头。那些疲于奔命的溃兵们，一个个更是狼狈不堪。扔掉枪支、背包以便轻装逃跑者有之；脱掉鞋光着脚跑者有之；抢来老百姓的牲口骑，又嫌牲口走得慢而丢掉牲口，撒开两腿跑者亦有之……奉军进东门、出西门，穿城而过，见东西就抢，吓得城内各家店铺连忙关门闭户。一名溃兵砸开黄伯英家的点心铺，抢了一大包点心，边跑边吃。其他溃兵看见了，就从他的手中夺过来吃。

下午3时以前，城内的奉军尚未完全逃出，北伐军先头部队就已进了东门。同时，南线的奉军也开始溃退，北伐军各部乘胜追击。贺龙率独立第十五师于下午4时占领了临颍以西地区；第二十六师占领临颍城及城西铁路一带；第三十六军两个师分别沿铁路及其西侧，向许昌方向追击。

5月29日和30日，唐生智第四方面军连克许昌、新郑，奉军退往黄河北岸。6月初，唐生智部和冯玉祥第二集团军会师于郑县、开封。

临颍战役是武汉国民政府北伐过程中规模最大最为关键的一仗，也是与入豫奉军主力的决战之役，意义极为重大。此役，北伐军大获全胜，战果丰硕，但也付出了很大的牺牲，第七十七团团长蒋先云是北伐军方面在这场战役中阵亡的级别最高的军官。蒋先云，又名湘耘，别号巫山，1902年7月14日生于湖南省新田县一个贫苦农民家庭。他是毛泽东在湖南省立第三师范学校亲自培养和发展的共产党员之一，与刘少奇、李立三等成功地领导了安源路矿工人大罢工；在黄埔军官学校第一期学习期间成绩优异，曾被校长蒋介石视为得意门生；毕业后留校任职，后调任军校政治部秘书，在主任周恩来领导下工作。

他担任第七十七团团长后，在对全团进行严格军事训练的同时，更注重对官兵们进行政治思想教育。部队在驻马店一带驻扎期间，他撰写了题为《敬告本团官佐》的公开信，对军官们提出了更高的要求：

亲爱的、革命的官长同志们：

相处将及一月了。在这短时期中，虽然没有经过十分严重的枪林弹雨的战况，而餐风宿露的辛苦，总算是尝试过了。我很能从你们的辛苦中深识和钦佩你们的精神，然我对于革命同志的素习，是历来不愿互相标榜我们的强处，只是严格的批评其弱点。因为革命者只有自己从精神上去表示努力，从工作成绩上去自慰，用不着空受他人无谓的嘉奖。只有严格的批评，方可弥补自己的弱点，训练和增进我们实际做事的能力。因此，我对于本团亲爱而革命的同志，只能沿其旧习，不客气的要求及评责，我相信本团官长同志最少也能知道我是革命的。我希望进一步认识我的革命性，尤希望各同志时时接受我立在革命观点上的评责。

尽管自称革命是不够的，革命者是必要从工作上去表示他的努力，尤其是困苦艰难之中、枪林弹雨之下，更要能表达他能坚忍、能牺牲的精神，否则绝不是一个真实的革命者。本团是脱胎于旧军队，我未始不知道诸同志的困苦艰难，可是我同时相信诸同志是忠诚于革命的青年。青年的革命者只可缺做事的经验，绝不应当缺少做事的精神；我们□□勇敢的、坚忍的、能牺牲的精神，去训练我们做事的能力，增进我们做事的经验。人们不是生来即是能做事的，生来即不怕死的。任他什么事情，最初必免不了许多的困难，令人难干，令人胆怯，但是有了大无畏的精神，绝没有打不破的困难和艰险。做事是学会的，孩子是吓大的，诸同志在最近的工作中是不是有了这种感觉？

自信是勇敢的、最能牺牲的还不够，必要具有临事不惧而沉着的修养。天下没有大不了的事，经过多了自可习以为常。遇事先要沉着，能沉着才能确实去观察，观察确实才能有正确的判断，判断正确才能有坚决的决心，决心坚决则胆自壮、气自豪，什么也不怕。要知道，部属是以上官为依归的，上官心怯，部属则不战心寒。治军首重胆大心细，但必先胆大，而后能心细，胆怯没有不心慌的，心慌则什么也谈不上。只忙于生命一件，这才真所谓天下无事，庸人自扰！亲爱的、革命的官长同志们！我们是知道革命理论的，我们是受过革命的训练的。我们不努力、不奋斗、不牺牲、不沉着，部下没有训练的士兵，又将怎样？善于带兵，决不专靠军纪来管束士兵，决不专靠银圆饷洋来縻系士兵，更不能专以空头话来鼓舞士兵，必要以革命的精神去影响士兵。平时官长能努力，士兵没有不服从的；战时官长能身先士卒，士兵决没有怕死的。我早已说过：只要舍得干，天下没有干不了的事！

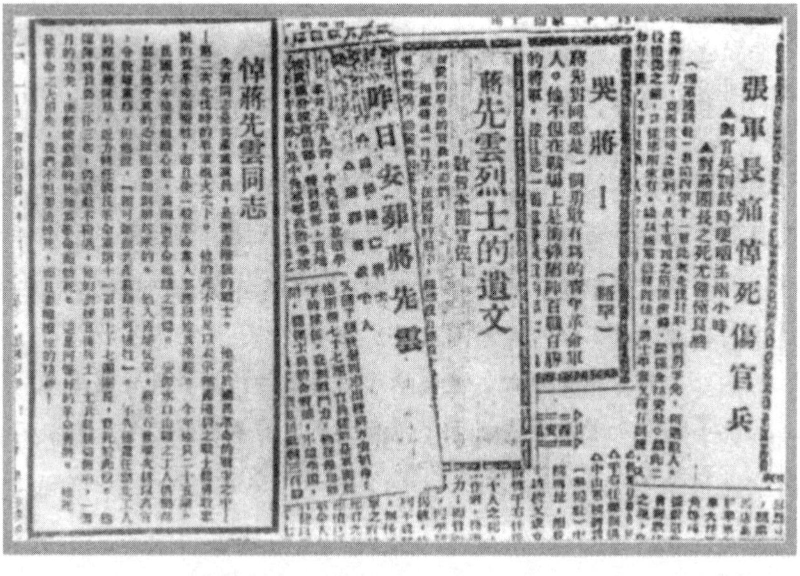
悼蒋先云同志

昨日安葬蒋先云

蒋先云烈士的遗文
——致书本团官佐——

哭蒋！（醒亚）

張軍長痛悼死傷官兵

《向导》周报第198期刊登的《悼蒋先云同志》和《汉口日报》的有关报道

革命者必先能考虑党国的前途，而后及于自己。我们要自信为革命者，能容得我们怕困苦，怕危险吗？本团第十连连长董振南、参谋邓敦口（前第四连连长）畏死潜逃，此类假革命者当不足以言党国，然其于自身前途何？他们即幸而有命，还能再做人吗？虽生犹死，何以生为！

亲爱的、革命的官长同志们：“岁寒然后知松柏之后凋也。”天下无难事，只要舍得干，望诸同志振作起来，共相奋勉！

团长蒋先云五月七日[①]

21天后，蒋先云以自己的鲜血和生命，谱写了一曲真正革命者所必备的无私无畏、一往无前、舍生取义的崇高品德和英雄气概的壮丽乐章，为下属及后人树立了光辉的榜样。1927年6月15日出版的中共中央机关刊物《向导》周报第198期发表了《悼蒋先云同志》的悼词：

先云同志是共产党党员，是无产阶级的战士。他死于国民革命的战争之中——第二次北伐时的奉军炮火之下。他的死不但足以表示无产阶级之战士能勇敢忠诚地为革命而牺牲，而且使一般革命党人都应以他为模范。今年他只有二十五岁，民国六年他便组织心社[②]，为湘南革命组织之开端。安源、水口山矿之工人俱乐部，都是他受党的委派，而参加创办起来的。他入黄埔从军，蒋介石曾屡次诱以高官，令脱离党籍，但他说：“头可断而共产党籍不可牺牲。”不久，他还任湖北工人纠察队总队长，近方转任国民革命军第十一军第七十七团团长，竟死于此役。他临阵时负伤，三仆三起，仍追敌不稍退。他的训练、宣传士兵，尤其能亲切领导。一个月的功夫，便能使新募的兵知为革命而效死。这是何等好的革命勇将。他死，是革命之大损失。我们不但要追悼死，而且要继续发扬他的精神！

对于蒋先云的壮烈牺牲，他的上级、下级、同志、朋友皆悲痛不已，分别以不同的方式表达自己的哀思。四军通讯社在一篇报道中真实地记录了第四军军长兼第十一军军长张发奎痛悼蒋先云等死伤官兵的

①《蒋先云烈士的遗文》，载于1927年6月4日《汉口民国日报》。

② 心社是蒋先云在衡阳的湖南省立第三师范学校期间，以毛泽东在长沙创办的新民学会为榜样，于1921年2月发起组织的革命团体。

情景：

昨三十日[①]军长率十一军出发郑、汴时，与该部官兵训话，备极感悼，继复痛哭失声，哽咽至两小时。张军长谓：此次我两军[②]同志伤亡之众，实余之咎。盖我军将士遇敌则冲，从不稍退之精神，余本深知之，然是日[③]余不察前方情形，犹迭令冲锋，不啻活活葬送；且七十七团蒋先云团长初来我部，余即频以语□□，谓蒋同志精神过于紧张，此人上阵，非伤即死。今亦果如吾言。彼（蒋）身先士兵，骑马向前冲锋，第一次枪伤腿部，本可退休，不之顾，指挥如故。第二次死□马，亦不顾。第三次伤其胸，仆地不起，犹呼杀喊进者再，卒由下级官兵强来救护始□，竟死于途。此□健儿，天下宁有几人，乃不幸殒命。张军长言至此，益哭不可抑。继后叮咛救护受伤官兵，抚恤死者家属，殷殷备至。并对于蒋团长之衣衾棺椁、身后处理，尤为注意：谓其家庭后裔，余必负全责照料云。[④]

大革命时期曾任黄埔军校政治教官、国民党二大代表及中共党团书记、国民党中央监察委员会常委的高语罕，得悉蒋先云牺牲的噩耗，当即含泪写下了《哭蒋》一文，发表在1927年5月31日的《汉口民国日报》上：

蒋先云同志是一个勇敢有为的青年革命军人。他不但在战场上是冲锋陷阵、百战百胜的将军，并且是一个忍辱负重的志士。他不但受我们革命同志的爱敬，而且反革命的领袖蒋介石也十分器重他。因为蒋介石还是革命的领袖的时候，在江西被孙传芳的兵夜袭包围，就是蒋先云同志率警卫团士兵躬身弹雨将他救出。先云同志待士卒以仁爱，抚之如家

① 三十日系指1927年4月30日。
② 两军系指国民革命军第四军和第十一军。
③ 是日系指1927年5月28日。
④ 本文原标题为《张军长痛悼死伤官兵》、副题《对官兵训话时哽咽至两小时，对蒋团长之死尤备极哀感》，见1927年6月7日《汉口民国日报》。

人父子，虽新募之卒，不□月日即可为之效死。当蒋介石叛迹显露之时，先云即潜逃来汉，揭反蒋旗帜以号召黄埔同学。[1]蒋介石屡电相邀，辞至卑而礼至厚，先云不顾也。北伐誓师后，先云任第四军第七十七团〈团〉长[2]，率新降之卒赴河南。今日得电，先云果战死，其士卒亦多慷慨捐躯。

夫先云之死，死得其所，复何以痛惜？所痛惜者，丧我良将，不能保此英俊，以尽歼灭敌人之功，兹可痛矣！

6月9日，《汉口民国日报》以《昨日安葬蒋先云》为正题、《追悼阵亡将士，送葬者数千人》为副题，报道了蒋先云烈士追悼大会的实况：

本日[3]上午九时，中央军事政治学校武汉分校政治部、特别党部，黄埔本校特别党部及中央军事政治学校各期学生讨蒋运动委员会，所发起之“安葬蒋先云同志，追悼阵亡同学大会”，在中央军事政治学校大操场正式开会。到会除本校学生全体参加外，尚有军事委员会、军事委员会总政治部、中国共产党、全国总工会、湖北省党部、省农协、省妇协、济难会、浙皖沪苏四党部、闽粤桂三省党部，各团体均派有代表参加。（一）主席团代表恽代英[4]致开会辞。略为：今天这个会本来不应是我们发起，不过此次阵亡同志以我同学为多，在事实上不能说没有特别感情。尤其是蒋先云同志，足以引起我们牺牲的决心。蒋先云同志曾做过学生运动领袖、工人运动领袖。蒋介石叛变，他不为蒋介石所笼络，不愿做官，跑来武汉搞工人运动，纠合黄埔学生讨蒋。此次北伐，又随了张发奎同志出发前方去拼命。他所带七十七团，官兵从前是军阀底

① 蒋先云曾任国民革命军总司令部秘书，1927年初离开南昌返回武汉，任湖北省总工会工人纠察总队队长。

② 从前引之蒋先云《敬告本团官佐》一文及有关资料判断，他任第七十七团团长是在1927年4月9日武汉国民政府二次北伐誓师之前。

③ 本日系指1927年6月8日。

④ 恽代英当时是中央军事政治学校武汉分校常务委员，是该校的实际负责人。

下的队伍，毫无战斗力。他在最短期间能使士兵拼命杀贼，不望生还。七十七团的兵士到现在只剩三百余人，这种精神何等的伟大。我们追悼和安葬先云同志，正引起我们后死者的牺牲精神。同志们，踏着先云的杀路前进。（二）读祭文。（三）代表演说。有军事委员会代表王俊、总政治部代表李合林、中国共产党周恩来、湖北省党部李汉俊，相继演说（辞长不备录）。（四）主席团王襄走答词①，大概谓：我们同学要接受来宾的教训，打破封建的一切关系，继续先云血迹前进。（五）由蒋先云堂兄致谢词。（六）摄影，呼口号，散会。来宾代表用午餐，至下午三时，移先云灵柩停宾阳门外惠济堂，送葬者达数千人。鼓声隆隆，甚为热烈。有泣下者，有兴奋者，激励后死者，诚不少矣。

60年后，蒋先云的黄埔同期同队校友、中华人民共和国元帅徐向前在回忆录中写道：

从我们入学起，两种力量就不断较量，并且越来越公开化、表面化。黄埔军校第一期学生，不少人是我党从各省秘密活动来的左翼青年，其中党团员约占十分之一。开学之后不久，"中共黄埔特别支部"成立，即积极领导进步青年开展斗争，反击右派分子。以共产党员蒋先云同志为代表的进步学生，发起了筹备成立"青年军人联合会"的活动。这个联合会，于1925年1月正式宣告成立，②名义上是青年革命军人的组织，实际上是以周恩来同志为首的军校政治部联系青年军人的桥梁，是我们党对青年军人进行共产主义思想宣传的一种组织形式。当时我和一些同学都是筹备"青年军人联合会"的积极分子，一队的同学，也大都是该会的正式成员。

蒋先云是第一队的学生，湖南新田县人。1921年我党成立不久，他就加入了共产党，曾领导过安源工人大罢工。考入黄埔以后，很注意学习、研究共产主义理论，我们常常看见他晚上还在灯下读书、看小册

① 原文如此。

② 中国青年军人联合会成立大会于1925年2月1日在广州市广东大学大操场召开。

子。他斗争坚决、作战勇敢、头脑敏捷，堪称青年军人的榜样，连蒋介石也很赏识他的才干，曾要他当过秘书、警卫营长。他和我经常交谈，是我的良师益友……

在黄埔军校，我们紧紧团结在以蒋先云为首的“青年军人联合会”的旗帜下，不断地与国民党的右派和“孙文主义学会”中的反共分子做斗争。……[①]

蒋先云烈士离开我们已经整整70年了，但他的英名和业绩至今仍传颂在临颍大地，激励着一代又一代的颍河儿女开拓前进，用勤劳的双手把这块烈士鲜血浇灌过的土地建设得更加美丽、富饶。

临颍战役结束后，贺龙师长深情地对官兵们说：“没有临颍人民的支援，就没有临颍大捷。”当年北伐军爱护老百姓，人民群众积极支援北伐军的许多动人故事，在临颍民间广为流传。许多老人在几十年后回忆起来仍记忆犹新。

据临颍的早期中共党员张洛蒂等人回忆：1926年，中共上级组织为加强对京汉铁路沿线各地农民运动的领导，以迎接北伐战争，先后派中共党员韩文治、周仿溪来到临颍，以县甲种蚕校为阵地，开展革命活动和宣传。1927年，靳云鹗部改编为河南保卫军后，所部刘培绪师进驻甲种蚕校。周仿溪任该师政治部副主任，张和一批进步同学为宣传队员，向全县农民和红枪会会众宣传革命道理，为迎接北伐军进军中原作舆论准备。同年5月27日北伐军进驻临颍，中共地下党组织随即与第四军、第十一军政治部取得联系，并会同县城各机关、团体，组成救护伤兵委员会。该会下设总务、调查、茶饭、输送、医疗、看护六部，办理有关伤员救护的各项工作。

1927年6月27日，《汉口民国日报》刊登国民革命军第四军临颍战役作战经过的报道中指出：

① 引自徐向前：《历史的回顾》（上），北京解放军出版社，1984年。

当十里头激战时，我伤兵极多，救护队人数太少，救护不及，全赖农民之帮助。计农民来前线扛送者达数千人，各自携带绳索或牛车、小车之类。此时正在收麦的时候，农民本来很忙，牛、马车也完全在田间运麦，然而他们竟抛下了工作，来为我们抬伤兵。他们对于我们的死者表示无限的同情，他们有的看了我们的伤兵竟流起泪来，他们男子来帮我们抬伤兵，女子则烧水、烧面给我们伤兵吃，好像供给他们家人一样。敌军败后，双方尸积甚多，民众立刻把他埋好了，他们对于我们的死者尚表示一种爱护怜惜的样子。

当北伐军到城东叶庄、和庄、大杨庄一带，坐在树下休息时，一位老者看到部队纪律严明，很受感动，当即返回家中掂来一罐开水，对一位军官说："以往我所见到的军队，一进村就砸门进家、拿东抢西，闹得盆罐乱响、鸡犬不宁。您的队伍不入民宅、不扰民，真是铁的队伍、铁的纪律，是我从来没有见过的。古人箪食壶浆以迎王师，今天我掂一罐开水欢迎义师，表表心意。"那位军官激动地握着老汉的手说："谢谢您的深情厚谊。战斗马上就要打响，请转告乡亲们，千万不要外出，万一发生意外请及时与我们联系，我们有战地医疗队。"

晁凌音的老伴贾爱莲回忆说：北伐军到我们前徐村后，不进老百姓的家，官兵一律坐在麦场里休息。村里的老婆们都忙着找鸡蛋送给北伐军，他们随即付了钱。老婆们既惊奇又激动，纷纷说："这些兵吃了鸡蛋还给钱，真是稀罕事！"以往见了兵躲都躲不及的妇女们，此时都来到场上，七手八脚支起鏊子烧火，给北伐军烙馍，我们小孩儿在一旁围着看。北伐军分给我们每人一张烙馍，大家吃着笑着，亲如一家人。

家住七里头东南和庄的李乃文老人，当年曾积极参加支前工作。1983 年，他已是 86 岁高龄。据他说，北伐军的总指挥部驻在瓦店。他和村里的青壮年把散落在战场上的各种枪支捡到一起，捆成捆送到瓦店，记得有一趟就送了 40 支。从十里头到瓦店的路上，抬伤兵的、挑茶饭的人群络绎不绝。[①]

1984年春，晁凌音曾到地处昔日战场的一些村镇，访问了几位80多岁的老人。家住商桥北寨的李国安老人回忆说：奉军来时，老百姓都吓跑了。第二天来了北伐军，不抓夫，不入民宅。老百姓听说有这样好的军队，又听说是专打奉军的，就纷纷跑了回来，争着给北伐军送水送饭，非常亲热。那天我们还和北伐军一起吃大米饭。

位于商桥西北、铁路以西的席贾村，当年曾是北伐军的驻地。该村的贾群心老人讲述了一个动人的故事：村里一家人的户主被奉军抓去挖战壕，家里的东西也被奉军洗劫一空，只剩下一个十二三岁的小孩和藏在窖里的几十斤红薯。当战斗激烈进行时，这个小孩把红薯全部蒸熟，舍生忘死送到前线给北伐军吃。

辛庄村的陈尚珍老人回忆了当年为北伐军送情报、带路的经过后，赞扬说：北伐军端着枪向史庄、符庄冲锋，对奉军的大炮弹一点也不害

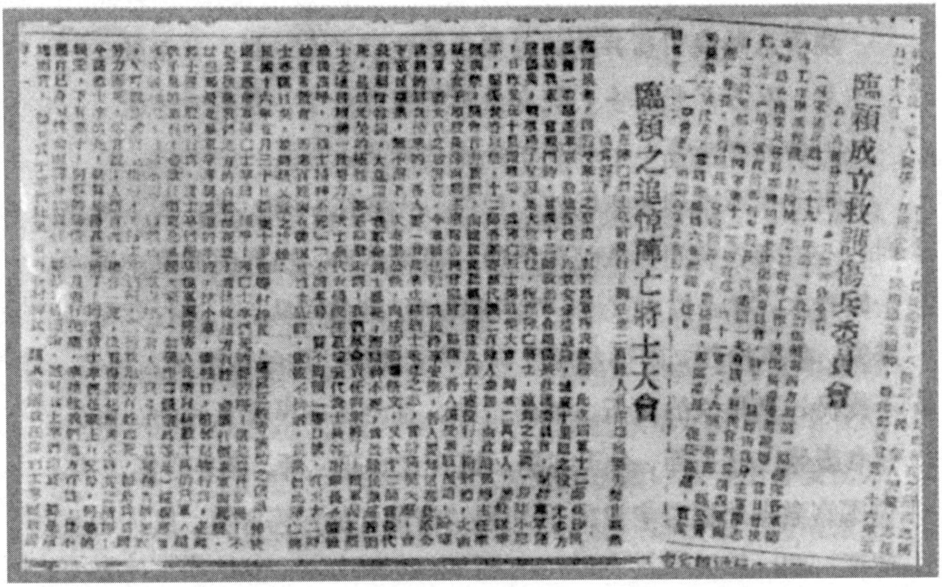
臨潁成立救護傷兵委員會

臨潁之追悼陣亡將士大會

《汉口民国日报》关于临颍成立救护伤兵委员会及追悼北伐军阵亡将士的报道

① 查阅有关资料，李乃文回忆的是1927年5月29日（即临颍战役结束后的第二天）之事。国民革命军第四军第十二师当日驻瓦店，30日下午进临颍城。

怕。我村的老百姓都为北伐军叫好。晁凌音告诉陈尚珍这支部队的番号及团长蒋先云的简历、牺牲时年仅25岁等情况。这位87岁的老人听后心情十分沉痛，低头不语，半晌才颤抖地说出“可惜了”三个字。

当年曾被奉军砸开门抢走点心的黄伯英老人说：那天（即1927年5月28日）奉军还没全部跑出城，北伐军先头部队就进了东门。沿途各店铺的门立即大开，欢迎北伐军的茶果桌从东大街一直摆到西大街，鞭炮声此起彼伏，简直比过年还热闹。许多平日足不出户的老人也在家里人的搀扶下走上街头，争睹北伐军钢铁雄师的英姿。当时我已15岁，有幸目睹了这一激动人心的热烈场面。

商桥北寨的李子辰老人回忆说：民国16年奉军来回两趟过临颍，老百姓可遭了大殃。当时农村有红枪会、刘义会等农民自卫武装组织，相邻几个村的武装联合起来，称为联庄会。奉军从郾城败退时，正在王庄一带打土匪的联庄会闻讯立即解散，各自回村。北伐军与奉军开战后，各村红枪会、刘义会又集合起来，协助北伐军作战。战斗最激烈时，红枪会、刘义会会众手持大刀、长矛，纷纷从奉军的两翼或背后发起猛攻，使奉军四面受敌，从而加速其溃败。奉军溃败后，各村的红枪会、刘义会更加活跃，会众们拿着红缨枪把守在村外路口，遇到溃兵时只要高喊一声“缴枪”，奉军就会乖乖地把枪放下。甚至有人拿着镰刀也能缴获枪支。城北的七里头、藕河等村缴到的枪支、弹药最多。会众们以此武装起来，加入追击奉军的战斗。1927年6月10日，汉口《民国日报》在一则报道中说：“奉逆溃败北退时，临颍一带之红枪会卡了彼等枪支有数千支之多。”

姚颂年清楚地记得，战后第二天，叶庄、和庄一带的老百姓开始挖掘墓坑，埋葬北伐军阵亡官兵的遗体。他们说：“烈士牺牲功高云天，应立碑纪念，永垂千秋！”和庄的老太太们挨户收集香和烧纸，并备了一些素供，到烈士墓前祭奠。领祭的那位老太太跪在墓前，拈香焚纸祷告说：“孩子们呀！你们离乡背井来到河南，不料血洒和庄，怎不叫人伤心……”说至此处泣不成声，参加祭奠者也都泪如泉涌。她擦了擦泪继续祷告说:“谁无爹娘啊!你们爹娘在家,还盼望着你们早日回去哩!今天给你们送些盘缠,一人一份。孩子们哪,拿上钱回家去吧!”

5月30日,临颍各界隆重举行追悼北伐军阵亡将士大会。6月9日出版的《汉口民国日报》以《临颍之追悼阵亡将士大会——在阵亡烈士墓前举行,到会者二万余人,主席痛哭失声,群众俱为泪下》为题,报道了这次大会的情形:

临颍民众因饱受奉军之压迫,对于党军极表欢迎。此次四军十二师在沙河迤西一带驱逐奉军,沿途百姓均箪食壶浆以迎,城东十里头之役,尤多方援助我军。当战斗时,曾与十二师政治部合组伤兵救护委员会,帮助党军运送伤兵。战事终了,又募集大批夫役掩埋阵亡将士,并为之立碑,以志不忘。日昨[①]又在十里头战场,为阵亡烈士开追悼大会。到〈会〉者二万余人,并杀猪宰羊、点烛焚香以祭。十二师各团亦派代表二百余人参加,由政治部梅主任[②]率领与祭。开会首奏哀乐,向国旗、党旗、总理遗像及烈士灵位行三鞠躬礼。次由县立女子学校〈校〉长薛南卿[③]主席报告开会宗旨,略谓:吾人备受奉贼压迫,盼望党军若大旱之望云霓。今奉贼已除,我民得享安乐。吾人要知这都是革命诸将(士)的鲜血换来的,吾人要一致起来竟诸烈士未竟之志。言时痛哭失声,台下军民群众无不泪下。次奏乐公祭,由主席恭读祭文。又次十二师官长代表刘福僧答词,大意谓:我革命将士虽死,而精神不死,为解除民众痛苦而死,是最光荣的牺牲。奉系余孽未清,我们革命责任尚未终了,愿军民本烈士之牺牲精神,一致努力。次士兵代表杨俊生、惠瑞云代表士兵答谢。(辞长不备录)最后高呼口号:“烈士精神不死!”“不清奉鲁,誓不回头!”直至十二时始宣告散会,而老百姓尚有徘徊于烈士墓前依依不舍者。民众如此,阵亡将士亦瞑目矣。并将祭文录之于后:

① 日昨系指1927年5月30日。
② 梅主任系指国民革命军第四军第十二师政治部主任梅电龙(后改名梅龚彬)。
③ 薛灿离字南卿,临颍县瓦店乡魏墩村人。1862年生,1944年在原籍病逝。

民国十六年五月三十日，颍东十里头等村绅民，谨以三牲香酒醴之仪，追悼于国民革命军阵亡士卒。曰：嗟乎！阵亡士卒们死的好苦呀！这是为什么呢？不是为拯救我们地方的百姓而死么？为拯救地方百姓必须打倒奉军而死么？试想，那东北奉军拿专制压迫的手段，拉小车，牵牲口，抢夺财物行为，是与那土匪一般的行为。诸士卒们因痛恨军阀残害人民，所以结数十万的党军，越数千里的路程，必欲打倒东北军阀（如张作霖、张宗昌等是）。大家纵说那奉军兵广如□、炮弹如雨，而我们党军奔呼向前，一以当千，真可称为敢死队，又可说是武官不惜命。诸士卒们呵，为拯救地方百姓而死，即是为党国努力而死。俗言说：人活百岁，总有一死，只看得其死所与不得其死所呀！今诸烈士（卒）的死，就算是死得其所了！回想诸士卒们在家，上有父母，何等的亲爱；下有妻子，何等的痛惜。一旦尽行抛弃，来拯救我们地方百姓，竟不顾自己身家性命而葬身于异乡。要是以情而论，诚可为士卒们悲哀；要是以理而言，即可为士卒们壮气。吾各村绅民，谨具薄仪，设在你们士卒灵前追悼。

选自2009年12月《漯河文史资料》第十七辑

舞阳下澧河店兵变

李宜堂[①] 张俊英[②] 焦国瑛[③] 应时雨[④]

1930 年 7 月 25 日午夜，中共河南省委地下军委在舞阳县下澧河店杨虎城部队冯钦哉旅秘密策动了一次具有历史意义的革命兵变。这次兵变，充分发挥了中共地下党组织的巨大领导作用，显示了地下党员顽强战斗、不怕牺牲的大无畏革命精神。

进驻南阳

北伐战争后，国民党蒋介石、冯玉祥、阎锡山三军为争雄一世而钩心斗角，他们割地为界各霸一方，互相冲突，战争迭起。

1930 年，冯、阎、李（宗仁）联合反蒋的中原大战爆发。冯部杨虎城乘移防之机，率部弃冯投蒋。6 月，杨虎城奉蒋介石之命，西进驻马店参与中原大战。

12 月，杨虎城进驻南阳，蒋介石将其番号由新编十四师改为新编十七师。师下辖 5 个旅，并新建了军旅教导队。各旅旅长为第一旅冯钦哉、第二旅马青苑、第三旅孙蔚如，补充一旅杨子坚，补充旅姚洗心。师部驻扎南阳城内，第一旅先驻南阳、叶县、保安、独树，之后移防于舞阳县下澧河店，其他各旅分驻附近各县。

① 李宜堂，河南长垣人，生于 1941 年，时任漯河军分区政治部主任。

② 张俊英，召陵人，生于 1962 年 12 月，1987 年毕业于解放军政治学院，时任漯河军分区政治部干事。

③ 焦国瑛，舞阳县人，生于 1954 年，时任漯河军分区政治部干事。

④ 应时雨，漯河市政协委员，中共漯河市委党史资料征集委员会副主任、市委党史办公室主任。

策动兵变

在杨虎城的部队中，很早就有中共地下党的组织，杨部是共产党计划策动兵变的部队之一。早在1930年2月，中共中央就曾派联络员孙永康在杨部秘密组建了中共运动委员会。当时，杜理程（原名杜克功）任书记，冯异僧为组织委员，田静沉、董林哲为宣传委员，孙永康、张焕民为委员；同时还在杨部第一旅、第三旅和教导队秘密建立了中共地下党支部第一旅党支部，书记由手枪连连长张焕民担任，第三旅党支部书记王明，教导队党支部书记孙作宾。运动委员会要求各支部利用自身的便利条件，除在本旅秘密发展党员、壮大党的力量外，应通过各种关系，在其他旅积极培养党员，尽快建立党的组织。运动委员会孙作宾、赵莘仁、蔡子伟等还利用担任教导队教官之便，秘密向参加教导队军事训练的思想进步、有革命要求的官兵讲解革命道理、宣传共产党的革命主张和政策，并且把一些符合入党条件的先进分子及时吸收为中共党员。这样，很快就在17个连队中建了党的组织，并且将大部分党员充实到连队，担任连、排长之职。

3月，驻上海的中共中央军委根据共产国际来信和《中央通告七十号》关于动员全党“变军阀战争为国内阶级斗争，首先争取一省或几省的胜利，以推翻国民党的反动统治，建立苏维埃”的指示，派石仲伟到南阳杨虎城新编十七师发动群众，开展兵运工作，准备适时策动兵变。石根据中央军委要抓住时机，积极开展工作，只要具备三个条件之一（一是在党的组织被敌人发现，不易活动时；二是地方群众基础好，有可能组织兵变时；三是杨部奉命参加军阀混战时），即可组织兵变，打出工农红军第九军的旗帜的指示精神，及时同中共南阳特委（后为中心县委）取得联系，并分析研究了开展工作的具体方法步骤。中共南阳县委为了让石便于工作，将原《宛南日报》总编辑王嶂峰调宛南中学教书，让石仲伟担任总编辑，以此掩护党的工作。石仲伟和报社社长冯异僧按照军委的指示，经常利用报纸进行革命宣传，并时常奔波于部队和地方之间，同杨部地下党军委书记杜理程、组织委员冯异僧、宣传委员董林哲以及南阳特委书记郝久亭联系，向他们传达中央指示，研究工作计划。他们还不断派部队中的共产党员到地方帮助开展农运、学运和妇女运动，培养了一批像宛中校长吴寿青、女师校长李淑青等，能够开展党的地下活动的积极分子，使兵变工作在群众中有了良好的基础。

4 月的一天，中共中央派交通员曹明久到南阳，向在杨部工作的中共地下军委传达了中央关于“组织兵变把部队拉到桐柏山区或大别山区打游击，以配合中央红军攻打武汉”的命令。地下军委对这一指示立即进行了研究，并对兵变的方法步骤和应注意的问题等取得了一致的意见，但在兵变的时间上却产生了分歧。杜理程、董林哲、冯异僧认为，现在全国大部分地区都处在白色恐怖之下，加之共产党掌握的部队力量薄弱，时机还不成熟，兵变早了会影响革命形势的发展，一旦失利就很难突破敌人的重重包围。军委委员孙永康、张焕民则坚持中央的命令，主张尽早组织兵变。于是，在当天下午由曹明久主持又一次召开军委会议，改组了军委，免去了董林哲、冯异僧军委委员职务，由张焕民、孙永康分别接替其宣传委员、组织委员职务，并着手筹备兵变。张焕民还从部队调出 10 多箱手榴弹和一些枪支弹药，送给地下党组织，充实地方武装，以配合实施兵变。

5 月 6 日，中共河南省委给南阳中心县委和杨部地下军委发指示信，要求迅速发展革命力量，待机进行暴动，以推动全省和全国的革命形势。指示信写道：“根据全国的形势，中央认为，目前有取得一省或数省政权胜利的可能，应马上实行同盟罢工、地方暴动、组织兵变、扩大红军四大中心策略。我西南之形势在目前是决定大战的时候，加上统治阶级军队内部矛盾尖锐，斗争激烈，群众生活痛苦一日甚一日，我们主观力量和群众组织也有相当基础，统治阶级武装虽然也很厉害，但他们是不会马上把我们的力量吃掉的，所以指示你们，当前工作是发动武装暴动，由武装暴动而变为游击战争，你们的一切工作是要向这方面准备的，唯有如此，才是坚决执行一省或数省政权首先胜利的正确道路。”这一指示，进一步坚定了兵变的信心，加速了兵变的进程。

6月，中共中央长江局军委委派白玉文亲赴南阳杨部，具体组织实施兵变计划。在城隍庙杨部教导队的南侧屋内地下室，白玉文秘密召集杨部中共地下党组织和地方党组织负责人参加的联席会议，参加会议的有军委负责人孙永康、张焕民、刘煊，南阳中心县委书记郝久亭，《宛南日报》负责人冯异僧、石仲伟、姚建宇、宛中校长吴寿青，女师校长李淑青等20多人。会上，白玉文传达了中共中央长江局军委的指示精神，分析研究了蒋、冯、阎进行中原大战的势态及对革命形势的影响，决定在组织基础较好的第一旅（冯钦哉旅）首先发动兵变，然后由南阳城内中共地下党员赵莘仁掌握的教导队起而响应，加上南阳地区农民暴动和学生运动的有力配合，最后达到割据豫南，控制豫鄂地区之目的；孙永康讲了杨部的兵力部署、动向和地下党组织等基本情况，打算在冯旅拉出17个连，举旗暴动；郝久亭向参加会议的各地方党组织作了认真部署，令其加紧进行各种准备，积极组织武装暴动，全力配合兵变。会议决定，以教导队为联络点，利用地下党员赵莘仁、蔡子伟、孙永康中队长职务之便，经常与军委进行联系；并派白玉文和孙永康亲赴独树冯钦哉旅组织实施兵变计划。

成立前委

杨部第一旅——冯钦哉旅原来就是中共党组织基础较为雄厚的旅，建有秘密组织，地下党员达百余人。其中一部分是1928年渭南起义失败后打入的，其余是教导队训练时地下党组织新发展的，有较好的兵变基础。冯旅奉命驻守舞阳下澧河店后，张焕民和其他党员利用睡觉、大小便和外出执行任务等机会，秘密为出身贫苦、同情革命的士兵讲解革命道理、散发传单，启发他们的阶级觉悟；有时还帮助他们书写家信，了解家庭情况，解决家中的实际困难，从而加深感情。这些办法果然奏效，仅两个月就在17个连中发展党员80余人，建立了秘密组织，基本上掌握了旅直手枪队、密探队、卫队营的领导权，从而为组织兵变做好了组织准备。

6月，白玉文由南阳转而到达下澧河店。他听取了孙永康、张焕民、刘煊和姚洗心的汇报后，当即决定成立指挥兵变工作的领导机构——前敌委员会。

前委由手枪连长张焕民、卫队营长刘煊、密探队长姚洗心、旅部书记官王国华及白玉文、孙永康等人组成，书记孙永康，组织委员张焕民，宣传委员王国华，军事委员刘煊，交通员姚洗心。白玉文以中央特派员身份参与指导前委全面工作。

前委成立后，秘密联络部队中的地下党员，以一个月没发饷为由，发动士兵到旅部驻地张依中（负责发饷）处要饷，鼓动士兵起来反对军阀混战。当时，张见士兵个个满脸怒色，很是生气，但又怕闹事，只好向他们讲了一套客气话。但士兵不为他的假象所迷惑，斗志愈来愈高，大有一触即发之势。

另外，姚洗心还派密探队中共党员庞和钧（现名陈光益）到宛东一带侦察敌情，了解地势和军事路线。庞和钧扮作商人，趁夜暮将临，火速由保安出发，先到群山环抱的方城县二郎店，实地侦察敌人兵力部署情况。此地有一支20多人的地方民团，老百姓说他们是山大王，无恶不作。随后，庞又经陌陂到赊店。赊店墙高濠深，城门被哨兵把守，庞一看打不进去，便回头到赊店东北城外的一个姓梁的老汉家里打听消息，从中得知城内住了两个连。稍停之后，他又到了少拜寺，很快与地下党组织取得了联系，询问了周围一带的人情和地形情况，然后又星夜赶回驻地，向姚洗心等同志作了详细汇报，并连夜拟定了兵变方案，决定先吃掉二郎店的民团，然后对赊店城内的两个连实施围攻的同时，还派庞和钧速将兵变方案报送中共南阳中心县委，以便让地方党组织适时配合。

实施兵变

时隔三日，第一旅旅长冯钦哉前往南阳开会，这是一个组织兵变的有利时机。此时，又接到中共南阳中心县委派地下党员张之仪送来的一封密信，指示冯旅地下党组织做好一切准备，马上组织兵变。信中这样写道：“前委会，我之暴动计划已被叛徒告密，杨虎城已有所察觉，部队去前线之前，前线的四十八师要组织检查组查缉杨部内的共产党员。我们认为这是暴动的好时机。”前委连夜召开紧急会议，决定在拂晓前实施兵变，并将实施兵变的补充计划派庞和钧送往南阳中心县委。

7 月 25 日夜，星辰满天，处在澧河弯处的下澧河店一片寂静，训练一天的冯旅官兵横竖不一地熟睡在村周围的树荫下，寨门两旁站着 6 个老百姓看守。村西南角临河堤的土庙里驻扎的是旅部，庙内堂屋 8 间，东西两房各 3 间，庙周围驻守着卫队营。午夜时分，在前委的指挥下，张焕民、姚洗心悄悄地将地下党掌握的手枪队、密探队拉出，由姚洗心带领 2 名卫士帮助卫队营营长刘煊一举击毙了正在熟睡的卫队营副营长翁巨卿，并控制了卫队营，发起了对旅部的袭击，打死了副旅长门向锁、参谋长齐石白和军需处长景顶成等 17 人，缴获银圆数千。

一阵激战，惊醒了熟睡在村周围的士兵，一时不知发生了何事，当他们赶到旅部，弄清情况，组织兵力南行追剿时，兵变部队已经跨过澧河桥，向西南方向迅速猛进。追剿部队紧追不舍，一直追到舞阳县武功镇，但除在中途抓到逃离兵变部队的 7 名士兵（第二天将这 7 人拉到白河滩砍头示众）外，其他一无所获。

这次兵变速战速决，共拉出部队 800 余人、步枪 200 支、手枪 100 支、冲锋枪 20 多支、驳壳枪 60 多挺，还有枪弹马匹等。

第二天，当冯钦哉从南阳回到旅部，得知部队发生兵变时，极为震怒，咆哮如雷，大骂张焕民这个同乡（均为山西人）背叛了他，声称一定要把他捉拿归案，执行枪决，并随即调王明钦团的全部兵力南下追剿兵变部队。

成立红九军

兵变成功后，起义部队在前委的指挥下，按照原定的行军路线，立即向距舞阳约 500 华里的桐柏山区移动，部队经叶县的涉店、辛店，中午行至叶县、方城两县交界处的望夫石山，在一个深山谷里，他们立即召开命名誓师大会，宣布正式建立中国工农红军第九军，张焕民任军长，孙永康为政治委员，刘煊、姚洗心为副军长，王国华为政治部主任，白玉文以中央特派员身份随军工作。并把部队编为3个梯队：第一梯队以原手枪连为基础的200人组成，由张焕民兼任队长；第二梯队以原卫队营为基础的300余人组成，由刘煊率领；第三梯队以原密探队和其他零星人员200余人组成，由姚洗心率领。尔后即按路线迅速前进，并决定到桐柏山区后再发展力量，扩充部队。

兵变失败

中共南阳中心县委接到兵变计划后，及时组织力量，准备在途中迎接起义部队，为其补充枪支弹药。同时，县委还决定派张明久、张旺年、杨连荣到赊店组织暴动，在南阁庙里，他们立即召开党员会议，对组织暴动作了具体分工和部署，尔后派杨连荣出面与兵变部队取得联系。但是，当他们行至尚店时，误将敌人当作自己的部队而被捕，暴动计划暴露，致使赊店镇内的很多地下党员被捕枪杀，党组织遭到破坏，策应兵变的暴动计划未能实施。

7月28日，在王明钦团的追赶下，起义部队来到了方城县的二郎店。当时王明钦团误判起义部队的行进方向，经方城的券桥到了桥头镇，准备向南阳方向追剿，所以起义部队不仅有了立足点，还与地方民团打了一仗，缴获20多支枪。尔后于当天夜里又经下清赶到郝寨，并遵照前委命令在此休息，准备攻打赊店镇。

赊店镇地处南北交通要道，是远近闻名的水旱码头，城内9个城门、72道街，寨高沟深，东西两面分别被潘河、赵河环绕，自古以来就为兵家所重视。兵变的消息传到这里后，敌人立即加强了防备。第二天拂晓，起义部队一吃过早饭，立即将手枪队组成便衣队，有的担着柴草，有的牵着猪羊，有的担着菜，有的提着鸡，以赶集的打扮陆续向镇内运动。当时城门紧闭，唯一敞开的东门（迎旭门）也戒备森严，当暴动便衣队部分队员到达东门处时，即被敌守军阻止，张焕民和当地一个老汉立即上前讲情，寻找战机。随之，后续的便衣队也相继赶到，只听一声令下，立即发起强攻，3名岗哨当场被击毙。这时，早已在城内待命的敌人用密集的火力封锁城门，向外射击。由于地方暴动失败，城内没有内应，强攻未能奏效，部队只能边打边撤，又回到郝寨，尔后向南转移。

追赶起义部队的王明钦团在赊店西部约15华里处的桥头镇听到激烈的枪声后，随即派人侦察。他们沿大冯营、青苔镇、太和镇向南前进，计划在唐河县的少拜寺截击起义部队。行到太和镇时，他们发现起义部队的后续部队向南行进，即急令急行追击，一直追到王六庄。中午，当先行到达的起义部队正在吃午饭时，忽听寨西北的高粱地里人声鼎沸，声势浩大，便一边立即派人侦察情况，一边将兵力部署在周围的寨墙上，迎战敌人。顿时，敌人接近寨墙，起义部队立即开火，双方展开了激战。王明钦骑着一匹青龙大马，不停督促士兵开枪激战。但他们不愿卖命，只好对天射击。起义部队的官兵看到这一情况，立即减少射击，并且组织人员向敌人喊话："兄弟们，咱们都是受苦农民出身，你们不能打自己人，你们每月3元钱还发不到手，我们这里一个人25元；咱们的父母姐妹同在危难之中，父老们正在等着你们回去团聚，不要为他们卖命了！"敌指挥官一看士兵士气低落，更是气急败坏，强令发起攻击，双方一直激战到傍晚8时多，各有伤亡。

战斗愈来愈激烈，伤亡愈来愈多，照此下去，战局胜负很难预料。为了保存实力，前委立即召开火线会议，决定趁天黑之际，寻机突围，并决定张焕民、刘煊带领1、2梯队，由熟悉地形的李克武带路，包抄敌人的后路；姚洗心的第3梯队守寨，坚持战斗，牵制敌人。1、2梯队从南面一开始突围，立即遭到敌人的夹击，伤亡惨重，仅张焕民、刘煊、白玉文带领少数士兵突出包围圈，其余有的被捕，有的牺牲。第3梯队由于人员组成复杂，官兵互不相认，战斗力不强，伤亡更为惨重，除姚洗心在混乱中带领8个士兵突围出来外，孙永康及其他官兵全部遇难。

突围出来的少数官兵刚刚摆脱困境，又遭到新的挫折。当他们东进到泌阳县双南时，当地民团头子焦尊伍的民团又将其重重包围，张焕民、刘煊、白玉文及其他突围出来的士兵不幸被捕，尔后押送泌阳县国民党监狱受审。

王六庄一战失利后，南阳县立即对城内实施军事戒严，清理地方及部队内部的共产党员，军事教导队的蔡子伟、郭仁山等十几位同志被开除，王照、赵莘仁等同志被迫离去，从此，杨部及南阳革命转入低潮。

中共南阳中心县委为了与起义部队取得联系，即派庞和钧到宛东一带寻找部队。在南阳东柏树坟，庞和钧遇到了运送伤兵的担架队，得知起义部队在王六庄被敌包围，即刻返回南阳中心县委作了汇报。这时姚洗心也带领少部分人员来到中心县委。县委经过分析研究，决定派庞和钧和新任泌阳县委书记魏士华一同去唐河泌阳了解情况，收归起义失散人员。同时，又派冯异僧、石仲伟去泌阳县协助当地党组织开展工作。

冯异僧、石仲伟到泌阳与地下党负责人毕永泰取得联系后，庞和钧、魏士华也赶到了泌阳。他们在城西南一个木工家里开会，听了毕永泰的情况介绍，研究了营救张焕民、白玉文、刘煊等人的办法。当时，泌阳城没有驻扎敌正规部队，仅有警察局的200余人武装警察，其中还有12名中共地下党员，防务空虚；加之泌阳民团中也有30余名中共地下党员可以调动，有利于开展工作。因此，他们决定实行武装劫狱，并成立了劫狱指挥所，派人侦察监狱地形，了解人情；到驻马店地下兵工厂运十余箱手榴弹。如果劫狱不成，就采取新的特殊措施：一是贿放，买通看守人员，放其越狱；二是实行路劫，准备在往南阳的押送途中于牛沟截击；三是暴动营救，发动全县党团员组织群众暴动，夺取县城。

正当他们发动群众配合营救时，由于情况扩散，不慎失密，敌人立即调集兵力，加强了警戒；同时杨部也派兵赶到泌阳，对被捕兵变人员加紧实行刑讯，尔后于8月31日将其押到泌阳南梢门外的河滩上枪杀，张焕民、刘煊和白玉文等坚贞不屈，视死如归，表现了共产党员的英勇气概。

舞阳下澧河店兵变失败后，一部分失散官兵经过艰难的历程，最后又来到桐柏山区，同那里的游击队会合，坚持开展游击战争，为土地革命做出了重要贡献。

这次兵变失败原因固然很多，但最主要的是由于王明“左倾”冒险主义错误路线的影响，对敌情缺乏足够的了解，而且估计过低，再加上地方武装暴动的失利，使起义部队孤军作战，以致导致失败，同时也使南阳地区的地下党组织受到严重损失。这一血的教训，永远不能忘记。

本文主要参考资料：

（1）1987 年 9 月 13 日张俊英于西安市第一干休所调访当时在冯钦哉旅密探队的地下党员庞和钧（现名陈光益）的谈话记录；（2）1987 年 9 月 11 日张俊英于西安市碑林陕西省博物馆档案室查阅杜理程的档案《反动组织中之人员同事关系》一栏中的记载；（3）1987 年 9 月 12 日张俊英于西安市与原上海党组织派往杨部的特派员石仲伟的谈话记录；（4）1987 年 10 月 22 日张俊英于开封市访问原《宛南日报》负责人姚建宇的记录；（5）1987 年 10 月 20 日张俊英于郑州访问当时第 3 梯队队长姚洗心（现名姚丹锋）的记录；（6）毕子久：《关于中共泌阳县委地下党活动情况的回忆录》；（7）蔡子伟谈话记录；（8）石仲伟：《舞阳起义——红九军的创建与失败》的回忆录。

选自 1993 年 6 月《漯河文史资料》第五辑

大革命失败后郾城党的几次具有革命转折意义的会议

蔡百川口述[①]　李辉整理[②]

第一次国内革命战争失败后，在帝国主义、封建地主阶级和买办阶级支持下建立起来的以蒋介石为代表的国民党新军阀统治，对外投靠日、美、英帝国主义，对内实行法西斯专政。当时担任河南省政府主席的冯玉祥，也扯起了"清党反共"的破旗，压制工农运动，在河南制造"白色恐怖"。到了1927年9月底，担任中共郾城县委书记的谢梅村（原名谢树芳，又名谢忱、李曼之、李笑白、朱建邦）和共青团郾城县委书记张坦（原名张薪香）去省委汇报工作时被捕，致使郾城的党团活动处于非常困难的境地。

为了加强郾城党的斗争力量，豫中特委派谷滋生（原名谷迁乔，化名李庆云）来到郾城帮助成立新县委。新县委先后任职的委员有马绍勤、蔡永令（又名蔡大鹏、蔡寿鹏）、董友坤（原名董保重）、毕平安、张光灼（原名张炳炎）、田方（原名田德甫）、蔡慎言（原名蔡碱三，系蔡永令之胞弟）、袁志远（原名袁相林），为了适应新的斗争形势，分散敌人的注意力，保护县委机关不至被敌人破坏，县委决定把机关分设两处：一处设在郾城车站（即现在的漯河车站）机器房西，后移至漯河的桐树园街；一处设在郾城内东后街。由于谷滋生当时肩负临颍县委书记的重任，所以县委决定，谷在时由谷负领导责任，谷不在时由董友坤负责。全县党员50多人。

---

① 蔡百川（缺）。

② 李辉，西华县人，1945年出生，1968年毕业于河南大学。曾任教师、编辑、郾城县党史办主任。

根据当时险恶的斗争形势，县委立即作出了决定，必须把蒋汪合流后急转直下的形势告诉全县党员，让他们擦亮眼睛，辨清敌奸，“蓄芳待来年”。当时，中共河南省委派黎光霁同志不断前来郾城指导工作，肯定了郾城县委的正确决定，黎光霁同志不久任河南省委常委、组织部长，他的一系列讲话对稳定全县党员的思想情绪起了很大的作用。

1927 年秋，在黎光霁和谷滋生领导下，中共郾城县委分别在郾城车站、五里庙道棚东、蔡庄南打麦场、蔡庄三角地召开了几次具有革命转折意义的会议。我记忆最清的有两次会议，一次是在五里庙道棚东参加的全县党员大会，一次是在大刘镇蔡庄蔡回珍（蔡永令之胞兄）的家里召开的郾城县大中联席会议（“大”即“大学”，是共产党的内部称号；“中”即“中学”，是共青团的内部称号）。

记得在 10 月份的一天夜晚，谷滋生让我去五里庙板道房东面的一块空地里参加全县党员大会，同时通知在五里庙道棚任扳道工的一位姓李的党员同志去开会（名字忘记了）。我当时是县委的交通员（即通讯员），听后就立即出发了。可惜当时李不在家，我对其爱人说明了来意，如李回来时马上让其赶往会场，就一个人去会场了。到开会地点时，大约是夜里 11 点多。由于天黑不见五指，对面也瞅不清人的脸，与会者影影绰绰地坐了一片，大概有 40 多人，这说明全县的党员差不多都参加了。

会议是由谷滋生主持的，黎光霁在会上作了重要讲话。他首先讲了北伐革命失败后中国政局出现的新形势，然后鼓励大家说，革命不是一蹴而就的，革命就是要革帝国主义、封建主义和官僚资本主义这三座大山的命。敌人是不会轻易交出自己的权力的，必须要斗争，要斗争必定要流血，就会有牺牲。我们共产党人就是为着工农劳苦大众都过上好日子，不怕抛家离口，不怕抛头洒血，前赴后继，勇敢地冲上前去。黎光霁接着问大家：“对于敌人的清党屠杀，你们怕不怕？”

“不怕！”大家齐声回答。

“好！”黎光霁等热烈地说。又问：“北伐歌大家忘了没有？”

“没有。”

“那好，我起个头，大家一齐唱。”

于是，在肃穆激昂的氛围中，唱起了《北伐歌》：“我们二次要北伐，打倒奉鲁军，打倒新军阀，不怕死，不爱钱，为民为国家……”

大家哼完这支歌，黎光霁接着说：“大家知道新军阀是谁吗？新军阀就是蒋介石，即蒋该死。”他接着又说：“现在蒋介石已经投入了帝国主义怀抱，他背叛了孙中山先生的事业，撕毁了‘联俄、联共、扶助农工’的‘三大政策’，到处屠杀工农群众，狂妄地叫嚷‘宁愿错杀一千个老百姓，也不放走一个共产党员’。在这种情况下，今后我们的斗争，不论采取什么形式，公开的也好，隐蔽的也好，都要以革命有利为原则，对群众要加紧进行宣传，宣传打倒土豪劣绅，反对高利贷剥削，实行减租减息，免除苛捐杂税。要夺取反革命的武器，用武装夺取政权等等。”大家听后情绪激动，对蒋介石的叛变行为无比愤恨，准备投入新的战斗，接受新的考验，接着就散会了。

为了进一步向全县党员讲解国共分裂和“宁汉合流”后出现的新局势，传达党的土地革命政策，要求跨党的同志发表声明，退出国民党，转入地下斗争。

记得 1927 年深秋的一天，黎光霁在蔡国珍的家里召开了大中联席会议，参加会议的有 40 多人，满满坐了一屋子，还是黎光霁讲的话。当他讲到跨党的同志必须声明退出国民党时，情绪激动，他说：“现在，国民党已经变质了，尽管国民党内部也有追随孙中山先生革命到底的，像宋庆龄、邓演达这些人，但是很多人都向右转了，转向蒋介石、汪精卫了。革命或反革命的界限迟早要划清的，群众看清他们的真面目了，就不会被他们蒙蔽了，就能早一日清醒过来。跨党的同志声明退出国民党是对国民党的一次打击。今后，希望大家都要转入地下斗争，秘密活动，暗地串联，减少牺牲。”他又告诫大家：“革命斗争的胜利不是一朝一夕就能取得的，要有长期作战的思想准备，特别是像夺取政权这天字第一号的大事，没有流血牺牲是不可能的，敌人决不会在一夜之间把政权拱手相送。”

这样内容的会议，光在蔡庄的三角地就开了两次，在蔡庄东南的打麦场里也开过一次，在郾城车站也开过一次，作报告的领导同志除了黎光霁外，还有谷滋生。

通过连续几次会议，使全县的党团员及广大群众进一步认清了国民党的反革命面目，克服了党内以前盲目乐观的思想情绪，树立了在艰苦条件下长期斗争的思想准备，进一步锤炼了革命队伍、纯洁了组织，为适应新的斗争环境创造了必要的思想条件。

选自 1993 年 6 月《漯河文史资料》第五辑

民国时期临颍县田赋和摊派

阎理之

从清朝到民国26年抗日战争以前，农民完粮，一直是缴铜钱，俗称封银子，32亩完银子一两。县官把钱换成银子往省里缴。比如他拿钱买银子是一千文一两，征粮时定为一千二百文一两，在银子作价上县官是有好处的。到民国初年完粮仍然缴钱，由县官换成银圆上缴，他仍然把银圆价定的高一些从中渔利。粮册分为十四保，由十房分别负责征收。他们的好处是毫厘捐分多收农民的钱。比如某户有地二十四亩八分六厘，应征银七钱九分五厘五毫，实际按八钱征收。积少成多就是一大笔收入。每年正月过罢元宵节开始完粮，为了号召四乡农民进城完粮，在县衙东边马号院唱开征戏十天半月，往往是县衙门下令，从元宵节城内大会演唱的五台戏中，挑一台好戏留下来表演，名为“抓官戏”。县官也给他们较少的戏价。

民国14年樊钟秀的建国军在临颍驻扎，扩充队伍，还办有军官学校、学兵团，一切饷项全由地方负担，只好在田赋上打主意，每亩加征差徭120文。一次不够，再征，一而再，再而三，当时是民国14年，一直加征到民国23年。

缴公粮

到民国二十几年即20世纪30年代，纸币代替了银圆，中央、中国、交通、农民四大银行的纸币定为法币，银圆逐渐稀少。通货膨胀，物价上涨，法币贬值。到民国26年抗日战争以后，完粮就不让农民完钱了，改为缴公粮，也叫“征实”。主要是为了军需，其次是公务员、教职员的生活。当时每个公教人员每月发公粮60市斤，只给本人，不供家属。各乡镇都设有仓库，有仓库主任、办事员、仓丁，专管征粮。仓库收粮往往有压称情事，农民敢怒而不敢言。西乡有个仓库主任，外号“一零零”。农民缴公粮，小麦每袋装140斤，经他一称，大喊大叫“一零零”，都是一百斤。不愿缴了你拉回去。骨头差使，忍气吞声，吃亏缴了吧。这位仓库主任原是青年学生，初出茅庐，很快阔起来了。到本县初解放，剿匪反霸时，被群众乱棍打死了。

出军麦

除了缴公粮，还有出军麦，叫“征购”。1942年秋第一战区司令长官部，向我县派购军麦12900包（每包200市斤）；第五战区司令长官部向我县派购军麦50000包；因旱灾吁请减为47000包。按照司令长官部的命令军麦送到洛阳。当时全是牛马车运送，每辆车规定运25包，送到取回收据算交了差。从临颍经登封到洛阳都是山路，车毁人亡之事，不断出现。受日机空袭人畜被炸死伤的也有。即使千辛万苦送到，还要受收粮人的勒索，交什么耗称麦、看管费，送一次军麦如见一次阎王。

无穷尽的摊派

“老百姓完了粮，就是自在王。”这句话不知是哪个朝代的事了。到民国时期，除了完正粮、缴公粮、出军麦之外，还有名目繁多的摊派。由于临颍临着南北大官路和京汉铁路，不断地驻军队、过队伍，车马麸料柴草都得由地方上供给。“官要民里取，羊毛出在羊身上。”县里专门成立了一个支应局，供应军队一切物资。自然这些东西由县政府下公事分派到各村村长，由他们摊派到地亩上，地多多出，地少少出，因此农民除了完粮，还要负担很多不定期、不定量种类繁多的杂差摊派。

到民国23年实行保甲制度之后，各种摊派就更多了。户家差不多天天接到保长的摊派条子，如雪片飞来，甚至一天送几张条，名目出人意料，什么枪款、子弹费。问他："要这干什么？"答："给壮丁队的"，"老百姓没开兵工厂，枪从哪里来？"答："大家出钱买。""枪从哪里买？""那就不知道了。"成立壮丁队自然要摊派壮丁伙食费。至于保长办公费，保书记、勤务生活费，都是要摊派的。还有镇公所警卫员的招待费，他们是专门到保里催款、催麦、催东西的。有时坐催，保里就得管他饭，招待他。吃外边的，省他家里的，警卫员在镇公所是有伙食的，这样他们可以吃双份。这还是小节，还有乡镇长生孩子，保长要吃喜面条，送银脖项，银镯子；乡镇长娶媳妇、打发闺女，保长要送礼添箱，保长自己不能赔，一样公然写到条子上，摊到农民身上。还有，条子上写着要圆木多少根，每亩要摊钱买。"要这干啥？"答，"汤恩伯在叶县苗圃办了一个边区学院，要盖校舍，向邻帮各县征集木料，谁敢不出！"只好由县摊派到保里，买好还得派车送到，所需费用到末了还得摊派。这就是汤恩伯在河南的"德政"。摊派不光要钱，还要麦，什么壮丁（麦牛队）伙食麦，孤子训练伙食麦，保长受训伙食麦，保队副受训伙食麦等等，种个十亩八亩地，由保勤务二十斤、三十斤慢慢背走了也不知多少，剩下的不够糊口，只好另打主意或吃糠咽菜了。

过去，县衙门前有个大影壁墙，墙壁面上隐隐约约有16个字："尔俸尔禄，民脂民膏，小民易虐，上天难欺"。这大概是清朝朝廷下圣旨，勒令全国各府州县衙门都要在照壁上写出这个所谓"官箴"，警告那些地方官，不要贪赃枉法，苦害百姓，否则，上天要惩罚你。这样有些官吏怕天爷难欺，或许不那么暴虐无道；也有些出自封建伦理道德观念，关心人民疾苦的父母官，以及不惜丢乌纱帽，为民请命的好官。可是到了科学昌明以后，人们头脑里不把天当回事了。根本没有天爷，即有天，它只是管刮风下雨，哪管人间善恶？因而有些人无法无天，社会上贪污之风盛行。当时乡镇保长不贪污的寥寥无几。形成了乡镇保长好人不愿干，坏人争着干，其中也有为躲兵干保长的。这些当了乡镇保长的多是刮地皮的能手。多派浮收，层层加码，多派少缴，缴陈款，欠新款，贪污中饱，至于挪用公款那还是好一些的。老百姓天天怕出款，保长怕上边不要款，他就没法借要款捞一把了。因此他们希望上边最好天天要款要东西，甲长呢，没有派款权，条子是保长派的，他只跑个腿，负责收一下，净麻烦，因此都不愿干，有些甲长只得轮流干。

当时老百姓埋怨：啥时候没有这样无穷无尽的摊派呢？需用多少一次缴够不好吗？他们哪里知道，统治者可不管老百姓负担了负担不了。只管官要民里取，羊毛出在羊身上。许多乡镇保长们正是借着摊派，贪污、发财、置庄地、吃喝嫖赌吸，没有摊派，他们怎能大刮地皮呢！旧社会无穷无尽的摊派是令人难忘的。

选自 1988 年 12 月《漯河文史资料》第二辑

民国年间郾城报刊简介

孟新安　钟去兵[①]

一、《警钟日报》

《警钟日报》原名《郾城周刊》，1930年创办于郾城北街，郭济生主办，始按周出刊，继改三日刊、间日刊，是国民党郾城县党部主办的机关刊物。由郾城县党部宣传干事郭济生（湖北云梦人）负责，每七日出版对开一张，半年后改为三日刊。县党部秘书钟去兵（舞阳人）兼任正刊主编，副刊由郭负责。是时，郭不时择小学生优秀诗词登于副刊，学生们受其鼓舞，写作兴趣高昂。

时有回族青年袁相林，思想先进，被人告官，入狱开封。他在狱中仍不断学习，文化水平提高很快。期满出狱，不时给报纸副刊投稿。后经人从中周旋，遂到报社编副刊，后编正刊。郭济生升任社长，并聘湖北孝感人万畏吾为会计，报纸也改石印为铅印，加印宣传广告。社址由郾城迁往漯河马路街万全堂楼上。刊头由国民党中宣部长叶楚伧题名。

报纸国内新闻原由省派收音员王擎海（西华县人）负责，后改由省派王敬之（遂平县人）继任。1935年2月国民党县党部干事长常寿峰因猖狂反共被我地下党除掉，程缄三接任县党部常委。后来，蓝衣社在河南掌权，省派安吉衡（偃师县人）当干事，崔治山任书记，程缄三继任社长。

“九一八”事变后，中共中央发表宣言，号召全国各阶层抗日救国。郾城人民迅速投入了救亡运动。县立北高等小学组织了“血泪话剧

① 钟去兵，舞阳县人，1900年出生，曾任教师，《宛南》《华中》等报编辑。

团”，赴全县各集镇。如：大刘、问十、黑龙潭、裴城等地巡回演出。话剧《中村事件》《安重根刺伊藤博文》等反响强烈。为适应形势需要，《郾城周刊》遂扩大为《警钟日报》。社址迁漯河镇顺河街。社长程缄三（县党部书记长）、董事杨靖宇（县商会会长）和黄自芳（地方绅士），编辑部主任兼总编辑袁自远，营业部主任兼会计张子展，发行室负责人史警吾，机器房工长程杰，排字房工长张××，还有专职庶务、校对。全社50余人，少时不足40人，小型圆盘印刷机、对开机、石印机等是其主要印刷设备。

每月经费400余元，除创办时以修筑郾（城）舞（阳）公路的余款外，其余日常开支全靠募捐。报社不定期向社会各阶层，如地方绅士、军政官员、社会名人分送捐册。其中，国民党第二十五路总指挥梁冠英、空冢郭乡绅士潘连海是募捐的支持者和主要对象。捐册常通过他们，转送其属下及亲朋故友。

募捐办报，经费毫无保障。版面伊始为4开，后因经费紧张缩小为8开。印刷份数也不稳定，多者2500份，少者800份。第一版为国际、国内新闻，第二版为地方新闻。主要发行对象是县党部、县政府、各乡、镇、保和漯河、周口商户及邻近各县。

1940年阴历正月初二，日军轰炸漯河，正月十二日又炸郾城。《警报》被迫停刊。恰在此时，国民党第三十一集团军汤恩伯部移驻叶县，汤路经漯河时，见到《警钟日报》颇为赞赏，即派人与社长程缄三说合，以地方办报发展难，不如随军办为好，一者经济有来源，二者报纸有销路。起始，程有难色，继而，汤允许原报社人员不变，仍由程主持，仅易名为《华中日报》。程深知汤和蒋关系非同一般，只好接受了汤的条件。当汤恩伯逃往鲁山上下汤时，程缄三和部分工人随同前往，同年2月又迁叶县。

《警报》虽直接受控于国民党县党部，由于中共抗日民主统一战线的感召和影响，激发了多数编辑和工作人员的爱国热忱，因此不断刊载具有人民性、富于正义感的进步文章。1937年秋，国民党政府向全国发行抗日公债，商会会长杨靖宇勾结黄自芳，将商界所担负的公债全部分给商民，而自己一毛不拔。副刊主编万钟仁（罗山县人）愤笔著文报端，予以揭露，指责当权者“虽守土之神至亦唯虎之命是听”，顿时触怒国民党县政府，县长张静即日派员至报社抓人，其罪名是“违反抗日救国条例，诬蔑地方首长”。虽经报社和社会进步人士再三周旋说情，仍被“勒令出境”。

1940年春，即《警报》停刊前夕，日军不断空袭，郾城危在旦夕，人民啼饥号寒，县当局仍饱食终日，麻木不仁。该报助理编辑杨仙洲，出于爱国义愤，以《向当局进一言》为题，呼吁政府和社会各阶层奋起抗战。文曰：“中国人口众多，抗日热情甚高，十个打一个还有拿衣服的”；“只要当局很好组织，最后胜利一定属于中国人民。”刊出后反响强烈，《界首日报》《许昌日报》《临颍日报》《禹县日报》《襄县日报》等许多地方报纸纷纷转载。

由于《警报》在一定程度上反映了人民的呼声，深受读者欢迎。不少中共党员和进步人士不断为其撰稿。如郾城车站（今漯河车站）铁路破坏队大队长程率真、叶县段蚯延（艺名铁侠、语禅）及其父老侠、其弟小侠等均系党员，他们利用这块阵地著文撰稿，在抗日救亡的伟大斗争中起了振聋发聩的作用。

二、《漯河日报》

该报也是国民党郾城县党部主办的机关报刊。驻县城内安巷街。因漯河镇隶属郾城，且以军事重镇、水旱码头著称豫中，故以此镇得名。

《漯报》曾两次开办。第一次始于1942年9月，停刊于次年8月（因经费无着）。报刊由“明心”石印馆代印，共有行管、编辑人员10余人。社长、董事长分别由县党部书记长庞风华、县财务委员会委员长党慎五兼任，田金凯（漯河警备副司令，1943年离职隐居乡里）、杨靖宇、潘连海为董事，总编辑袁志远，记者2人，其一是荆荣华（沙河南荆庄人），经理部经理马子明，会计安建海，编辑杨仙洲。初为石印，三个月后改为铅印。版面由4开改为8开。经费靠募捐。

第二次于1946年6月开办，次年因我解放军围城停刊。社长阎丙若（县党部书记长），经理翟竞成，总编辑杨仙洲，驻漯记者潘文，驻郾城记者许风台，排字房工长常玉良，加上工人计30余人。

《漯报》前段所载内容带有一定的人民性。如1941年至1943年，郾城连遭灾荒，人民啼饥号寒，怨声载道。该报特辟专栏《救灾呼声》，反映人民疾苦，但屡遭当局训斥。1942年春，县城东关外东岳庙设立粥场（群众称舍饭场），四乡饥民蜂拥而至，为领一勺稀饭，扶老携幼，夜宿街头。因人多粥少，常常厮打吵闹。饭没到口死于粥场者不时发生。情景之惨，目不忍睹。编辑杨仙洲即以《一点小建议》为题，建议当局应责令各乡镇开仓放粮，待新粮下来再还。县长陈履森不但不采纳建议，反而严斥作者："如果还不了，贵笔者负责？！"然而广大贫苦群众却拍手叫好。爱国人士王拱璧就是其中之一。王当时在其家乡青年村办学，常到报社与编辑交谈，对《漯报》反映人民呼声的义举极为称道："你们的报纸比省政府办的好得多。"

三、《人间事》

《人间事》是中国佛教会河南郾城支会主办的教会半月刊。创刊于1947年夏。今南京中国第二历史档案馆藏有版本。

该刊主编杨觉真，主要撰稿人杨慧杰（郾城支会理事长，法名幻虚）、杨仙洲（支会秘书）、赵生华等。为16开铅印本，每期约4万字，200份，共出两期，由《漯河日报》社印刷出版，均为赠阅。一个月后停刊。

四、《中州新闻》

《中州新闻》创刊于漯河。今南京图书馆藏有1947年5月至10月份期刊。其他情况待调查。

注：根据杨仙洲先生口述整理。

选自1987年11月《漯河文史资料》第一辑

抗日战争时期舞阳的《自卫日报》

王立平自述[①]　范振江整理[②]

提起办《自卫日报》的事，得从舞阳县抗日青年救国会（以下简称青救会）办的《救国三日刊》谈起。

卢沟桥事变后，全面抗日战争开始了。舞阳县旅外学生臧文德、陈麟堂、胡田希等回到家乡，于 1937 年 10 月成立了舞阳县青救会，会员发展到 5000 多人，在中共舞阳县委书记周泉森的领导下，舞阳县青救会于 1938 年 2 月创办了《救国三日刊》，广泛开展抗日宣传工作。同年 11 月，县国民党当局强令青救会停止活动。出版百余期的《救国三日刊》也被迫停刊了。

就在这时，舞阳县国民抗敌自卫团成立了政训处。民团司令刘馨吾的胞弟刘丹岑（青救会股长）任政训处主任。他到政训处后，办报纸，成立剧团，办政训班，积极拉人抓权。中共舞阳县委斟酌情况，审时度势，决定利用各种关系，将青救会大批骨干和积极分子转入政训处，运用合法形式，进行爱国抗日救亡活动。通过拜把子、拉关系、请客等活动，刘丹岑聘用我（因过去办过《救国三日刊》）去办报纸，李经伦（在青救会话剧团任过团长）去办《舞卫剧团》，董仲衡去管理事务。这样，我们三人就首先进入政训处开展工作。不久，青救会骨干又进去了几十人，从而参与了政训处的各种主要活动。

当时，县政府办有舞阳简报，三天油印一期，登十条八条新闻贴在街上。政训处成立后先将简报接过来，并试办成小型日报。1938 年 11 月 8 日《自卫日报》正式创刊。报社社长由自卫团政训处主任刘丹岑

① 王立平（缺）。

② 范振江，男，曾任舞阳县党史办主编。

兼任，工作人员有收银员、拟写员、发报员等。印刷由县救济院承包。编委委员有胡田希、臧文德、苗宝泰、李再藻、胡赞虞（张平）、张复生（张凌）、效信趁、王立平。其中，除效信趁外（因系特殊关系党员，别人不知，故认为不是党员），其余均为共产党员，直接受中共舞阳县委领导。这就使《自卫日报》借简报之名，还了《救国三日刊》之实，名属国民党地方武装之报，实由共产党地下工作人员主办的抗日宣传刊物。

《自卫日报》是石印，日出两版（四开单面印）的地方小报。第一版报头下印着发行人和主笔“刘丹岑、王立平”。报头左右两小块登些警句或插图。报头下面两三栏，是中央社发布的国内外新闻和简明扼要的本县消息。若有短评、社论、重大要闻，刊登在第一版的显著位置，或以黑线、方框标明，以引人瞩目。第二版大多是讨论性文章，刊登些抨击时弊的杂文、漫谈、争论、奇谈等带有硝烟味的文章。尤其受人欢迎的是“小茶馆”园地，三言两语，砭时议事，一针见血，颇能给人以痛快之感。并特别注意利用第二版版面发表讨论性文章，来宣传抗日活动。因为讨论要各抒己见，但各人立场、观点不同，争论是难免的，即使出现奇谈怪论也不足为奇，正好可以用来进行合法的抗日宣传。记得1939年八九月间，《苏德互不侵犯条约》签订后引起强烈反响。一天，社长刘丹岑交给编委一篇文章，并叮嘱予以刊载。我一看是开元中学语文教员刘达士写的关于评论《苏德互不侵犯条约》的文章，内容主要是谩骂苏联背信弃义，从而破坏中苏友谊。社长交办的文章不登当然不行，但登了影响中苏友谊，不利于抗日宣传。向县委请示后，编委要我出面写一篇同题异义、持论公正的文章，用大半版篇幅刊登在第二版显著地位，把刘达士的文章登在第二版下角。这样既满足了社长的要求，又批驳了刘达士的文章，一举两得。

由于《自卫日报》是由共产党地下工作人员主办的《救国三日刊》的化身，加之孟玉华同志当时在竹沟新四军留守处工作，经常寄些《拂晓报》《黎明报》给编委，不仅能够明确办报方针和斗争方向，而且极大地丰富了报纸内容，因而从版面到内容、题材等都较活跃，很受读者欢迎。除各区、乡为派销外，大部分为学校教师、学生、机关团体和邻县有关人员自费订阅，也和邻县的救亡小报、通讯等互相交换。出版不久，销售量即达 1000 多份，对扩大抗日宣传起到了一定推动作用。但时间不久，由于国民党地方当局的蛮横干涉，1940 年初《自卫日报》便被扼杀了。

选自 2012 年《漯河文史资料》第十九辑

蒋汪日贸易大联合下的国民党财政部货运管理局漯河运输站

赵广庆[①]

杜月笙穿针引线

1943年，由于我国产棉区多被日军占领，国民党部队军用被服供应十分困难，国民党政府遂决定向沦陷区寻找出路。此事由在重庆的青帮头子杜月笙出面，向上海进行了一系列幕后活动。由于蒋、汪、日三方利害关系一致，最后终于达成了谅解与互助的物资贸易关系。在这之前这种关系虽已存在，但只是局部的、非法的。自此之后，蒋、汪、日贸易大联合便成了正常的经营活动。这种有组织的经营活动，进行的方式是用由军统进口的美造印钞机，自印南京中央储备银行的通货“中储券”伪钞，伙同杜月笙的通济公司，向上海等地购买日伪当局的棉布、西药等违禁品，然后运到安徽的界首、皖南的屯溪、福建的建阳等地，再转向国民党的大后方。

促进贸易联合的决定下达到财政部货运管理局之后，管理局决定的第一步计划是加强洛阳界首这条干线上的有关各级组织的机构，成立漯河运输站，以监督维护运输线上的安全。货运管理局人事室办事员韩宝恒原为西安军统北方区陇海铁路管理局的通讯员。他曾在重庆经济训练班受训，毕业后分配到人事室实习。当他听到要成立漯河运输站的消息之后，立即写报告，请求前往工作。人事室主任江山佬周石甫，认为他到差不过几天就梦想外调，真是岂有此理，就在他的报告上签署了“工

① 赵广庆，男，曾任国民党财政部货运管理局漯河运输站总务。

作不安心”的意见上报，企图给予打击。孰料负实际责任的副局长王抚洲（戴笠兼局长），利用这个报告批了“和某人（笔者）一并派往漯河任筹建工作”。周石甫原本出意不善，如今反倒促成了这件事，真是气上加气。但他又不敢发泄，两三天脸色铁青不退，如丧考妣。

不久，我接到通知，遂乘通济公司派往上海的专车，赴漯河工作。通济公司董事长杜月笙，慷慨地在交通部公路总局包了一辆大型客车，请我们四人免费乘坐。车上坐有道济公司的八名高级职员，其中有两名是我过去在经济部农本局的老同事。故人相见，分外亲热。当然，他们的消息比我灵通，但由于种种原因，语焉不详，只稍露出一点口风。这八个人都是杜月笙的高级心腹助手、青帮骨干。我的朋友用嘴一努，指后侧面的一位身材高大、脸上有两三颗特大麻子的中年人，对我悄声说“他就是领队的”，并告诉我他们是衔命东下，为即将撮合的蒋、汪、日贸易大联合铺路搭桥的。

洛阳道上的见闻

近40个座位的软席大轿车，只坐有12人，因是包车，开、停、快、慢全由我们做主，其舒适自如，是自不待言的。车抵剑阁时，我们停车后进入旅馆，准备休息。忽然谣传近处有匪警，大家遂重行上车，继续前进。

剑阁天险，重峦叠嶂。古栈道遗迹，随时可见。在四川境内，因常绿树较多，虽已入冬，仍富秋意。过风县双十铺，已开始蜿蜒上坡，至黄牛铺正式攀登秦岭。岭上已经结冰，寒气袭人，俨然已入隆冬。到宝鸡时，已万家灯火。次日换火车，抵西安后小住三日，再搭乘至洛阳的闯关快车东进。陇海铁路的潼关车站，与日军占领的黄河北岸风陵渡，只一水之隔。这个地方介于豫、晋、陕边陲之间，俗说“鸡叫听三省”，军统在这里设有直属组，每天日夜向重庆提供频繁的电波。每当火车通过时，敌人辄在风陵渡发炮轰击，人员物资多有损伤。当时，由于盟国飞机一再对日军进行毁灭性的袭击，其军事设施似已全部摧毁。但偶尔还有零星炮击，虽未造成重大灾难，可对旅客精神上的压力仍很严重。

我们乘坐的这列闯关快车，抗战前购自日本满铁株式会社，代价极其高昂，其设备相当豪华。在闯关时期，车上的各种设施因战争干扰，无力维护，多已相继取消，但外壳仍在，风姿不减当年。机车全部装甲，即使被炮火击中，仍无碍飞驶。车自潼关开出后，乘务人员已频频向旅客发出通知：“遇有炮击不可惊慌，应沉着安静。”我因为没有经历过这种场面，精神上相当紧张。列车通过炮击区，大概是夜间10点多钟。进入炮击区时，火车速度加快，人们多闭目垂头假寐，等待接受命运之神的考验。因为吉凶祸福，全凭日军炮兵决定，除此之外，谁也无权掌握。一分钟、两分钟的时间，都挨次过去了，除火车行进时发出有节奏的隆隆声之外，一切都是死沉沉的。经过一个小时左右的时间，车厢中的一部分老旅客唰地站了起来，喜笑颜开地说：“蒙鬼子老爷高抬贵手，今天又死不了啦！”一时之间，人群开始活跃起来。老旅客们滔滔不绝地讲起了当年敌人制造的惨剧见闻。

车抵洛阳后休息一天。我们计划去游龙门石窟和中岳嵩山。刚要起程，上边派来一辆专车，开到我们的住所，命令我们即速登程，并限当日到达漯河。游览之议只好作罢。汽车以高速在尘土飞扬中，通过了灾难深重的河南原野。“88”号起首的军字蓝牌汽车，是军统汽车总队所占用的范围，所到之处基本免检。但临汝驻军私设检查站，新检查官有眼不识泰山，竟然鸣枪勒令停车。当他的长官出来一看，挡车的栏杆被冲断，就气势汹汹地走向汽车。这时我们都已下车，想看一看这个街头剧如何公演。但当这位长官看到车厢后边的号码时，火气立即全消，并且亲自道歉，还把检查官当面训斥一顿，另外还赔上了几支香烟。但没有一个人向他答话，直到我们的车开出好远，还看见他在尘土飞扬中挥手向我们示意。当时我心中暗忖，如果这位长官没有吃过军统车队的大苦头，今天的事件断然不会如此了结。

1944年元月1日上午12时，车抵南京重庆之间的漯河市。军统、中统在这里都设有组站，其他形形色色的间谍特务活动，也相当猖獗。到达漯河后，我们即开始了建站工作。不久，漯河运输站在军统局河南站漯河组的协助下，迅速筹建完成，并开始进行工作。

一支小插曲

漯河站成立后，站长由刘汉卿担任，刘是四川人，原为西南运输处的老驾驶员，精通运输业务，为人精明干练，富有事业心，但非军统分子。他是由财政部货运管理局运输处处长黄荣华保荐的。站里的行政、业务由他负责，内部事务由我总揽。

一天，我站职员韩宝恒，勾引一名妓女到宿舍中公开过夜，被刘汉卿看见。他认为有违军纪，遂向当地最高军事机关郑（州）漯（河）警备司令部军法处起诉。军法处依法受理，并派执法人员前来拘捕。但刘汉卿事前并未与我商量，捕人时正好被我碰上。我当即愤而严责，大声地问他们："他犯的什么法？你们奉谁的命令敢来随便抓人？告诉你们，这是军统的机关！"执法人员看到我这样斩钉截铁的态度，三个人均呆若木鸡，一言不发。我继续说："立即释放！"三个执法人员七手八脚地迅速打开手铐，下楼跑了。刘汉卿听到我扫了他的威风，竟在他的办公室中气死过去。勤务员惊慌失措地跑来向我报告说："大事不好了，站长气过去了！"我进去一看，刘汉卿躺在床上，脸色苍白，额部直冒冷汗，手脚发凉，鼻孔仅留游丝一息。这个症状显然是神经受刺激过重导致的休克。我即命医务人员进行抢救，最后终于将他救转过来。下午，警备司令部军法处处长 ××× 又亲自来我站道歉，说："全怪我一个人，没有调查，就匆匆忙忙作了决定。"我说："你可能不知道，刘站长是位局外人，他不懂我们的司法程序，像这样的小事，我们会自行处理的。他也不与我商量，就这样蛮干，戴先生的脾气你是知道的，我们天天专门抓别人，如果他听说为这点小事，我们的人让人家跑到军统机关来抓走，他不仅不同意你们的做法，恐怕连我也会受到处分，上级会骂我懦弱无能，受人的欺侮。"接着，我又用缓和的口气说："当然，韩宝恒的这种做法是错误的，我已对他作了严肃的批评。不过，我向你说一句不大好听的话，如果嫖妓女犯罪，在这种社会将是一句神话。"

为挽回刘站长的面子，以利今后的工作，几经磋商之后，决定由韩宝恒主动向站长赔礼道歉；并自行到军法处投案，坐禁闭室三天。这样既维护了军法处的尊严，同时也起到了教育韩宝恒的作用。这个决定执行后，总算各方满意，我也就没向重庆上报，马马虎虎地了事了。事后我想，当时身边并无一兵一卒，也没有现出武器，仅是大声吆喝他们，而那些凶神恶煞般的彪形大汉竟乖乖地听从我的摆布，这不能不说明军统的恶名远播，比对方更胜一筹，以致使人闻风丧胆，触目心惊。

蒋汪日的贸易合作

1941 年元旦，在台北温泉旅馆里，“中国国民党铲共救国军特工总指挥”李士群，接受了汪精卫的最高军事顾问影佐祯昭的命令，担任江苏地区的“清乡”工作，日汪之间签订了“清乡协定”。清乡委员会委员长由行政院长、军事委员会委员长汪精卫兼任；秘书长李士群、副秘书长汪曼云负实际责任，协助日军肃清在敌占区活动的新四军以及其他的抗日游击部队。他们为了树立自己的党羽，向汪精卫建议成立清乡干部学校，以训练大批的特务骨干。预算上报后，财政部以经费数目庞大、国库无力负担为由，不予同意。李士群办校心切，又向上级建议：“经费自己负责，只要上级承认这个组织机构就行了。”在这种情况下，汪精卫就不得不同意了。这样，“国民政府清乡委员会干部学校筹备处”的招牌，便在苏州市慕家花园挂了出来。学校校长由汪精卫兼任，副校长为李士群。

在国民政府最高军事顾问影佐祯昭的支持下，特工总部还组织了一个“东南贸易公司”，专门从事与国民党重庆控制地区的物资交流。他们在上海等地收购棉布、棉纱、西药等禁运品，由日军驻上海的“梅机关”首领晴气庆胤的助手中岛主持交流事宜。物资启运前，由中岛命令驻上海的日军“登部队”（日军第十三军团）第七出张所，向所有驻在前线的日军各部队联系，将这些物资由他们派武装护送出境，交由杜月笙的通济公司，再由军统的忠义救国军财政部货运局前哨的货运站接收，转向大后方。同时，由通济公司收购日方所急需的木材、桐油，由各货运部门放行出境，运向汪方的东南贸易公司接收，转售日方。这便是物资交流的一个完整程序。名义上双方是为百姓的利益，而开放边卡封锁的一种商业行为，实质上却是东京、南京、重庆三方根据各自的需要，所采取的一种临时相应措施。就这样，由重庆磁器口缫丝厂军统乡下办事处所印刷的一车车的废纸——中储券，换回了他们急需的各种棉布西药。李士群则把这些花花绿绿的通货，转向沦陷区，以此掠夺灾难深重的穷苦人民。这便是清乡干部学校经费的真正来源。

军统中统一次罕见的合作

一天，我收到重庆发来的一件人事命令公文，上写：

财政部豫皖货运处处长张树勋另有任用，着即免职。遗缺以军事委员会特务第五团团长王兆槐接充。

戴笠大家都很清楚，以王兆槐之尊，屈就一个小小的货运处长，不是一个普通的工作调动问题。王兆槐是一个举足轻重的风云人物，从过去来看，他的每一调动，都预示着蒋介石、戴笠将有新的决策。同时，我还收到来自界首的另一件公文，是政财部豫皖货运处处长王兆槐签署的人事命令："兹派李道明为漯河运输站副站长，仰即知照此令。"这个突如其来的不伦不类的命令，使我惊疑不止。漯河运输站虽小得可怜，但它是重庆的直属单位，与豫皖货运处是平行关系，它怎有权向我站派遣副站长？更何况李道明还是中统局漯河站站长。此事我百思不得其解。军统中统两家，虽无不共戴天之仇，但历来攻讦交恶，龃龉横生之事层出不穷。王兆槐是军统专门制造这些摩擦的罪魁，他怎会如此糊涂，在走马上任的第一步便作出这种莫名其妙的决定？难道真的一夜之间军统、中统两家和好了吗？这种反常的现象，使我意识到可能会有新的情况发生。于是，我立即将这个情况向重庆作了请示，并很快得到了回音："应以大局为重，必须通力合作，共济时艰，希与同仁婉言解释。"王兆槐的行动，用句古话说，他带有天子的尚方宝剑，在任何地方都可便宜行事，先斩后奏。这件事我已备案，管他什么系统，问题出来，总会有负责出面的人。

第二天，我专门到李道明家作礼节性拜访。刚出大门口，便与他相遇。我首先向他表示祝贺，然后就开始同他攀谈起来。他说："我奉到重庆的绝密命令，敌军不久将在郑州一带渡河，修通平汉、粤汉、湘桂三条铁路干线，以便向南亚、东南亚进军，减轻海上补给的损失。同时，敌人还欲掠夺这些地区的资源补充军用，由你处负责的进口棉布等物资，必须在日军到达前抢运完毕。上头命令我来动员漯河一切可以动用的装卸人力，协助装车。"

由蒋介石出面，运用两个特务机关公开搞一件工作，恐怕还属创举，我俩当时都有这个看法。为此，连日来我心绪不宁，总感不安。这天下班回家途中，我正在中山大街（即今马路街）上低头走着，突然与对面的来人撞在一起，我下意识地抬头一看，当即大吃一惊。只见来人头顶罗宋棕色绒帽，长袍外罩蓝呢大衣，左边跟一个穿中山装挟黑色公文包的秘书，对方很像上海旧式店堂的老板，他俩悠闲地在街上漫步——他，便是军统头子戴笠。幸亏我这个芝麻小官他不认得，否则，这个瘟神是不好对付的。我立即向右紧跨两步给他让道。既然上级没有向我交代，我只有装马虎假作不知，连与漯河军统组长卢敬轩见面时，我也未漏一点风声。万一戴笠的安全出了问题，这个重担将难以推卸。

戴笠化装出现在阵地前沿，表明了这次抢运，军统动用了全部的人力物力。事实上，就连日本的十三军团第七出张所，也派兵押运，至于汪精卫的特工部、杜月笙的通济公司等更是全力以赴。这批违禁的西药、棉布，交给了安徽河溜货运站侯定邦站长，卸不完的则沿沙河上溯至浑河起运。李道明本身就是靠帮会起家的地方流氓，他一声令下，集中了许多地方的装卸劳力，在码头上点上汽油灯，日夜三班地加紧装卸。

李道明的公开身份，是中国国民党平汉铁路特别党部执行委员。在一个星期的抢运中，他全副武装，腰带上插着美造左轮手枪，从没离开过工地。每天他都带着数名打手，巡视于各作业现场，工人稍有懈怠，辄目视其喽啰进行干预。军统的数百辆汽车，日夜奔驰在洛阳道上。这段时间，我也坐镇站上，日夜听取沿途运输安全情况的汇报。当最后一辆汽车离开漯河时，大家才长长地松了一口气。此时，敌人的先头部队已抵许昌附近，汤恩伯的部队闻风逃窜。第二天，我们将一般文件全都焚烧，并将房屋移交，各种用具则暂存乡下。一切处理完毕，已近傍晚。重要文件及行李等雇工挑运西行，向上级指定的安全山区进发。财政部货运管理局漯河运输站成立迄今，共五个多月，从此便寿终正寝。

回忆这半年左右的经历，我们没有干任何具体工作，但长长的招牌却堂而皇之地悬挂在漯河市煤市街永源商栈大楼的门前。并不是我们不想干工作，实际上是无事可做。事后我才悟出，组建漯河运输站只不过是对军统汽车驾驶人员起个精神支柱的作用，也是向对手要价的精神威慑力量。我的故乡离漯河市只有 18 公里，因离家日久，现又完成使命，故获准假一年。随后，我也一走了事，结束了这一段的生活。

载于《纵横》杂志 1987 年总二十期
选自 1987 年 11 月《漯河文史资料》第一辑

抗战胜利后国民党在舞阳的一次选举闹剧

黄心一[①]

抗日战争胜利后，国民党迫于全国民主运动的蓬勃发展，为了缓和紧张局势，便开动宣传机器，标榜西方国家的资产阶级民主制度。谎称要结束“以党治国”的训政，实现“还政于民”的宪政。除不顾全国人民的坚决反对，宣传要如期召开伪国大外，还通令各省、县成立参议会，选举参议员，妄图以此表明其“政治民主化”，掩人耳目，达到其继续实行独裁和维持反动统治的目的。

参议会本是御用的咨询机关，并不具有法律所赋予的权力，但即使这样，地方上，国民党内各派系在“选举”参议员时，却演出了明争暗斗以拉选票的闹剧。1946 年，舞阳县的“选举”就是一例。

笔者当时充任国民党舞阳县党部委员、秘书兼县政府社会科长，对于当时各项选举，多属现场亲历，至今记忆犹新，兹就个人回忆所及，略记当日梗概，聊供史家参酌。因岁月久远，疏漏讹谈在所难免，尚乞知情故旧不吝珠玉，惠予教正。

舞阳县 1945 年 10 月中旬，由县政府召集国民党县党部、三青团县干事会和县属有关机关团体参加的县政会议，遵照上级有关法令，制定各乡（镇）民代表选举办法及代表会组织章程，派员分赴各乡进行选举。约于 1946 年 1 月，全县 17 个乡先后完成选举任务，成立了各乡民代委会。同时县政府会同县党部，根据上级指示制定整理原有各人民团体有关方案，重新办理会员登记，选举新理事、监事，成立团体机构。约于 1946 年 3 月中旬，经过整理、改选，先后成立理事会的计有工会、

① 黄心一，舞阳县人，1915 年生，1935 年开封师范文科毕业，曾任民革中央四化委员会委员，民革北京市委员会文史委员会主任。

农会、商会、教育会、妇女会等团体。每个团体由县党部推荐并由县政府委派一个国民党员担任书记。当时担任各人民团体的理事长及书记的有下列各人：

商　会：理事长　齐卓堂，书记　何书才；

工　会：理事长　张金川，书记　杨瑞祯；

农　会：理事长　张端辅，书记　杨文 ×；

教育会：理事长　蔡东藩，书记　（未派）；

妇女会：理事长　吕静儒，书记　（未派）。

自 1945 年 12 月起，县政府责成各乡公所并由国民党县党部通令各区党部、区分部协助办理全县公职候选人登记，至 1946 年 2 月底完成。这项工作是各项“民主选举”推荐候选人资格审查的主要依据。

1946 年 3 月下旬，县政府遵照上级指令要求各乡民代表会选县参议员一人，各人民团体选出县参议员一或二人。此项选举，由于层次较高，派系斗争亦较明显，竞选酝酿过程相当曲折，直到 4 月中旬选举任务始告完成，县参议会得以正式成立。不久，省政府财政厅厅长孟昭瓒（祖籍孟寨，孟派首脑孟昭琛的堂弟）回家探亲，县参议会举行全体会议热烈欢迎，县城各界人士并在县党部大摆酒宴盛情款待。孟昭瓒对于舞阳县政倍加称赞，并为县参议会的成立表示热烈祝贺。县长高宗襄在宴会上举杯祝酒说：“我们应为舞阳县参议会的成立干杯，共产党不是要我们实行民主政治吗？今后看他们还有什么话可说？”当时引起一阵哈哈大笑。但是，就在这场宴会中，一些人总在交头接耳，窃窃私语，交谈经手行贿的肮脏交易和勾结包庇贩毒走私的卑劣行径。

这次选出的县参议员计有：陈廊萱（中山镇）、张百川（即张海如，南坛乡）、王天晓（即王海楼，大同乡）、袁松林（即袁蔚亭，詹山乡）、张仿九（甘棠乡）、李子贞（尚店镇）、孙孟山（和合乡，即今保和乡）、李茂林（即李松涛，后为邢泉甫，狄青乡）、朱全一（吴城镇）、孟昭琛（即孟献若，下澧乡）、郭肖卿（镇东乡）、蔡东藩（狄湖乡）、樊鸿甫（九街乡）、李伯勋（清和乡），陈星樵（定陵镇）、李令一（三民乡）、阎耀武（阎刘乡）、臧允法（即臧守安，工会）、孟宪鹏（即孟程九，农会）、齐卓堂（商会）、刘斌亭（商会北舞渡分会）、宗世绅、陈鸿勉（即陈励轩，教育会）。

县参议会第一次全体会议中选举王天晓为议长，陈星樵为副议长，后又增选孙孟山为副议长。并按省级规定由国民党省党部推荐陈荫棠（芾南）为秘书。按照县里派系情况，王天晓、陈荫棠是孟派，陈星樵、孙孟山是悦来派。县参议会文牍主任金光远（金燧纪）和庶务主任韩耀先二人负责会内日常工作。

县参议会成立以后，一项最大的任务就是由全体参议员选出一位省参议员。这场选举非同一般，是县里历史传统两大派——孟派（苗氏派）与悦来派斗争中的一个火热的焦点。当时两派的活动十分紧张，这场竞选也可以说是双方实力的一场公开的较量。从各方面的情况看：孟派掌握了国民党县党部（书记长王杜即王仿预），悦来派掌握了三青团县干事会（干事长刘馨吾）。这次选举的县参议员中开始拥护孟派的较多，以后由于悦来派的积极拉拢，又呈拉平之势；在经济力量方面，悦来派拥有孙孟山、夏建章掌握的盐店和开源烟厂，齐卓堂掌握的商会，特别是商会北舞渡分会和由关震亚、尚振华掌握的大新、华新等大烟厂，雄厚的经济力量为孟派所不及；从当时文教界来看，拥护孟派的人较多，但缺乏实力；就当时在省方面的人事关系来说，省党部的一位老委员、开封省立高中兼黎明中学校长的王芸青和省政府财政厅厅长孟昭瓒是孟派的主要靠山，悦来派只能得到三青团省干事会的一点支持；在双方掌握的行政基层实力方面，从乡长的态度倾向看，外表上大多数认为孟派较为正派，而实际上还是拥护悦来派的人多；在军事实力方面，孟派只能掌握一个县国民兵团（团长由县长兼，副团长孟宪升负实际责任），而悦来派方面除了实力雄厚的县保安团（团长卢宏宇）外，盘踞在北舞渡一带的关震亚和尚振华刚由皇协军改编的七十五师势力更为强大，城北大部分镇长都是二人的喽啰。综合上述各方面的情况，双方互有轩轾，各有短长，同在一县，人事关系错综复杂，政治局势不断变化，派系亦随其影响而有所消长。

例如孟派中的陈廊萱兄弟在县里一度失势，而其内亲郭廷以在南京大学长期任教又兼任教育部边疆教育司司长，因此陈氏兄弟在孟派中能重整旗鼓。而一直支持悦来派的关、尚二人，原来声势极为嚣张，后因七十五师撤销，尚振华在省会连遭词讼，从此一蹶不振。直到省参议员选举时期，双方可以说是势均力敌，不相上下，约有一月的时间，经过双方的紧张活动与省县有关选举机构的上下协议，最后由省方决定：刘馨吾（悦派）和吕蕴儒（孟派）二人为候选人，定于5月中旬的一天上午，全体县参议员23人齐集县政府礼堂，在附近街道武装戒备、交通断绝的情况下，由县长高宗襄主持，举行了隆重严肃的无记名投票选举。选举初步揭晓，吕蕴儒和刘馨吾各得11票，另有一票因将刘馨吾的名字笔画写错，当场宣布作废。当时会场主持人高宗襄按照会议程序规定征求全体参加选举的参议员，决定采取拈阄的办法以决胜负。当由双方各推年纪最长者一人为代表拈阄。郭肖卿、孙孟山分别代表吕、刘双方。拈阄结果，吕蕴儒方面郭肖卿拈的是“当选”。高宗襄将结果宣布后，县参议员分作两路：一路走向北街陈廊萱家质美酱园，一路走向张华峰和齐卓堂在东街开的珍珍茶庄，两处都在盛宴以待，不同的是，质美酱园真正是酒酣耳热，尽情狂欢；而珍珍茶庄搞得却大煞风景，十二个县参议员都在赌咒明心，表明各人没有写错选票上的名字，但是事实上总有一个人写错，究竟是谁呢？一场应该尽情欢乐的酒宴落个不欢而散。

在这场选举之后，县里两大派系的对立愈加激烈，党团之间的摩擦随之加剧，两派各自掌握的据点大都有了牢固的定型，成了一般人公认的既成事实。以后县里凡是有关人事安排和涉及两派利害的重要事项，经过县政府和县党部、三青团、参议会，根据实际情况共同协商，也就很快做到公开分赃、公平交易；因此到了1947年5月间各乡（镇）长的选举，大都已经布置就绪，很快而且顺利地完成了这项选举的任务。

最后，也是县里将要解放的前三四个月时间（1947年11月下旬解放），县政府奉命限于11月底必须按照全县选民普选的办法选出一名国民大会代表。代表候选人由国民党中央政府的国大代表选举事务所决定，当时在南京国民党中央活动的有两个人，他们是上届国大代表李佩青和现在任河南省政府财政厅厅长孟昭瓒。按当时二人的条件，李佩青仅凭他在国民党中央党部里做一席设计委员的闲散之职，他的靠山是陈立夫和陈泮岭一伙CC分子，没有经济实力，远远不及已经拥有雄厚资本的孟昭瓒。约在11月初，河南省选举事务所转发中央选举事务所的指示到县，中央决定孟昭瓒为舞阳县国大代表的候选人。另外根据规定：由县选举事务所约请国民党县党部、三青团县干事会及民社党县负责人共同协商决定一人，报请上级批准为参加县国大代表选举的竞选候选人。这只是为正式候选人作陪选的一种形式，根本说不上是竞选；但是在参与协商的国民党、三青团和民社党三方面却煞有介事地组成了“协商小组”（国民党黄心一,三青团焦景青，民社党关汉升）。当时国民党方面提出了王天晓，三青团方面提出了刘馨吾，民社党方面也提出了他们党的县负责人胡铭荃。经过三次会商，三方互不相让，形成僵局，最后由县选举事务所向省选举事务所据实请示，省方决定王天晓为参加竞选的候选人。约在11月中旬，人民解放军已经进占邻境叶县的紧张时刻，舞阳县选举事务所急忙印出选票10万张，分别派人分发各乡公所，由当地中小学校学生填写候选人姓名，没有举行任何开会仪式，只由县选举事务所派去的人明确嘱咐：“大部选票上写孟昭瓒，其余一小部分写王天晓。”事实上，在分发选票的同时，县选举事务所已经提前将“孟昭瓒当选为国大代表”的选举结果呈报上级。

在所有公务人员慌乱地准备逃命的嘈杂声中，作为国民党在舞阳县的长期统治的这一份最后的公文——舞阳县国大代表选举结果，也匆匆忙忙装入正待包装起运的档案袋中。

选自1990年12月《漯河文史资料》第四辑

浅析漯河镇在中原地区革命斗争中的地位与作用

段永兴[①]

漯河镇是原县级漯河市的前身，1948 年 11 月撤镇建市。

漯河镇地处中原之中，是钧、许、陈、蔡、申、汝诸州的水陆交通要冲，素有水旱码头之称。历史上既是兵家必争之地，又是中原地区重要的商贸重镇，也是河南建立中共党组织较早的地区之一。

本文从三个方面，简要阐述漯河镇在中原地区革命斗争中的地位与作用。

一、漯河镇是中原地区建立中共党组织较早的地区之一

漯河有着光辉的革命斗争史。1918 年毛泽东曾在寨内考察民情。1923 年 1 月 31 日，去郑州参加京汉铁路总工会成立大会的中共中央和劳动组合书记部及有关工运领导人张国焘、李汉俊、陈潭秋、恽代英、林祥谦、施洋等，在漯河车站短暂停留，200 余名铁路职工听取了施洋关于“争人权、争自由、保护劳工、打倒军阀”的演说。在京汉铁路大罢工时，漯河车站成立纠察团，以极大的革命热情全力投入罢工斗争。

（一）党的组织先后在漯河镇建立

1925 年初，全国铁路总工会委员长王荷波、京汉铁路总工会负责人李震瀛曾到漯河车站指导工运，进行建党活动。3 月，漯河第一个中共党组织——漯河车站党支部创立，隶属京汉铁路党组织。

1926 年 7 月，在漯河寨内建立团小组。10 月，按照中共豫南区执

① 段永兴，1963 年出生，河南温县人。曾任源汇区史志档案局主任科员。

委会指示，将年满 18 岁以上团员转为中共党员，并将郾城团支部改建为中共郾城党支部。1927 年，中共豫南区执委会决定将郾城支部扩建为中共郾城县委，是中原地区最早建立的县级党组织之一，县委机关驻漯河寨内。

1928 年 3 月，省委决定在漯河建立中共豫中特别委员会（亦称漯河特委），隶属中共河南省委，下辖郾城、西华、许昌、长葛、临颍、鄢陵、扶沟、叶县、西平 9 县党组织。

1933 年 7 月，为加强对豫中各县党组织的领导，中共河南省委决定在漯河建立中共豫中中心县委（也称漯河中心县委），是 1933 年河南省委重新建立后，在河南率先建立的地级党组织，隶属中共河南省委，下辖郾城、西华、西平、遂平、上蔡、舞阳 6 县党组织。

1938 年 10 月，中共郾城县工委在漯河建立，并在漯河寨内县立中学达德高中班建立党支部。11 月，达德高中党支部扩大为中共“五角”区委，领导漯河、郾城 5 所中学党支部。1940 年 2 月，在漯河建立中共秘密联络站。

（二）党组织的主要活动

车站支部成立后，积极恢复车站工会组织，会员 500 名。“五卅”惨案发生后，车站工会发起组织“郾漯各界沪案后援会”进行集会游行，全力支援上海人民的反帝斗争。1926 年春，河南陷入直系军阀吴佩孚及河南督军寇英杰的黑暗统治之下，反动当局大肆镇压共产党和工人运动，封闭工会组织，漯河车站党支部和工会遭摧残。

中共郾城县委成立后，把发展党团员作为首要任务，努力扩大党的队伍，先后发展百余名党团员。积极开展农民运动，成立农民协会，在此基础上建立了数十个“红枪会”，大刘、空冢郭最为集中。1927 年 3 月，按照上级指示，中共郾城县委利用农民防匪的名义，把“红枪会”联合起来成立“农民自卫军”，准备配合北伐革命。5 月，在北伐军攻占郾城、漯河的战斗中，农民自卫军在党的领导下，冒着枪林弹雨，挑茶送饭，救护伤员，袭击散兵，有力地配合了北伐军作战。

在中共豫中特委的领导下，积极组织开展农民斗争。中共豫中中心县委积极发动群众，开展春荒斗争、秋收斗争、抗税抗捐斗争等。

1944 年 5 月，漯河沦陷后，原中共豫中特委委员、郾城县委军事委员蔡永令与新四军第五师一支队政治部主任冷新华联系，建立起 500 余人的抗日游击队，在郾漯一带进行抗日活动。一年多的时间，共对日伪作战 30 多次，击毙和俘虏日伪官兵 161 人，炸毁火车头 2 台、汽车 6 辆，缴获迫击炮 2 门、机枪 23 挺、步枪 500 余支，弹药无数。

二、漯河镇是中原地区重要的军事要地

漯河因水陆交通便利，位居豫中平原，是兵家必争之地，是中原地区理想的军事指挥要地、重大的战略要地，是兵力集中、运输和进攻、反攻基地。

（一）漯河镇是中原地区军阀混战的主战场之一

吴（佩孚）、靳（云鄂）内讧中的漯河之战。1926 年 12 月，在联奉和反奉问题上，吴与靳意见相左。28 日，吴免去靳的职务，并派寇英杰率 4 个师的兵力前往信阳，企图武力改编靳的部队。当部队行进至驻马店时，驻临颍的靳部十四师二十七旅通电讨吴，寇英杰急忙掉头北上，驻防漯河。次年 1 月 18 日，靳军突入漯河，与寇军激战。19 日，两军对峙于漯河和郾城，后经调解双方妥协。

靳云鄂抗奉漯河之战。1927 年 4 月 25 日，奉军张学良部攻占漯河，靳军向南败退。在郭店与奉军新二旅激战，后靳军败退驻马店。

1929 年 10 月，在蒋（介石）、冯（玉祥）战争中，漯河作为蒋军的后方，是蒋军的集中、转运基地。蒋军的第一路军总指挥部驻扎漯河，其主力部队由漯河向叶县、鲁山、汝阳转进。

蒋（介石）、唐（生智）战争中，唐率总指挥部驻漯河，其主力部队部署在漯河、确山之间。后蒋军杨虎城部偷袭并控制驻马店，唐军北撤。韩复榘等致电劝唐下野。蒋军刘峙的第二纵队进驻漯河，指挥唐军

在漯河缴械，投降官兵1.6万人。

蒋、冯、阎（锡山）中原大战是新军阀混战中规模最大、历时最久、战祸最惨的一次大混战。漯河为蒋军后方，第三军团总指挥部所在地，其辖4个军，部署在周口、漯河、舞阳、南阳一线，担负平汉线作战。蒋介石曾亲赴漯河督促部队北进作战。蒋军攻古郑州后，中原大战基本结束。

（二）漯河镇是人民解放军第二野战军第四兵团的诞生地

1949年1月，淮海战役胜利后，陈赓率部集结漯河及周边地区进行休整，补充兵员。2月5日至7日，中原野战军四纵在漯召开表彰战斗英雄、模范工作者大会，漯河各界群众成群结队扛着各种礼物涌到主席台前，向大会表示祝贺，礼物堆得像小山一样。参加大会的全体英模向毛主席、朱总司令发致敬电："我们一致宣誓，坚决执行你们的指示，把全体指战员都发动起来，努力完成当前的整训任务，把一切准备好，坚决打过长江去，解放全中国！"2月中旬，中原野战军遵照中央军委命令，中原野战军四纵、九纵、豫西地方部队的一部分和淮海战役中起义的廖运周师，组建成中国人民解放军第二野战军第四兵团，下辖十三、十四、十五军，共计10万余人。2月14日下午，在寨内西北大操场举行成立大会。粟裕代表中央军委宣读任命令：陈赓任四兵团司令员兼政委，郭天民任副司令员兼参谋长，刘志坚任副政委兼政治部主任。

20日夜，第二野战军司令员刘伯承专程从开封到漯河接见四兵团师以上干部，分析当前的战争形势。他号召大家："现在党命令我们渡江，我们要在中国历史上最后、最大的战争中，创造更大的光荣。"

3月8日下午，四兵团在寨内召开渡江南下誓师大会，刘志坚宣布二野下达的渡江作战命令。会场上大家高举旗帜，在毛主席、朱总司令画像前庄严地进行渡江作战宣誓。3月10日夜，陈赓司令员在漯河福音堂大楼（四兵团司令部）挥笔写道"渡江作战，完成历史任务，对此壮举，不能无记，决心写下去。特志。"次日晨7时，陈赓率兵团前方指挥部先行离漯。

（三）漯河镇是全国十五个侵华日军受降点之一

1944年5月5日，侵华日军第十二军团第二十七师团、第三十七师团二二七联队3万多人侵占漯河。后侵华日军第十二军团司令部进驻漯河教会疗养院，并在漯河成立“军政部”，成为豫南日军最高统治机关。一年多的时间，他们在漯河及周边地区犯下滔天罪行，残杀数百名无辜群众，奸污数百名妇女，烧毁房屋数千间，使数万人无家可归。

1945年8月15日，日本天皇宣布无条件投降。9月初，国民党第五战区司令刘峙以受降长官的身份在襄樊急电驻郑州日军司令部，所有鄂北和河南境内的日军第十二军团所属一切部队，均向第五战区投降。刘峙又命刘汝明（国民党中将）、孙震（二十二集团军司令）分别从鄂北李官桥、谷城一带出发，向漯河、许昌、郑州行进。当四十一军和四十七军的一二七师8月底进至郑州准备受降时，第一战区司令胡宗南突然向蒋介石提出准许日军第十二军团所属一切部队由其派员接受投降。胡宗南随即派人到郑州处理受降事宜，并拒绝刘峙前往郑州。刘峙得知不能按原计划行事，立即报请国民党政府批准，将受降点改设漯河。随命孙震由许昌速返漯河。9月19日，孙震第二十二集团军一二二师到漯河，加强警戒。

20日上午，在寨内西北大操场举行受降仪式。刘峙主持仪式，孙震及8名美国顾问团成员出席。侵华日军代表鹰森孝（中将）走入会场，首先向中、美官员行鞠躬礼，随后面向会场向中国军民连退三步，连鞠三躬。表示：向中国军民赔礼道歉，低头认罪，无条件投降。刘峙代表中国政府讲话，鹰森孝代表日本国第十二军团及所属一一五师团计31560人，无条件向中国人民缴械，鹰森孝双手托献战刀，以示投降。中、美、日三方在受（投）降书上签字。

（四）漯河镇是支援解放军南下参加渡江战役的重要地区之一

1948年12月，为支援人民解放军南下参加渡江战役，中共豫西区党委、行署决定，漯河市与郾城县合署办公，建立市县人民政府，次年

1月正式合署办公。3月15日，市县人民政府成立支前司令部，设秘书处、运输部、供应部，下设1个分站、6个小站。支前工作从3月15日开始，6月底结束，历时3个半月，共计79万人民解放军从漯河经过，圆满完成了支前任务。

在短短的三个半月的时间就有这么多部队在漯河中转，其原因是当时京汉铁路通到漯河，漯河之南的铁路被毁，无法通行，大批参战部队、马匹和军用物资需要在漯河集结、中转南下。

大体分四个阶段：

第一阶段：3月27日—4月5日，先后有二野四兵团、三野一部共计20万人陆续过境；

第二阶段：4月6日—15日，四野先遣部队、第十二兵团计13万人过境；

第三阶段：4月16日—5月3日，四野后勤部门、医院、运输部门、特种部队计10万人过境；

第四阶段：5月4日—6月20日，四野第十三、十四、十五兵团及四野司令部、政治部和直属分队计36万人过境。

在支前中，由于沙河上没有桥梁，必须架设浮桥。出动民工1000多人，共用木船24只、道木1600根、铁轨21根、木杠88根，浮桥长142米，载重5吨，确保部队顺利通过。其间，最高时日供应粮食6万多斤、草料5万多斤、木材7.5万多斤，向南方转运粮食900多万斤，召开军民联欢会100余场次。组织马车1477辆，民工18400多人，协助铁道2支队抢修漯河到驻马店的铁路，加高公路路基，挖运土方35000立方米，修建大小桥梁21座，为解放战争的胜利做出了不可磨灭的贡献。

（五）漯河镇是国民党和日伪设立特务机关最密集的地区之一

1940年初，蒋介石委任其心腹汤恩伯为第一战区副司令长官兼三十一集团军司令，驻防河南，盘踞漯河，在漯成立“鲁、苏、豫、皖边区党政分会”，集党、政、军大权于一身，号称“中原王”。至1944

年5月漯河沦陷，在漯河盘踞长达四年多。现用一首当时的民谣揭露汤恩伯在漯河所犯罪行。“汤水狼，黑心肠。又要钱，又征粮。先卖地，后扒房。逼死爹，饿死娘，卖了儿女逃外乡。到处穷，遍地荒，死尸遍地谁埋葬？”

1944年5月，漯河沦陷后，日伪军在漯河先后成立了万祥公馆、西杉公馆、大信公司、小岛茂公馆、宪兵队、便衣队、警察局、青年会、维持会等特务组织11个，收集中共党、政、军、爱国抗日组织活动等情报，并疯狂地对漯河及周边地区人民进行烧杀奸淫。

抗日战争前后，国民党在漯先后设立名目繁多的特务机关。国民党河南省党部在漯河设立直属区党部，国民党平汉铁路特别党部也在漯河设立直属区党部，包括中统、军统在内的各种特务机关达20多个，主要有警察局、宪兵队、警备司令部、蓝衣社、复兴社、青帮、红帮、军统局河南站漯河调查组、华中总部漯河工作组、国防部漯河工作组、国防部2662突击队、国防部2450突击队、军统三十一集团军调查室、陆军总部郑州指挥部漯河潜9组、军统局鲁苏豫皖边区调查室漯河调查组、临泉调查室漯河调查组、开封站漯河组、军统局河南站漯河情报组、国防二厅漯河潜伏组、平汉铁路破坏大队漯河组、第五战区司令部调查室、郑州绥靖公署前进指挥部漯河谍报参谋组，军统保密局也在漯河设立特务组织。同时，漯河有会道门17种，部分会道门被特务分子把持。

在只有几平方公里、几万人的漯河镇就先后建立了这么多的特务组织，密度之高，不能不说是河南之最，这也说明了漯河军事战略地位的重要。

他们在漯河组织所谓“党团联合办事处”“地下武装委员会”“中美联络情报处”“革命青年挺进大队”等反革命组织。暗地跟踪破坏我地下工作机关，盯梢、暗杀、逮捕我地下工作人员，杀害、摧残无辜劳动人民；散布政治谣言，书写反革命标语；拦路抢劫，暗害人命；组织地下军，妄图暴动。中共豫中特委、豫中中心县委、郾城县委也屡遭特务的破坏。

据1953年漯河镇反运动统计，破获国民党军统特务组织9个、中统特务组织5个，日伪特务组织11个，镇压潜伏在漯河的反革命分子539人，其中处决101人，判刑324人。

三、漯河镇是中原地区12个繁盛市镇之一

境内商业形成于明永乐年间。郾城知县王季立（明永乐十年任郾城知县）在《螺湾贾棹》中写道："沙河东流碧，螺湾汇双河。舟行此焉薄，估客南来多。江淮百货萃，此地星辰罗。"道出了漯河当时的繁荣景象。民国期间，特别是1930年后，商业发达，各业兴旺，成为全国六大牲畜交易市场之一，中原地区最重要的"陆陈"（米、大麦、小麦、大豆、小豆、芝麻）集散地，成为"商贾云集，日进斗金"的风水宝地。

（一）牛行市场是全国六大牲畜市场之一

1911年，漯河开办第一家牛行，到1914年发展到12家。值得一提的是，美国商人在漯河成立华业公司，大量收购"菜牛"。由于价格高，漯河周围10多个县市农民牵着大黄牛到漯河交易，促进了牛行的发展。华业公司在漯开业3年，大约收购"菜牛"5万头。1935年，达到鼎盛时期，牛行达140家，从业人员1400多人，年上市牲畜80万头，成交量达28万头。牲畜来源70%是豫南地区，30%来自安徽、湖北、广西、云南、贵州等地。成交中，牛占70%，驴次之，骡马最少。牲畜销路除河南外，还销往河北、山东、山西、陕西、湖北、江西各省，以及北平、天津、上海、武汉、广州等大城市，少量销往国外。

1937年抗日战争爆发后，特别是侵华日军侵占漯河后，牛行衰败。1949年后开始恢复。

（二）漯河镇是中原地区最重要的商业重镇之一

1925年出版的《中华民国省区全志》第三册《河南省志》中，将漯

河镇载入全省12个繁盛市镇之一，载道："漯河镇，旧即著名。今为车站所经，更日趋繁盛。……漯河镇古为小村，自京汉路通，遂为附近物产集中地。交易频繁，商店日增，遂成繁华街市。外绕城壁，广袤略同县城。有东西行之顺河街，及南北街，小西街等。以东西顺河街及小西街为最繁荣。镇东门外京汉车站附近，商业尤盛，有交通银行。有蛋白厂、淮漯汽车路，通周口及淮阳。漯河亦有舟航之利。人口城镇四万。物产，农业芝麻、大小麦、黄豆、高粱、棉花、草帽辫、麻油等。"足见漯河之繁华。

漯河的商业1930年达到全盛时期。时有粮行170余户，转运公司42户，油行50户，花布行50户，杂货行70余户，烟叶行50户，银号钱庄14户，大车行20户，煤炭行30余户，店铺980余户，个体手工业450余户，个体商贩2500余户。

据1930年漯河商务会统计，各转运公司年输入食盐4万吨、煤炭10万吨、糖类纸张5万吨、石油7000吨、棉纱4000吨、棉布2000吨、卷烟2000吨、竹木2000吨、火柴1000吨。年输出粮食45万吨（小麦15万吨、黄豆12万吨、杂粮6万吨、芝麻12万吨）、芝麻油6万吨、烟叶5000吨、鲜蛋4500吨、水蛋黄3000吨、炙干蛋黄（含蛋白粉）6000吨、黄花菜4000吨、牛皮4000吨、生猪2万吨、草帽辫3000吨、苎麻3000吨。

1940年至1941年，东起上海、杭州，北自沈阳、天津等沦陷区各大城市的工业品涌向漯河，西北、西南各地富商大贾云集漯河，漯河随即成为全国工业品集散中心，人口一度多达12万。1942年，工业品集散中心东移界首。漯河商会秘书无题诗云："黄河改道武汉陷，中原半壁幸偏安；万商云集'小上海'（漯河），昙花一现失妖艳。"描绘了漯河当时的状况。

漯河镇是周边20余县粮油等农副产品的集散中心。1930年粮行70余户，专门经营粮食的转运公司42家，小麦日上市量80余万斤，芝麻40万~50万斤，大豆和其他杂粮各30万斤。1937年抗日战争爆发后，粮油市场开始萧条。1945年后，开始复苏，有粮行80家。解放战争开始后，粮油市场再次萎缩。不少商户关门他去，形成了“一等商人跑武汉，二等商人驻马店，三等商人来回转”的局面。

漯河镇是周边20余县食盐销售中心。市场繁荣，逢丰年旺月，日销食盐13万斤，斗麦（30斤）换盐8斤。1941年输入食盐5760万斤，销售5480万斤，斗麦换盐9斤。除在漯河周边地区销售外，还销往陕西、川东、鄂北等地区。1942年天旱成灾，粮价暴涨，斗麦换盐24斤，盐商多转营粮食。1944年5月漯河沦陷后，食盐市场被日商“三菱”“三井”洋行垄断。仅半年时间就运进食盐3亿斤，销出2.68亿斤，盐价猛涨，斗麦换盐2~4斤，盐业商户增至160余户。抗日战争胜利后，漯河盐业市场被上海盐业公司、大冶盐业公司等4家官僚资本家垄断。年输入食盐3.6亿斤，销售2.7亿斤，斗麦换盐8斤。

漯河镇是周边20余县石油销售中心。从1906年开始，漯河的石油市场基本上被“美孚石油公司”“亚细亚火油公司”“德士古石油公司”三家美、苏、英垄断资本家所独霸。他们利用漯河水陆交通便利的优势，先后在漯设立经销处，除少量零售外，以批发为主，供应范围为豫中20多个县市。经营的品种以照明的煤油为主，汽油极少。最高年份销售7000吨，其中，“亚细亚火油公司”销售4000吨。

（三）漯河镇是中原地区最大的水陆码头

交通便利是漯河主要优势之一，有“地绾南北之漯河”之称。

沙河航运，西可到襄城县，东到周口后汇入颍河，在安徽境内汇入淮河，通往长江，可达南京、上海。漯河港是中原地区最大的内河港口，货运量占沙河水系的87%，常年桅杆林立，千帆竞渡，篷帆蔽日遮天。港区全长2870米，可同时停靠木船150只，日吞吐装卸量最高达4000吨。除漯河港外，有码头10处。船舶主要是木帆船和少数机动船，载重量多者100吨，少者几吨，时有船舶数百艘，1930年达到2300艘，载重量3.2万吨，航运是漯河向东输出粮油、煤的主要通道，也是上海、南京向内陆转运物资的主要通道。特别是在支援大军参加渡江战役中，漯河2000多艘船只，向长江东线运送军用物资3.3万吨。

公路运输。郑（州）信（阳）公路，是20世纪20年代初期，在旧驿道的基础上修建的，途经漯河。同时修建的还有漯河至周口公路、漯河经鹿邑至安徽亳州公路。1927年修建漯河至舞阳公路，后延伸为洛阳经漯河至安徽界首的洛界公路。1921年，开办漯河至周口汽车公司，为漯河汽车客运之始，也是中原地区开通汽车客运较早的地区之一，时有1辆客运汽车。1947年，建立漯河汽车联营公司，有汽车20辆。

铁路运输。1906年京汉铁路修通后，漯河客货铁路运输开始。1908年，客运量29973人，货运量73119吨；1912年客运量44971人，货运量102490吨。1913年上半年，漯河车站客货总收入位居平汉线96个车站的第七位，占该路总收入的4.4%。1930年，漯河车站货运量占平汉线总货运量的八分之一。1931年，漯河客运收入位居平汉线客运总收入的第四位，占6.6%；1949年发送货物19.2万吨。

漯河转运业发达，最高时达到42家，营业地点大都设在车站附近的煤市街（今公安街）。转运业是随着漯河商业的发展而逐步发展起来的，不仅实现了粮食及其他物资的集散，又刺激了漯河交通的发展；不仅沟通了地区之间、城乡之间的物资交流，而且又是商业的媒介和桥梁，为漯河的繁荣和发展做出了很大贡献。

选自2014年12月《漯河文史资料》第二十一辑

漯河的清帮

钟去兵　谭星白[1]

清帮，“清”一作“青”，原为清代民间秘密结社之一，雍正四年（1726）由翁岩、钱坚和潘清（即清帮所奉的三代）组织南北运河的漕运船夫为清政府承办漕运。制定帮规和礼仪，按辈分（即“念一”“念二”“念三”……“念一”辈分最高）收徒弟，长期在运河漕运中保持行帮地位。因为是在清代形成的，故名清帮。河运改海运后，流为游民组织。辛亥革命时，在上海成立“中华共进会”，曾受袁世凯利用，刺杀宋教仁；1927 年又依附蒋介石，参与“四一二”大屠杀；抗日战争期间，日本特务机关又利用该组织进行汉奸活动。

漯河有清帮，大约在 20 世纪 20 年代，有个名刘恕仁的（内部称刘老头），在寨内设“理门公所”，这是清帮的公开名称。后来又有一个孙老头在铁路东设“所”，即“车站理门公所”，还有一个从汉口来的冯老头，吸收铁路职工及附近旅社、客栈或公寓的经理、服务人员入帮。他们借戒烟、戒酒之名，摆香堂，收徒弟。在乡下，宴席上，有人向某人敬酒，他不喝，就戏问他：“你在‘理’？”这是在清帮势力扩展到农村之后。他们收徒弟是先下层后上层。首先是拉拢失业者和无业游民，用救济金作诱饵。同时发展惯于欺行霸市、敲诈勒索的地痞流氓、恶棍，作他们的基石。蒋介石加入清帮，位居“念二”以后，郾、漯的地方官吏和商界要人也入了帮。他们入帮和帮收他们为徒，是互相利用，狼狈为奸。随之而入的是一般公务员、乡镇长、保甲长、戏园、戏班和旅社的老板，搬运工人、江湖术士以及个别小学教员、新闻记者（警钟日报的主编袁致远就是清帮分子）也都把清帮当作靠山，当时漯河、郾城清

① 谭星白，郾城县人，1915 年出生，曾任漯河第四中学教师。

帮合计约二万人。社会上流传着一句话，“要想唠（这里指有势力），得入帮”。

凡入帮者，得交纳香费。入帮时，摆堂，上大香，供三代（即清帮的三个创始人）牌位。入帮的人不论文武官员，在上香前，要摘下礼帽、军帽和武装带，挂在墙上。然后不论地位高低，年龄大小，都要分行列跪下。上大香开始，发给每人一本《通草》(类如宗教的经典)。主持人在三个牌位前依次上香。给每个牌位上香时，要听主持人喊：“一叩首、二叩首、三叩首”，叩首一次，主持人宣读一章《通草》，读完一章，再三叩首。直到一本《通草》读完，才结束。俗话说：“够不够，三百六”。就是要磕 360 次头。

清帮有暗语和暗号，平时用船只、旗号、水运名称。跟陌生人谈话时，说：“我在家姓 ×，出门姓潘。”或伸出三个指头（中指、无名指、小指），识暗语、暗号的清帮分子就会伸手援助，解决困难。如果有人冒充，说不详细或结结巴巴，就得挨打，并送到警察局去坐牢。坐火车或轮船时，只要把帽子向上放在提包或箱子上，小偷便不敢动手拿。

清帮在市镇内操纵着行政大权。漯河沦陷期间，帮日军清查户口、盯梢、盘问行人，抗战胜利后，停止活动。

选自 1988 年 12 月《漯河文史资料》第二辑

民国初年《临颍县天足会公启》

杨海泉[①]

今我河南督军、省长于管辖的县境，遍贴白话告示，晓谕人民的就是剪发、放足两条。剪发已经实行，是不必说了，这缠足的危害却是关系很大的。为什么呢？想我们做事，不是全赖身躯中的肢体吗？肢体完全，百事可做；肢体损伤，百事废弃。中国数千年来，妇女狃于缠足的恶习，竟不惜骨断筋折，用作饰品，真是愚顽至极了。试想，老天以完全的肢体付于我们，我们偏要矫揉之、毁伤之，直的变曲，大的变小，弄得比受刑惨而且久。有的女儿之父母，因为囿于习惯，竟视缠足为分内之事，就连极珍爱的女儿，在缠足的时候总要紧紧地缠裹，不肯宽待一点。到了民国，才于我们男子倡说剪发，于他们女子倡说放足去了。中国切身的积弊，为前数代未有的善举。视在沿海各省，暨山西地方，足已放尽。我河南为中国之中，似不应终于痼弊的。但我们想开天足的风俗，必由绅商学各界人士起，这是为什么呢？绅商学界的人，总是深明大义，如能于自己一家先行放足，再能劝导邻亲，都知放足的好处、不放足的害处，天足便可通行了。早行了一日，女界便少受了一日的害，并多添了一半做事的人，为士、为商、为工、为农，都是很便利的。有的说，这种事情，宜尚强迫，是行政长官的责任，我们各界是办不了的。哪知缠足的痛苦，是家家都有的，放足是家家共沾利益的。奚必待行政长官强迫哩！今奉县长的面谕：立这一个社会，有愿提倡者，请看方法于左。

① 杨海泉，临颍县人。1921 年生，曾任乡长。

放足方法

（一）做宽大的圆头鞋袜用棉花塞鞋内；

（二）截短裹脚布有二尺即可；

（三）每晚用热水洗足加醋少许则脚自能放大；

（四）用棉花塞脚心内，逐渐加增，使足趾放开；

（五）每晚睡时，脱去裹脚布及袜，使血脉流通，早起仍宽松包裹之避免脚痛。

放足的利益

（一）放足以后，身体强健，老者放足可减免病痛，幼者放足则发育较速，并无妖殇之患；

（二）足既宽放，四肢有力，精神振作，自可勤治家业多做活，以补助男子；

（三）天足之母生子必强壮易于养育；

（四）我国二万万妇女，悉变成强健的女国民，能做生理事业，又可产出亿兆的男女国民，则中国可望富强；

（五）没有意外的变乱，天足妇女能照顾自己不牵累男子，兼能襄助抵御外患；

（六）一双天足，整齐大方、举步稳重、不偏不倚、天然大雅。

临颍县天足会

中华民国拾年

注：以上资料系宋绍濂在临颍县天足会工作时抄写的，现由其子宋洪展同志提供。

选自 1988 年《漯河文史资料》第二辑

信阳战时服务团训练片段

一、值得纪念的日子

天气晴朗得特别可爱，太阳吻着每个温暖的脸。北风虽有点刺人，怀着异样心情的我们的面部，却都显出愉快兴奋的光辉来。

行列开始在移动，脚步和着脚步，男的，女的，先生，校工是一个铁的队伍，铁的心，原野上出现了为民族争自由解放的斗士，向着太空吸取新的空气。

喘着气，流着汗，在向指定的目的前进。

“呃！快点呀！”

“当心着前面的石头块！”不同的招呼，显出同样的亲爱而热诚，在山腰中寺院前的广场上休息了几分钟，又到了一个三面环抱的平台上，葱郁的松柏，衬出庄严的山景。

“开始了，队站好！”领队的喊着。宣誓礼，有着历史意义的宣誓礼举行了：我们向空中默念着列祖列宗和正在与敌人浴血苦斗的中华儿女们，接着是沉痛的雄伟的怒吼：

“起来！不愿做奴隶的人们！”

最后是团长训话，校长是我们的团长，今天像是格外有精神，一身黑色的中山装，高大的身材，和蔼的面孔，真诚的言语，感动着每个人，沉默表现了我们的敬意，一字一句，是热！是力！

“我们从今天起，无个人生命，个人生命已融合于团体生命中，无个人生活，个人生活已为团体生活所转变……争取民族的平等与自由是我们奋斗的目标。”

兴奋灼热了他的面孔，声音有点哑，他停了会儿，注视着每个人的面孔，同样，每个人也向着他注视，表示着我们的心语，最后是他更坚决的声音:“我们要自誓，坚决自誓，石可烂，海可枯，而此志不可渝！”

歌声又从年轻战士的口中唱了出来，震撼了山谷，我们的生活，从此已踏上了一个新的阶段。

一个值得纪念的日子，将永远铭刻在每个战士的心灵深处。

二、爬山

为了锻炼结实的体格，为了完成游击战的初步训练，去到冰雪连天的旷野里，爬那滑溜溜满挂着冰雪的山。

踏着雪，攀拉着挂满了冰条的树枝，一步一步地往上爬，刺骨的寒风和身上沸腾的热血交感着，你怎能不被鼓舞奋起呢!

到山顶上向远处眺望，层层密密的小松树，像是我们的军队正在同敌人对阵一样，假使这时真的会听见那响亮而且清越的号声，那又是何等的令人振奋啊！但自然的伟大和它的陶冶力量，会使你感到“临阵杀敌”是世界上最痛快的事。

爬完了山，生气蓬勃的归来，银白的河滩上，走着三三两两的战斗员，我们的同学，一个个充满了英爽的微笑，唱着雄壮的战歌。歌声的悠扬随着粉蝶似的雪花在空中盘旋着，荡漾着皎白的雪映着每个已绯红的脸，我们的精神克服了一切畏缩，我们的勇气战胜了一切的艰难，没有痛苦，没有疲倦，因为疲倦和痛苦都被我们的热血融化了。

木板桥过去了，“跑步——走，一、一、一二一！中华男儿血应当洒在边疆上，不怕雪花涌，不怕朔风狂……”一队粗壮的中华健儿，踏破了这银白的世界。

三、一群伙夫

“赶快起来吧，今天该你们做饭，到时间拿不出来，可丢人！”没有吹起床号以前，伙食委员就这样叫。

××，×× 慌张加速地爬起来，跑到盥洗室，顾不到洗脸，洗洗手就两步合一步地下了厨房。案上一大堆萝卜白菜还在沉睡着一动也不动。

“上街先买菜，你赶快烧锅吧，弄点温水洗菜。”

不会烧火弄得一屋子狼烟，烟得睁不开眼，嘴里还嚷着：“木头块子这样大，怎么烧法呢？”

水温了，把凡满带着泥土的萝卜白菜丢在盆子里，淘菜水溅湿了他的鞋袜和衣裤。他看着从他手里洗得漂亮肥大的白菜和洁净的萝卜，心里十分愉快。他右手执着刀，左手比画着怎样切得美观。

“喂，你别发愣啦！一会儿大队就回来了。（到街上跑步的大队）看你比切肉还难。”

“肉，现在别想吃肉，赶明日到战场吃人肉去！你只知瞎吵，你看我切的萝卜丝有多细！”拍拍刀儿，连将起来……“哎”！

“怎样了……”“看中指尖被削了一块！”殷红的血流出来了。

“停止工作罢，你休息一下去！”

“不要紧，这算什么，将来与敌人拼命的时候，流的血会比这更多。”

“我们光荣的祖宗……人人做先锋个个向前冲。”

“听，我们的队伍回来了，还有升旗几分钟，快！快！”

饭厅里发出一片筷子碗的声音。

团员们整齐地肃静地吃着饭，伙夫们被烟熏红的眼睛显露着极度紧张后轻松的微笑。

素来作威作福的公子小姐，现在摇身一变都成一群伙夫。

四、到铁佛寺去

演讲会在热烈掌声中停止，训练部 × 先生发出尖锐有力的报告词：“明天到铁佛寺去！风雪无阻！服装要整齐，五时起床，六时出发，途中并做扩大宣传！”

彼此间交换着意见，“宣传”引起我们最大的注意，第一次震雷山行军我们发现最大缺点一致认为是不能随时开展工作。在停留某个村庄时，一群农家孩子，三五一起的善良老农，以惊奇渴望神情表示出是如何需要我们满足他们的希望啊！但结果仅在雄伟的歌声中和他们分别了，也许给他们个永不解的谜吧！

“我们不能随时开展工作！”团长在全体讨论席上，首先提出这个缺点，全体都起了极大的反响。“下一次，我们要随时开展工作，我们要有好的表现。”

不怕错误，不怕对于缺陷的指出。一个完全的人是由渐进改善而成的，同样一个团体，是从行动中严格地抱着自我批评精神去改善的。当我们听到弥补自己缺陷的机会，我们喜欢得发疯。感到的是极大的快慰。

天还早得很，没有风，却阴沉得可怕。配合着一群活跃愉悦的孩子，当然是有几分不调和。

“看来要下雪了！”一个表示疑虑，实际上雪花已在天空飞舞了。

“不要拿雪来吓我们！”是坚决的回答。

无意间引起歌咏队的歌喉了，一个人只要一开始接着就是全体的吼声，生动、悲壮、英勇、坚决！

“同胞们！大家一条心，挣扎我们的天明，我们并不怕死。”

“不要拿死来吓我们！”

“让我们结成一座铁的长城把强盗们都赶尽……”

“……我们要建设大众的国防，大家起来武装……”

“……牺牲已到最后关头，我们再也不能忍受……”

“……中国的领土，一寸也不能失守……”

每个时刻都在唱歌里过去了，就是领取午餐（五个馒头一片萝卜菜）也没有停止下来。

行列前面团长发出粗犷的声音：

“行军是最好的自我考验，风雪是我们最大的鼓励，我们要在极艰苦的环境下锻炼，……我们除了准备自己，还要教育别人，教育抗战的主力军，劳苦善良的农工……”是一阵热烈的欢呼！“铁佛寺一个重要的地方，我们要在那里准备将来给敌人一个大的打击！”

团长的话并不见得有系统，但却贯穿了每个人的心。队伍，是要出发了，走过的路有着很显明的痕迹。

酣睡在梦的城市居民，为我们的歌声惊醒了，开始洗马桶的妇女站在门口，以惊异的目光注视着一个个挺胸呼唱的孩子。

“做啥？下这大雪！”

“噫！女兵！女兵！”

行列从他们的目送礼中走出了污狭的街道。

最前面是前哨兵向导，最后面是测量队。

路是夹在河与山间的狭道，确是怪难走的，雪花成冰，一不留神，靠得住会两脚朝天，或者会和地面接个切切实实的吻，女同志可真吃不消，接二连三地倒了下去，她们像是有点懊恼，但心中始终是愉快，兴致勃勃。

“呃！拉一下！”一个连倒下去数次的，无力再爽快地站立起来。

“摔倒再起来！”男同志呼喊着是一种鼓励，同时还是对自己体格健壮的骄傲的表示。

“脚步放大些，快一点就行了。”又是一种指导的口吻。

行行重行行，体力较差的，直叫行动难。

终久我们走进一个四面环山的丛林中去了，一群被惊起的野鸟，咿呀地一齐飞开了。

过去森林后又在崎岖的山道上摸索了，并没有路，假若不是向导，我们会迷失方向的。

一座整齐庄严的瓦屋突然在山麓中出现了。

“啊！铁佛寺！”

“啊！到了！”一齐的欢呼显出痛苦后所特有的喜悦！

向导，一个朴实健壮的老农民，在我们面前发表了他对于转变世界的感触：

“唉！世界是慢慢变的啦，前几年，这里可真热闹哩！和尚 100 多，田租有100多石，和尚可真享福哩，吃不愁，穿不愁，有时还作威作福，现在可好了，这些都赶跑了。”表示出他对坐享其成，不劳而获的有闲阶级的痛恨与厌恶。“不过没有人照料也不对呀！老佛爷也怪冰冷的。”证明他还对偶像崇拜的十足迷信。我们告诉他偶像对他们的蒙蔽，他不懂。

“先生，对吗？”他迷惑了，矛盾的心情在他的思想上起着反复的搏斗，我们再三向他解释，他像明白地：

“对，你说的是对的。”但面上始终留着不可解的影子。这证明，宗教的愚民政策，仍在毒害着农民阶层的同胞。抗战的过程中，这也是一个不容忽视的问题。

一堆木柴火在休息室中燃烧起来，我们又烧了几锅开水喝下去，疲倦恢复了大半。

午餐是随着开水送下去的，五个馒头一片咸菜，精神感觉是异常痛快，较之吃鱼肉有味得多。

为了晚上还要赶回去，我们不能多停，在饭后各组就开始进行工作了。我们带了许多漫画标语，和含有刺激作用的新闻宣传方式是采个别访问式的。这里的村落，异常疏散，所以我们以小组为单位，分头工作。我们尽量地用通俗诚恳的言辞，传达出为自己生存而战争的真意义，特别使他们感动而痛恨的，是了解了当前大敌人与他们生活的关联。

红绿色的标语，代替了旧年时门联，孩子们喜欢得发疯。我们以标语作为中心意思来发挥讲给他们听：

“小朋友，鬼子占去了我们土地，杀我们同胞，逼我们当亡国奴，敌人并不以为我们年纪小就不杀害我们。我们要为死去的同胞报仇……”教儿童唱歌的女同学兴奋得要流泪，她想唤起儿童的心曲。

“我长大了去打日本！”躲在一个成年人身边的孩子，伸着小手叫了出来。他用愤慨的表情怒视着别的孩子，像是希望别的小朋友与他一样怒吼起来。

“小孩子！知道什么！”那位用着惧怕颜色的成年人，极怕地解释着说，恐怕孩子的话出了毛病。

“好。这位小朋友说得好！”我们的喝彩声是同那位成年人的声音同时发出的，他现出羞愧的神情。

“我也去打日本！”

“打日本……！”一群孩子激动了，齐叫了出来，虽是无秩序的乱嚷，我们不可轻视的是新的力量极可宝贵的新势力。

歌曲是大家临时定的，一个极易学而明白简短的调子——锄头舞。我们更截去二分之一的歌词，所以他们很快就会跟着唱了。他们以不满足的声调问我们：

“先生！还来不？”

“来！小朋友，过些时就来的。”为了时间的限制，我们只好和他们告别了。一群天真的孩子，摇着手，张着口，看我们踏上了归程。

转载自1938年2月25日至3月5日《河南民国日报》

选自1988年12月《漯河文史资料》第二辑

往事杂忆

中原人民的一场大劫难

——记郾城县民国30年至32年年馑

孟新安

一提起民国32年（1943年）年馑，人们无不毛骨悚然。其实，郾城县灾荒自1941年已经发生，接连三载，一年重于一年。三年中先涝后旱，又蝗涝交加。这一时期，正值国家内忧外患、生死存亡之秋。国民党第三十一集团军长官汤恩伯率部穴居中原，打着“抗日扩编”的旗号，加紧对人民敲诈勒索。因此，人们常把汤祸与天灾并提为“旱涝蝗汤”四害。据统计，1943年全县死亡人口在四万以上。正如史料记载的“死亡载道，情景之惨，为亘古所未有”。

一、灾多

1941年，全县被淹土地47.7万亩，占耕地的50%，冲毁村庄665座，倒塌房屋近9万间，损失财物、粮食（折款）1590.7万元。40多万灾民处于饥饿之中。次年灾情更重，“去冬麦播失期，今春（即1942年）缺雨，麦结籽时又大风成灾。”全县耕地90余万亩，播种小麦34万余亩，仅占耕地的30%。总产1.5万石（每石140斤），麦收两成。但当时的河南省粮政局长卢郁文却谎报为6成。1943年是受灾的第三个年头。《新华日报》报道：“河南郾城又遭第三批蝗蝻侵害。遮天盖地的蝗蝻，侵至城郊一带，将仅余的秋禾侵蚀殆尽。”吃后又种，种后又吃，连种三次，仍然基本无收。同年10月中旬，全县又水泛为灾。蝗灾过后水又淹，灾灾不断。各民众团体已联名向省政府呼吁，并派代表前往请赈。

二、税重

面对历史上罕见的连年灾荒，国民党政府及汤恩伯，本应悯民爱土，寝食不安，全力救灾；他们却置人民死活于不顾，趁灾打劫，横征暴敛。1941 年，因灾民力凋敝，粮价飞涨，粮食奇缺。为了确保少数统治者的奢侈无度，在全国实行粮食公管，田赋征实征购。无疑加重了对人民的盘剥，他们却美其名曰“这是抗战的需要”。该年，郾城县正税额是 6 万余元，省附税倍于正税，均以小麦计算。两项合计为 4.9 万石，实征起正税 3 万余石（不包括征购征起数额）。县附加亩捐和摊派也随之改为征实。按原额，高于正税二三倍，负担之重，历来少有。全县麦播 56 万亩，麦收不及三成。加上秋粮变麦上交，农民倾全部所得，也完不成上交任务。1942 年已是十室九空。省府慑于社会舆论压力，不得不宣布核减田赋，实则偷梁换柱，假减真增，欺骗人民。征实虽比上年减少 6737 石，而征购却增加 11825 石。征实征购共 54424 石，比上年增加 5088 石（不包括县、乡、保地方附加摊派），已超过小麦实产的 2.6 倍。1943 年又比 1942 年增加 9976 石，增长近 20%。真是“灾愈重赋愈增，天不悯民官更恶”。

对人民的盘剥远不止于田赋，其他税捐也多如牛毛。郾城地处中原，境内漯河是豫中著名水旱码头、军事重镇，向为征税重点。郾城县不仅设有田赋管理处、分处和 24 人组成的自治税捐征收处，还在漯河镇组建了自治税捐征收分处，员额仅次于县征收处。

抗战（即抗日战争）以来，物价飞涨，统税从量征收①已不满足国民党政府的私欲，统改为从价征收②。县内税率低者 15%，高者则达 40%。

1941 年 5 月，国民党政府公布契税条例，提高税率，郾城县照办

① 从量征收：按照商品数量征收税金。

② 从价征收：按照商品价格征收税金。

不误:买契税[①]、赠与税[②]和占有税[③]，按契价均征收15%不动产互相交换税[④]和分割税[⑤]，按契价均征收6%;典契税[⑥]，按契价征收10%。省县附加也随之提高。是年，全县自治税捐，额征为63万元，而实征77万元，多征14万元，增长20%之多。

各种军差支应也日益频繁。汤恩伯屯兵河南三四十万，加上杂牌、游击队达60余万人，村村镇镇皆有兵营。驻漯河镇的蒋汤机关即达数十个，部队数万人，所需军粮全按规定（每人每月小麦60斤）由郾城供应。此外，还有修建费、治水费、治安费、植树费、飞机捐，甚至未嫁出的少女每月要交纳30元的闺女捐等，名目繁多。民谣“自古未闻尿有税，而今屎尿皆有捐”，是对汤恩伯摊派之多，手段之毒的真实写照。以修建费为例，蒋汤驻漯机关为了修房盖屋、建造兵营，在其附近村庄不仅大肆拉夫派款，还四处掠夺林木，郾城一个长了数百年的大柏树林，即被他们砍光伐尽。难怪群众说:“宁叫日本人烧杀，不叫汤恩伯驻扎。”

三、民苦

人民之苦莫过于送粮洛阳。1941年豫东、豫南、豫北已被日占领。国民党军政要员迁集洛阳，郾城县征实征购的粮食也送交洛阳。全县出车8000多辆，人畜各1.6万之多。郾城至洛阳，往返800余里，山水阻隔。途中，头上暴雨如注，脚下泥泞路滑，还时有敌机轰炸扫射。在枪械押送下，送粮者或单车独运，或几户结伴，或出资觅人雇车……含

① 买契税：货物出售，买方按契价纳税。
② 赠与税：财产无偿赠送他人，受赠者按契价交税。
③ 占有税：因某种原因（如家人全部死亡），其财产所有权转移他人，即按契价向新的财产所有者征税。
④ 不动产互相交换税：不动产，是指不能够动的财产，如房屋、土地等。不动产互相交换税，即向互相交换财产的双方按契价征税。
⑤ 分割税：出于某种需要，将原有财产一分为二，或分若干份（如弟兄几个分家），估价主契，按契价向财产所得者征税。
⑥ 典契税：财产典当他人，估价主契，按契价征税。

泪忍悲，艰难跋涉。省府宣称，每出车一辆，日发路费 7.5 元，实则全被官吏中饱私囊，送粮者分文不见，只好自筹路费。往返一趟 40 多天，需要路费 400 多元（人畜日花费以 10 元计）。送粮农民家有老小，糊口度日已很艰难，哪有力量支出如此之多的钱粮。因此，不是饿死、病亡途中，就是毙命枪弹之下。人畜双回者极少。

生活维艰，人民奄奄待毙。战前斗麦 6 角余，1942 年春涨至 20 余元，次年春竟达到 300 多元，较战前高出数百倍。地价暴跌。灾前，每亩可得粮食 7 石左右，至 1943 年贵者不过 3 斗，贱者不及 1 斗。卖地一亩，仅敷维持一家数日食用。为了活命，耕牛被杀者十之七八；榆树皮被剥食净尽，河中杂草、枕中秕糠皆作食用，此外，如伏苓、燕粪、观音土、野草、菜根、麦苗、禾秆、麦秕、花生皮、瓜子皮等，也成了人们充饥的难得食品。不少村镇情景更惨，先是卖儿鬻女，继则“人相食”。据资料记载，漯河镇平均每天有二三十人死于饥饿。街上叫卖人肉的，以人肉充饥的屡见不鲜。由“漯河到周家口的大道两侧麦田中，每隔十步八步，即有尸体数具，无人收领，被野狗争食，以致肠肚流于地上，惨不忍睹”。(《河南文史资料——中原王汤恩伯》）县城东南人桧乡第十五保后乡村农民张胡哨，连续煮食小孩尸 2 具及 17 岁女尸 1 具；漯河镇南菜园有个农民叫范成，家有妻子和一双儿女，范成饿死，儿子去当壮丁，妻子迫于饥饿，又将亲生女儿卖掉。130 元的卖女钱，夜间又被土匪抢去。她痛不欲生，悬梁自尽。类此家破人亡、妻离子散者，比比皆是。

天不悯民。此时又有瘟疫、霍乱流行全县，未死于饥饿者，又被病魔夺去生命。

按国民党政府压减后的数据，1943 年全县死亡人口达到 40835 人，将近总人口的 10%。这一年，多少家庭断根绝户，多少童稚沦为孤儿，多少老人无依无靠，多少青壮年流离失所。这一亘古无有的灾难永远铭记在人们的记忆中。

选自 1987 年 11 月《漯河文史资料》第一辑

童年的记忆

——连续三年的蚂蚱灾

胡民安[1]

1942年也就是民国31年前后，人称“水、旱、蝗、汤”的四大灾害，刻版式地在河南省连续发生。我的家乡郾城县古城村没有幸免。尽管那时我还年幼，但是，有些场面、有些情况、有些事情我还是亲眼看到、亲自经历、亲临其境的，见闻真真切切。并且，几十年来，那景象一直荡存在我的脑海里，至今挥之不去！

1941年，本就歉收的麦季过后，老天爷像与人们作对似的一直“瞪着眼”。大地被晒得火烤一般，吱吱作响。村上的坑塘、沟壕早已干涸得露了底、裂着缝。原本靠种地吃饭的乡亲们急得像热锅上的蚂蚁，白天盼，夜里盼，口吐火，心冒烟。不得已，有人就用轿杆抬上方桌把村南大庙里的土地爷请了出来，放到古城北门外十字路口的热土地上晒太阳，并且，在它的周围一个劲地敲锣打鼓，以激怒“神灵”，求天下雨。他们说，这是人老几辈子留传下来“请神求雨”最为“灵验”的方法。可是一连晒了三天，敲打了三天，却不见“神灵”有任何动作，老天爷也始终没眨一眼。乡亲们很失望！

当然，也就是在这个时候，村上一些不相信鬼神的人们，早已在自己的土地上挖土掘井了。我的爷爷和叔父也跟着这样做。然而，在我的记忆里，少数的几户打井人家，只有一户打出了水，其余的全都半途而废。出水的一家，因为人手较多，有的手提，有的肩挑，甚至还架上辘

① 胡民安，郾城县人，1934年9月出生。1956年漯河高中毕业考入河南师范学院（今河南大学）中文系学习，先后在唐河高中、郾城高中、漯河铁路中学任教。1984年受聘漯河职工大学。

铲打畦浇水。可是，对于一块偌大的久旱无雨的土地来说，实在是杯水车薪，无济于事。眼看着已经出土的几垄秋苗很快枯萎，全家人唉声叹气，束手无策！

直到农时已过，老天爷才稍发“慈悲”，下了一场小雨。但这并没有稳住人们的心，更没有谁去庙里磕头“谢恩”。只有很少的几户人家不知从哪里弄来了一些适于晚秋播种的荞麦种子，种上了荞麦。我家也种了二亩。爷爷说，这实在是无奈之举。因为荞麦产量很低，出粉率也只有小麦的1/2。

灾难已成定局，但是老天爷并没有因此放下“架子”，而是变着手法施展威风。立秋一过，它就马上阴沉着脸，一气下了三天大雨。紧跟着古城南北的沙、澧二河便争先恐后地涨起大水。很快地澧河的水野马似的顺着古城东边的胡沟，绕过古城东北城角，折而向西，一直奔向距古城三四华里的小丁庄、大楼魏村以南的洼地里，然后顺坡东下，肆意漫流。结果，不到两天，古城周围的大片农田包括几片已经开花的荞麦地也都统统被洪水吞没了。人们站在古城的北城墙上，向着东、北、西三面望去，白茫茫，水汪汪，一派泽国景象。那里的村庄也像是在水上荡漾。人们叹息说：“秋季绝望了！”

有谚语说：“各扫自家门前雪，谁管他人瓦上霜。”几天以后，洪水退了，很长时间，整个村子寂静得像死一般。大家想什么、干什么、怎么办，没有谁互相商量，更没有谁站出来向大家说一句暖心的话，就连平时爱打爱闹的孩子们这时也像是销声匿迹了！

然而，祸不单行。就是在这个节骨眼上，一天午饭以后，村子里突然响起了一阵打锣的声音。接着有人吆喝：“西坡地里有蚂蚱了，大家都去打蚂蚱，打得多了有奖”……这自然是当时村政府的“号召”。可是，“号召”来了，大人们并没有惊慌，也没有谁立即行动，倒是村上的孩子们饶有兴趣地活跃起来。有的提着小桶，有的掂着小罐，有的挎着小篮，我也提了一把茶壶，跟着大家一路小跑来到西坡。西坡，常听大人们说，那里是古城的粮仓，那里地势平旷、土地肥沃，古城的大部分耕地都在那里。可是，今天，当我们来到西坡的时候，面前竟是一眼望不到边的黑泥地，上面长满了野草，也有被淹死的荞麦棵子倒在泥土里。

我们来到西坡，确实看见许多蚂蚱在地上乱蹦乱跳。不过，今天的蚂蚱跟平常的蚂蚱不一样。平常的蚂蚱两寸来长，一蹦大远，一飞多高，一律的青灰色，孩子们叫它老飞头、老扁担，经常成串地捉来烧着吃。可是，眼前的蚂蚱，黑褐色，一寸长，只会蹦，不会飞。每蹦一下，也不过一尺多远，而且所有的蚂蚱几乎都是朝着一个方向跳动。我们看到这么多的蚂蚱，一路的高兴劲头没有了，只是拿着事先准备好的用树条扎成的把子，朝着蚂蚱集中的地方用力地狠狠地一下一下地摔去。每摔一下，多则可以打死十多只蚂蚱，少则也有五六只。我们一边走，一边摔，一边把打死的蚂蚱拾起来。两个小时过去了，回头看看，我们并没有走出多远的地方：看看前边的蚂蚱，也并没有少了许多。可是，我们打死的蚂蚱已经足足地够拿了。

回到村里，有人已经在北门里的一片空地上挖好了一个长方形的土坑。我们把打死的蚂蚱倒进土坑里，每人还给了两毛钱。后来我想，“号召”捉蚂蚱，奖励捉蚂蚱，挖坑埋蚂蚱，这也许就是当时的村政府“关心民生”“为民除害”的一点可怜行为吧！

事情过去了，令我不解的是，这么多的蚂蚱从何而来？又都到哪里去了？为什么又都朝着一个方向跳动？年幼的我，没有多想，只是听大人们说，这叫“过蚂蚱”。也许就是“一过”吧！

所好的是，这年的麦子都按时种上了，冬天一到，地里也一片青。乡亲们盼着来年……

可是，远水不解近渴。距来年麦收还有整整 8 个月，200 多天的苦日子该怎么度过？

数九寒天，每天都有成群的人们挎着篮子到地里挖野菜，野菜挖完了挖野草，野草挖完了抓麦苗，而且都是边挖（抓）边吃。春天到了，人们又去吃树叶，能吃的树叶吃光了，又去吃树皮。这年的榆树最惨！人们剥去老皮，刮下里边的嫩皮，吃起跟“肉皮”一样。你刮我也刮，大家都去刮，从低处刮到高处，从小树刮到大树。结果，这一年的榆树死了很多！这里，我们设想一下：这么长的日子，人们都用野菜、野草、树叶、树皮填肚子，人们的身体状况该是什么样子呢？我告诉你，整个春天，我所看到的人们，几乎全都饿得“出相”了！所谓“出相”，就是饿得没有原来的样子了！个个都像“骷髅”一样，两眼凹陷、颧骨突起、脸皮透黄地紧贴在脸颊上，熟人相见，若不说话，谁也不会认出对方是谁。甚至连往日多棒的小伙子今天也都这样，更不用说老人和小孩了！我的伯父原在漯河给人帮工，因灾荒老板破产，春节前回到家里，结果不到两个月，就活活地被饿死了！当时他还不到50岁！我的大妈饿得皮包骨头，站不起来，每天都是爬着出去抓野草吃。他的一男一女两个比我都大的孩子，也饿得失了原形。然而，令人惊异的是，他们竟然都活过来了。大妈、大哥活了80多岁；大姐已经84岁了，至今还活着！外出逃荒要饭的人家遭遇也很惨。有的半路上就饿死了，有的因兵荒马乱走失了，有的女孩子十一二岁就被可怜的父母忍着心疼卖出去当童养媳了……这种情况，古城解放以后，有人把它编成戏剧，题名为《逃南阳》，因为古城外出逃荒要饭的人家大都去了南阳，每次在村上演出，观看的人无不声泪俱下！

我的家虽然没人饿得“出相”，但也是缘着死亡的边沿一天一天挣扎过来的。整个春天，一家人都是靠白水煮野菜，分块啃豆饼过活。那野菜里自然也有野草和树叶，那豆饼是在漯河给人帮工的父亲托人买来的，而且很长时间才能买到一个，五六斤重，十来口人，每次买来都由叔父用斧头把豆饼劈成一块一块，全家人分着啃。啃起来像木头一样，又硬又涩！不是饿得太急，谁能啃得下去！

这年三月的一天中午，久病方苏的爷爷坐在堂屋门口晒太阳。母亲不知从哪里弄来了一把什么面，给爷爷烧了一个不足手掌大的小饼子，让我拿给爷爷吃。爷爷翻过来覆过去，看了又看，然后掰一块放在嘴里。这时，我的两个面黄肌瘦还不懂事的弟弟（一个堂弟）看见了，走过去，站在爷爷面前，仰着脸看爷爷吃饼。爷爷看见他们，顿时老泪横流，把饼掰开，分给两个孩子。母亲得知，走过去将孩子拉开。这时的爷爷竟失声痛哭起来，母亲也跟着哭，两个孩子哭得更厉害。就这样，没过几天，我的已经四岁的同胞弟弟不幸夭折了，母亲哭得死去活来。

这情景至今记忆起来，心里仍觉酸楚！

1941—1942 年的冬春就这样过去了。麦子很快也熟了，收成稍好于去年。可是，接下来的日子，又是干旱—洪水—蚂蚱三灾并举。不过，这年的旱象时间不长，秋庄稼稍晚一点，也总算都种上了，洪水也比去年小了许多。古城只有西坡地的庄稼被澧河让（顺着通河的沟渠流出）出来的水淹没了。古城北边 300 多亩的土地原属城内，这里也曾街路纵横、房屋鳞比。而自唐开元（713—733 年）为避洪水县城移至溵（沙河）北以后，这里就逐渐变为农田。城墙也因连年被洪水冲袭，慢慢夷为平地。不过，这里的地势较之周围还是高了许多。所以，今年，这里的秋苗算是“得天独厚”了。

然而，正当人们特别是在城北拥有土地较多的人们为此稍有安慰的时候，突然有人发现，地里有成片成片、密密麻麻像白条小鱼似的蚂蚱趴在庄稼棵上，而且发出沙沙作响的吃毁庄稼的声音；也有人发现，空中有成团成团的像黄云似的东西在游动，当这些东西落在庄稼地里以后，人们才知道，原来也是蚂蚱；还有人发现，每次蚂蚱到来都有前兆，那前兆就跟暴风雨来临之前的声音一样，呜——，不一会儿，蚂蚱就会铺天盖地飞来，有的直接落下，有的在空中游动。当蚂蚱在空中游动时，总有一只老雕（俗称恶老雕，眼睛敏锐，常从高空扑下来抓小鸡）盘旋在蚂蚱上空。而且发现老雕盘旋到哪里，蚂蚱就会从哪里落下，那里的庄稼就会很快变成光杆。于是人们“传神”地说：老雕就是“天神”，是蚂蚱的“大元帅”，蚂蚱是“天兵”。一时间，一些本就迷信的老太太慌了手脚，有的跪在院子当中，有的跪在十字路口，向天祈祷，求神保佑。这自然都是无稽之谈，荒诞之举。但是这种现象在当时确实是人们每天都能看到的。年幼的我也不止一次亲眼看到过，至今记忆犹新。不过，至今我也没有想出一个解释这种现象的理由，也没听大人们说过这是为什么。我只是想，老雕的眼睛虽然很敏锐，但是，它和蚂蚱之间绝没有这种“指挥”和“服从”的灵性！

蚂蚱又来了，今年的蚂蚱跟去年不一样，个头大，数量多，能飞起，能落下，而且比去年“神”了许多，因而也比去年的危害大了许多。针对这种情况，乡亲们严阵以待，立即行动起来。每块地的主人，不分大人和小孩，男男女女齐上阵。有的拿着竹竿，上面系上红布条子，在自己的土地上不停地走动，不停地吆喝；有的拿起平时捉虾的网兜，加长把子，在蚂蚱集中的地方上下舞动；有的用一根麻绳，挂上小铃铛，横在庄稼上面，两边有人拉着，顺着地界沟从这头走到那头，再从那头走到这头。我也曾经和地块相邻的同龄孩子一起用这种办法赶蚂蚱。更有人不约而同地在庄稼地两头的大路上或空地上堆上柴草，夜晚点燃起来，引逗蚂蚱“自投罗网”。这个办法很好，每天早上，每堆火旁都有大批大批的蚂蚱被烧死在那里。可是，方法归方法，蚂蚱是蚂蚱。你去赶它，它飞起来；你走过去，它又落下，而且都是成群结队地飞上落下，让人们捉摸不住、哭笑不得。再说，蚂蚱在天空、在地上，都是成团成团、成片成片，飞起来如云块蔽日，落下来似严霜（一片白）铺地。人们虽然男女老少全体动员，但分散开来却是零零星星、稀稀落落，实在有“寡不敌众”之嫌！乡亲们眼看着大片大片长势旺盛丰收在望的庄稼很快被蚂蚱吃光，心里实在有说不出来的痛苦！却又无可奈何！

西坡的庄稼被洪水淹没了，城北的庄稼被蚂蚱吃光了，来年的春荒就这样注定了！乡亲们心里恐惧，而又哭天没泪！

小时候，在家乡听得最多的一句话是：“听天由命吧！”这是乡亲们劝慰自己的话，也是他们在灾难面前被逼无奈、走投无路、欲哭无泪的痛苦倾诉！

1943年，麦收以后，老天爷像是故意捉弄人们似的，很快地下了一场雨，秋庄稼很快地种上了，西坡和城北的大片农田也都很快地变成了一片绿。然而，正当人们喜出望外的时候，老天爷变了脸。一场大雨，澧河的水像脱缰的野马一样，顺着早已走熟的老路奔向西坡，西坡的庄稼几乎一棵不留地被洪水淹没了。也就是在这个时候，成团成团的蚂蚱真的像有什么“灵息”似的又急匆匆从天而降。西坡一片明，蚂蚱哪里去？很快地没有上水的城北地就成了蚂蚱唯一的栖身处。结果，只有一天一夜工夫，那里的庄稼就全都被吃光了。紧接着，人们又清楚地看到，城北地上原来成团成片的蚂蚱几乎在同一时段，又成团成片地腾空飞起，盘旋在古城村庄的上空，然后，择栖而落。落到哪棵树上，哪棵树就很快没了叶子，而且是一棵一棵、一片一片、有先有后地没了叶子。就这样，一天、两天……原本郁郁葱葱、绿叶茂盛的树木，却变得花花搭搭枝桠朝天了。而且，几乎无一例外，尤以榆树、果树为最惨！

庄稼被吃光了，树叶被吃光了，蚂蚱没有甘心，而是又成群地飞到农户的院子里，钻到农户的屋子里，咬坏人们的草帽，咬毁人们的衣服，甚至连门神、对联也都被咬得稀碎。现在想那情景，真是一场灾难。空中飞着的，地上爬着的，器物上咬着的，到处窸窸窣窣直响，到处咕咕哝哝乱动，人们走起路来，淌腿碰面，可又躲不开，迈不过。整个村庄，家家户户，都被扰得乌烟瘴气，不得安宁。对此，人们切齿烦厌，而又奈何不得！

说到这里，我有心翻了《鄄城县记》，发现仅明清两代关于蝗灾的记载就有 20 处之多。亦述其害曰："禾稼草木俱尽，所至蔽日，人马不能行……"可见，鄄之地，鄄之民，被蝗灾久矣！

所幸上天有灵。这一年，洪水涨得快，退得急；蚂蚱来得猛，去得速。在洪水、蚂蚱过去以后，农时虽晚，不为太迟。乡亲们凭着自己的经验，很快在西坡地又种上了谷子、红薯、荞麦之类。城北被蚂蚱吃光叶子的光杆上又发出了新芽。不到一个月，西坡、城北的大片土地又都恢复了先前的绿。不过，这一年，所有的庄稼都大为减产，有的还不足正常年景的 1/3。即使这样，乡亲们的心还是稍有安慰的！

陆游有一首诗：

太息贫家似破船，不容一夕得安眠。
春忧水潦秋防旱，左右枝梧且过年。

这里说的"贫家"，与我幼年时的家乡相比，似乎还好了一点。三年旱灾，三年水灾，三年蚂蚱灾，反反复复，连绵不断，老百姓实在没有"枝梧"的机会。本就贫穷的农村，三年过后，就更是满目凄凉、萧条冷落了——何况灾难并没有就此结束。

这年冬天，一个晚上的后半夜，突然一阵急促的敲门声。没等爷爷把门拉开，一群人就闯进了我的家。威胁说："不许起床，不许乱动！"接着他们就借助手电筒的光亮，在屋子里胡乱翻腾起来。有人撬开了柜子，有人拉掉了抽屉，有人钻到床底下，有人爬到棚子上。我被惊醒了，没敢起来。但我清楚地看到，他们从我家的棚子上扯下来两口大箱子。听父亲说过：这是因为抗日战争，漯河时局混乱，朋友认为农村比较安定，临时把这东西寄放在我家。不料今天竟遭了劫！坐在床上的母亲看到后，披上衣服，上前阻拦，被他们一脚踢倒，很长时间没有喘过气来。爷爷上前，也遭了同样的一脚。第二天早上，我看见这两口崭新的箱子敞开着丢在院子里，里边只剩下一些小孩的袜子、衣物之类。他们拿走了什么东西，我不知道，连母亲也不知道……

早饭过后，有关昨夜的消息很快传开。有人说，昨夜被抢的不是一家，寨（城）内寨外十多家呢。有人说，那伙人抢了东西，都向着村南澧河的方向走了。正要过河，被河南岸临时过路的小股"部队"撞上，开枪射击，这伙人全部被打死在澧河坡里，抢去的东西也都散落在那里，有人还从那里捡回来自己被抢的东西。有人还稍带"神秘"地说：昨晚的一伙是"汤抢"，是专门祸害老百姓的。甚至有人还说：澧河南岸的小股"部队"，说不准也是一类，狗咬狗罢了。什么是"汤抢"，当时，我不理解，但听说"汤抢"却不是一次两次了。直到解放以后，我才知道，"汤抢"，原来是河南人民给消极抗日、纵兵祸民，时任国民党第一战区副司令长官汤恩伯的一个直言不讳的代号！

（注："蚂蚱"是"蝗虫"在此地的方言。本文多用"蚂蚱"，很少用"蝗虫"，目的是为了显现文章的乡土气氛。请谅——笔者）

选自 2010 年 9 月《漯河文史资料》第十八辑

“全国童子军第二次大检阅大露营”亲历记

魏　明[①]

1936年，我12岁，正在郑州私立明新初中二年级上学，被学校选拔参加了全国童子军第二次大检阅大露营，如今已时隔半个世纪，现仅将回忆所及简述于后。

那时的小学及初中学生都受童子军训练，全国有童子军总会，郑州明新初中的童子军团在全国的编号为一八四八团，团长为胡梓芳老师，他也是童子军教练。各班有中队、小队组织。

1936年6月，学校根据省教育厅分配的名额选拔了参加全国童子军第二次大检阅大露营的学生25人，编为一个中队，下辖三个小队，胡梓芳老师为领队。

暑假时在本校操场设立训练营地，进行队列操练，还有旗语、架桥、野炊、结绳、守卫等训练。约在8月底搭车赴开封（当时的省会），下车后先到中国中学，又到省立开封初中休息，下午到设立在铁塔北边的河南省代表团训练营地。

参加河南省代表团的共约240人，除我校及省立洛阳中学以外，都是开封各校代表。编队时打乱校别进行混编。省代表团的编制层次为大队、中队、小队，均三三制，我被编到第三大队第二中队第二小队。第三中队全为女生。省代表团团长为周祐光（省教育厅督学）。

1936年9月初某日举行开营典礼，省教育厅长鲁荡平讲了话，后来省长商震也来营视察过。在开封约训练一个月，在10月5日搭车赴南京，营地在中山陵东边的园林区，风景秀丽、空气清新，十分宜人。我

① 魏明，郑州市人，1924年出生，毕业于河南大学，先后在漯河银行、总工会、供销社、学校等单位工作。离休。

省营地和湖北省的营地仅一路之隔，其他各省市的都分散在周周。各省童子军都一律身着黄卡叽童子军服，戴呢童子军帽、穿黑皮鞋，所不同的是领巾颜色不同，河南省的是蓝色。做饭是按中队立灶自做，买菜由值日的学生到几里以外的集镇去买。

10 月 8 日进行第一次检阅，各省代表团整队前往距约五里的中央运动场，这天的检阅官是全国童子军总会的总干事桂永清，先分列式后行进式，检阅后讲了话。各代表团有团旗，大队、中队、小队都有队旗，加上每人肩上还有多种颜色的队色丝带，五彩缤纷，十分华丽壮观。

次日（10 月 9 日）举行第二次检阅，检阅官是童子军总会副会长何应钦（国民党政府军政部长），经过同昨天。10 月 10 日，即那时的国庆节日，一早起床，集合，开饭，做好准备，在 7 点多就整队进入中央运动场。这一天的严肃气氛与往日大不相同，沿路五步一岗，十步一哨，特别是在每条路口都有装甲车或坦克车戒备，运动场周围看台上坐满了人群，但会场却鸦雀无声，非常寂静。会场正面检阅台上，武官全部军礼服，胸前佩戴不少勋章，文官都长袍短褂，台一边是穿西式礼服的各国大使外交官，台下有一大队军乐队。

约在近 9 点钟，在一阵车辆轰隆声以后，只听到“立正”一声口令，全场以及看台上的人群都起立立正，当时我们已感到是当时的委员长蒋介石来了，他当时是童子军总会会长，到他登上检阅台正中立定，才听到“稍息”的口令。冯玉祥站在他右边为副检阅官，大会宣布检阅开始，军乐声中，蒋介石在冯玉祥、何应钦的陪同下，下了检阅台依次检阅各省代表团的分列式。阅毕，他们走上检阅台，开始行进式检阅。各省代表团都横排依次行进，当我们行进到台前时，对检阅台上的人看得一清二楚，印象深的是身材魁伟的冯玉祥，长胡子于右任，戴奇异的船形军礼帽的海军司令以及相貌不同的各国大使等。当我省代表团回到原地站定不久，忽然看台上掌声骤起，声震全场，定睛一看，原来是“东北四省”的代表团高举代表团的旗帜将行进到检阅台前，他们虽仅 20 多人，却受到全场十分热烈的欢迎。许多人是一边鼓掌一边感动地流泪。我们这时很注意检阅台上人们的表情，看到冯玉祥将军用手帕在擦眼，自古“英雄有泪不轻弹”，此情此景实在感人至深。这表达了全国人民对日本帝国主义的愤怒！表达了对“东北四省”同胞不甘愿当亡国奴奔向祖国的敬意！同时也是对当年高唱“攘外必先安内”热衷内战及下令对日寇侵略我东北“不抵抗”而在场的蒋介石的谴责及嘲弄！当时我也本能地寻找台上日本大使的表情，但我认不准是哪个。我想他正如处于中国人民正义公理法庭被告席上的一个小丑罢了。可是，后来听说为“东北四省代表团”参加大会一事，日本还向我国外交部提出抗议，这真是强盗逻辑，岂有此理！

检阅刚完，阵阵轰隆声由远而近，但见大批飞机编成“十十”图形飞过会场上空，细心的同学还数了数整一百架。接着是蒋介石讲童子军的十二条规则，这天检阅一直到12点才结束。

从10月11日起，全营地举行了旗语、结绳等各种比赛，还举行文艺表演及营火晚会等活动。同时，全营地开放三天，有许多市民前来参观，也有许多同乡到各自省的营地去慰问。冯玉祥、张钫等都曾到河南营地参观慰问。10月15日大检阅大露营正式结束，每人都发有纪念品，主要有一本纪念册、一枚纪念章——是十二支箭在满弦的弓上。我们在南京游览了市容、中山陵及雨花台，17日搭车返回河南，我们回校后参加了学校的欢迎大会。

这次之行，使我开阔了眼界，增进了知识，特别是感受到人民群众那样炽烈的反帝的爱国主义的教育，使我永志不忘。

选自1987年11月《漯河文史资料》第一辑

回忆开封学生受军训

阎理之

1934 年暑假，我在河南省立开封师范学校一年级考罢期考，学校宣布：不准回家，高中以上学校（包括水专、河大）的学生一律到开封南关演武厅集中受军事训练三星期才放假。大家带着不满的情绪，背着简单行李和蒲席，排着队去了。演武厅好大的面积，据说有五顷四大，一排排的营房在大操场北边，一处一处都有圆券门相通。站在操场的北边向南看，要有几里远，边缘上柳树成林。

安顿之后，按团、营、连、排、班编制。各级军官都是派来的，总名叫“开封高中以上学校集中军事训练团”。团长是一个高大的黑胖子，名叫何集生。教育长是三十多岁的李贤镇，镶着金牙，很精神，出操时任总指挥。营长是四川人，四十多岁，说话很和气。连长年轻，高个、长脖，讲话尖嗓子，对学生也不错。编制好以后，宣布头一件事，一律推光头，不准留缨子头、大背头、分发头、平头、博士头等。同学们一听，一致哗然。很自然地形成了请愿队伍，反对推光头，当时叫“护头运动”。但是再三要求，终归无效。由理发工人一个个扳住头推成光葫芦。随即换上了又大又胖的粗布灰军装，束上了皮带，费了好大劲打上了绑腿，一个个白面书生，顿时变了模样，大家相视一笑。每人发了一支步枪，但没子弹，枪都生了锈，跟烧火棍差不多。席地而卧在营房的地面上，好在是夏季，还过得去。一日三餐，每餐都是蒸馍、绿豆芽菜、绿豆茶，单调极了。比学校伙食差得多。

举行开训典礼，全团一千多人集合在演武厅土台子前，省主席刘峙、民政厅长李培基到会讲了话。刘峙讲话冗长不堪，天气炎热，个别同志当场晕倒。

训练开始。每天黎明，起床号一响，出操跑步，上下午两次出操，从立正、稍息学起，拔慢步，分解动作，所谓制式教练，就是德国操。当时蒋介石正在学德国，他的庐山将校团都是请的德国军官。他对当时世界上三个法西斯国家德、意、日，崇拜得五体投地，因此按照希特勒、墨索里尼那一套，加紧了对人民的统治。

三个星期训练期满，结业时要到龙亭后河南体育场后边实弹射击，每人打三发子弹，这是我生平第一次打枪。射击时班长从旁点拨着，勉强拉开枪栓打了三枪。

正当午时，天气炎热，躺在小柳树下休息。太阳毒花花的，脱了上衣，铺着躺在地上，上边晒着，下边炙着，如芒刺背。回到营房，夜晚睡不着，及至回到家里，几天后脊梁上脱了一层皮。打靶那天，实在苦煞人。

在毕业典礼上，刘峙检阅。阅兵式、分列式，在几天前，各营各连都练习了。同学们都是青年人，身体灵活，平时在学校受军训，上体育课有一定基础，表演的还算不错。指挥官、教育长李贤镇骑在马上，撇着洋刀，指挥队伍，颇为英俊。同学们一时劲头很足，雄赳赳地向前迈步。典礼已毕，放假回家，如出牢笼。

选自 1988 年 12 月《漯河文史资料》第二辑

舞阳姜店农民搭救国民党空军飞行员

胡德周[①]

1944年麦收一个月后，高粱棵子快长到一人高了，天气炎热，毒日头烤得人们不敢出门。农村人家还是顶着烈日下地割草、下地干活。下午五六点钟，太阳快落山了，舞阳县吴城、姜店一带的村民们忽然看到天空中由东向西北方向飞来一架飞机，惊动了四乡八保，只见那飞机从高向低斜着冲向西北，像是受了伤无法降落了。人们都争相观看，议论纷纷，说是从漯河那儿飞来的，是日本人的还是国民党的不知道。

不一会儿，飞机冲到现在的姜店乡路店村南的高粱田里，滑落着地，几亩地的高粱苗被飞机轧倒，有的变成了碎碴子。飞行员穿着一身整齐的军装迅速从机舱里下来，有序地收拾一下行囊，随即把飞机点着，然后，他钻进了高粱丛中。也许是这个飞行员地形不熟，一开始也分不清方向，跑到了一片大竹林的南头，那里有条沟，水很深，他跳进去，裤子湿了半截，村里的农民跑来看稀奇。

一个叫李志臣的农民跑过来向飞行员要手枪，飞行员说："这是我在美国训练时的手枪。"随后，他往地上撒了不少纸币，朝西北方向跑去，也顾不上脚底下是沟是坎，更顾不上把高粱苗踩绊断不断、倒不倒，直跑得他汗流浃背。这个飞行员顺着干涸的河坡跑，农民李勺头在后边追赶他，飞行员回头说道："你再撵我，我打死你"。李勺头说："你穿一身呢子服，会跑得了，你换换衣服再走。"飞行员把衣服脱掉放到了李庆林浇菜用的捣杆坑里。路店村边有一条塘河，因为干旱，没水快一年了。飞行员走到塘河坡那儿，只见村民李先举一家正在河坡里脱坯，准

① 胡德周，舞钢市人，大专文化，中共党员。曾在北京军区某部服役，1985年至今先后任舞阳县史志档案办副科级干部，县政协文化和文史委主任。

备垒墙用，他便止步停下来，喘着粗气，向李先举问路。说他是中央军的飞行员，飞机轰炸占领漯河的日本人时受伤了，正发愁弄不来衣裳换。李勺头把衣服脱下来让他穿上，飞行员把皮靴也脱下来。

村民李勺头、李志臣听说这个飞行员是中央军的，打日本的，便护送他到了姜店街郭笑卿家，郭家是姜店有名的大户，在当地有钱有势，影响大，儿子郭廷以在中央大学任教。晚上，郭笑卿安排让飞行员洗换干净，吃饱了饭，住下来，趁着凉快的夜色，在郭家院内聊起了飞机受伤的事情。飞行员姓鲁，有二十七八岁，飞机在漯河被日本人打中了翅膀，轴承也受伤了，本来想着伤得轻，落到澧河北没有日本人的地方修一修，一看伤重，只好落到路店南地了。

那飞行员之所以点燃飞机，是为了防止飞机落入日本人手中，当时漯河以西到舞阳经常有日本士兵、车辆来往，驻吴城镇的日本兵，距离路店也就不到 20 华里。飞机点燃后，冒着浓烟，一会儿啪啪一阵响声，烧炸了。村民们跑去看，有胆大的上前去捡东西，捡子弹，董发起捡了一盘子弹，250 发。飞机的肚子、翅膀被村民弄回家，后来当废铁卖掉。

飞行员在郭笑卿家住了一个晚上，第二天一早，郭笑卿安排村民陈丙寅、郭石福送飞行员去湖北襄樊的老河口机场。

飞机迫降的当天晚上，年轻小伙路绍钦睡在晒粮的场里，正睡哩，听到一队马蹄声，原来是驻在吴城镇的日本人听说这里飞机着火了，便到这里一阵搜找，把两挺机枪弄走了。

从 1944 年 6 月日本人占领舞阳，飞机落到路店南地之前，日本兵还没有进入路店村过。自从落了飞机之后，日本人开始不断到这里来，大量砍伐树木。那时路店有一个大竹林子，老百姓称为竹园，有 10 亩地那么大，日本人精，一看那么大的竹园害怕，不敢进里边砍竹子，强派群众进去给他们砍竹子。日本人来的次数多了，不但任意派群众干活，还毁坏东西，骚扰妇女，村里人都往北沟跑，或者往竹园里跑。跑习惯了，连驴、牛牵着都是顺当的，不叫唤。

时间一长，日本人想把路店一带当成他们的势力范围，要在那里设伪乡公所，派石华亭当乡长。路店西杨天池村有一个叫杨廷干的（又名杨特英），过去在叶县当过县长，后来当乡长，石华亭依靠日本人把他赶了下去，杨廷干又干上了当地国民党游击队的连长。石华亭一当上乡长，杨廷干领一连人到路店把乡公所给端了，打时还大声喊着："我是杨特英，捉拿石华亭。"把石华亭和一个东北过来的汉奸杨富汤，还有一个姓杜的打死了，双方激战好长时间，村里一个年轻人李星朗在激战后，捡的子弹壳就换了两个铜锅。一个姓刘的四川人，是日本人抓回来的苦力，在乡公所做饭，杨廷干打了乡公所以后，姓刘的走了。

当时在路店的乡公所是棠澧乡。日伪乡公所打掉后不久，中共地下党员胡赞扬遵照党组织指示，利用社会关系，担任棠澧乡乡长，但乡公所另设他处了。

抗日战争胜利后，姓鲁的飞行员驾着飞机回到姜店上空，转了三圈儿，撒下来很多传单，说他又过来了，感谢当地群众对他的搭救和帮助，以示谢意。

选自 2012 年 12 月《漯河文史资料》第十九辑

旧社会的“没头帖子”

钟去兵

旧社会的“没头帖子”犹如匿名信，是暗中贴在收受人住处附近，对其抨击甚至辱骂的文字，因不署名，所以称为没头帖子。

官僚豪绅之辈借权势欺压人，受欺压者不敢公开反抗，而怨愤的积郁又需要一吐为快，这就是贴没头帖子的由来。

民国时代，郾城县商务会对商户派税款奇重，而对其有私人关系者，如东大街的国华书庄、王瑞周的杂货店、衙门口的袁家饭店等派给的税款特轻，差不多和卖洋油洋火的小贩等同了。这一不公正对待激起了南大街、小南街小商贩的忿恨，联合起来贴了商务会的没头帖子，骂商务会欺软怕硬。只骂得商务会人员再不敢耍威风，连商勇（即税务员）们也不敢大胆去南大街，收税款时总有两名商勇结伴同行，说话也一洗哼鼻子瞪眼的怪象，变得前倨而后恭了。

那时候，漯河市民做饭一般都用秫秆、林柴、干草等作燃料。外地农民远道运柴草到漯河市出卖，不能在市街久留，便廉价出售，久之，造成了漯河市柴草贩子的勃兴。柴草贩子为高利盘剥，将原来的柴草捆破腰再捆，一般两捆破为三捆，甚或一捆破成两捆。籴吃买烧的市民对柴草贩子们的行为恨不绝声，但又无法可施，只好写没头帖子往柴草市上贴，只骂得柴草贩子如狗血喷头，过街老鼠，自此，不得不有所收敛。

这种没头帖子有时也会在上层社会出现，而且大大升了级：西平县陈庄陈泮岭（字峻峰）北京大学毕业，自幼在家乡练武术，善耍九节鞭。汝南县李鹤（字敬斋）留美土木工程系出身。后来陈当了河南省国民党省党部常务委员，位置等于中央特派员。李当了河南省民政厅长，其权可委任县长。陈不服气李之自傲，贴其没头帖子，说李“土木系出身，只会掂瓦刀盖房子，怎会管理民政！”李一见，知道是陈在捣鬼，马上贴出陈的没头帖子回敬，说陈：“只会玩九节鞭，怎能掌管全省党务！”这样仍不解恨，于是双方各印了四开宣言，各以其汽车在大街上和大庭广众中公开散发叫嚣。进而从没头帖形式升为人身的污辱：李派人带上屎罐子暗藏于省党部门外，当陈走出省党部时，迅雷不及掩耳地将屎罐子向陈身上泼去，陈泮岭无颜声张，赶快缩回省党部净身。陈依法炮制，也以屎罐子报复了李敬斋。

舞阳县刘馨吾，任县自卫团司令之职，盛气凌人，不可一世，众人送号“恨街窄”。因他大权在握，众人敢怒而不敢言。贴没头帖子又怕贴到哪里哪里遭殃，只好贴到衙门口的影壁墙上。一年除夕之夜，痛恨刘馨吾的群众趁他家正在沉睡未醒之际，提去屎缸子，把刘馨吾家的黑油漆大门上贴得整整齐齐的大红金镶边春联上全都抹上了臭屎。次日，刘馨吾听说大门上被抹上了人屎，太不吉利，气得吹胡子瞪眼，憋了半天没说出一句话来。

选自 1990 年 12 月《漯河文史资料》第四辑

布客集资修建西会馆

晁凌音

在临颍城里西南角，有一座古代建筑物，这就是驰名的山陕会馆。

这座会馆相传始建于明朝，当时临颍纺纱、织布业发达，尤其是城东一带，几乎是家家织布机，户户纺花车，山陕二省的布客云集于临颍，城内布行林立。市场布匹分大布、小布，大布面宽一尺半，小布布面宽九寸五，布客们都收小布，在染坊里染成各种颜色。行销于西藏、青海等省，大布多为本地群众所穿用。

为了便于布捐的征收，实行集中收布，日积月累，布捐多了，建成一座会馆。资金多为山陕客商所捐助，故称山陕会馆，也称山西会馆，或陕西会馆。为区别于南门里头的南会馆，又称西会馆。

这座会馆为长方形，南北长约 180 米，东西宽约 120 米，现今临颍第一高中朝北的大门，正是当时西纲首派人到处聘请能工巧匠，重建拜殿。整整忙了十年，这座驰名遐迩的艺术宝殿——山陕会馆拜殿终于重新建成了。

民国 10 年秋，为了庆贺拜殿的建成，特演戏五天，远近乡邻来看热闹的人络绎不绝。

戏台朝北，会馆大门朝南，进大门从戏台楼下穿过，朝北即到拜殿，这是第一进院，也就是看戏的大会场。会场东西两侧靠着院墙，盖有看棚，雨天站在棚下也能看戏。没戏时，这棚又成了各布店为布客收布的场所。为了收集布捐，收布地点统一设在西会馆，收布时间也统一起来：以鸣锣为号，说收一齐收，说停一齐停。

正面拜殿只有东西两堵五尺厚的砖砌山墙，其他南北墙纯是雕刻的木棂子门。棂子门一打开，通到第二进院，这进院子正殿是供的神像

（今县一高的总务处）。大殿外月台上，东西两边蹲有两个石狮子，东北是雄狮，足下踩了一个石绣球，西边是个雌狮，左足下踩了一个小狮娃。大殿正中有暖阁，阁内敬有关公塑像，阁外敬有关公牌位。

大殿两边有东西配房，东配房敬有大王爷牌位，西配房敬有财神爷牌位。东西厢房里还敬有三国名将赵云、黄忠等的塑像。

拜殿里没有敬神像，棂子门一打开，便可在这里朝着第二进院大殿里的神位叩头跪拜。

通过大殿的棂子门进到第三进院。上房是三王殿（现一高文科教室），里边塑有刘备、关羽、张飞三位的神像。还有一所东偏房，为和尚住室。东屋门口有一棵大桂树，一到秋天，芳香四溢，可及全城；还有一棵大古松，解放后，学校把钟挂在古松上，打钟上课。

第三进院南边，有一溜南北花墙，顺着花墙往北走，进入第四进院。这也是一个收布的场所。

西会馆里，所有这些建筑，以拜殿的建筑最为宏伟。尤其是失火后重建起来的拜殿更是气势磅礴，金碧辉煌。慕名前来参观的人络绎不绝。

拜殿的四个挑檐都悬有铜钟。东西两边配有两个钟鼓楼，楼的四个挑角处都挂有铃铛，鼓楼前方各建有玻璃六角塔，塔面上挂有铜铃，每至夜深人静，全城都能听到断断续续的叮当声。前方有四棵大杨，风一吹，哗哗作响。

拜殿雕梁画栋，色彩绚丽，斗拱飞檐，层层叠叠，尤其是拜殿檐下的艺术雕刻，更是罕见的艺术珍品。拜殿共计三间，前檐下两根大圆柱，每间设有上下两根方楞托檐檩，檐檩之间雕有一只大鹏金翅鸟。第二檩的下面各间的幔形"挂面"上，雕刻了一整出戏——《游龟山》。从东边数起，是田玉川怒打卢世宽和藏舟。西边的"挂面"上，刻有战苗王和投衙，正中间的挂面上，刻了一大出戏——五堂会审。其中各个人物的表情和形象都是惟妙惟肖，栩栩如生。各块挂面中间的狭窄处，是一尺宽二尺长的空当，在这些空当上，各刻着一个小掌故，东边是二仙人松下对弈；中间是 24 个举子上京赶考；西边的是：一个小瓦罐倒了，从里边跑出一群小鸡娃，老母鸡领着头，小鸡随后跟。最后一个踩着罐沿打趔趄，老母鸡不放心，还扭着头往后看呢！这精美的雕刻打动了多少观众的心弦，给观众留下了深刻的印象。如今，拜殿檐下的艺术雕刻虽说已不见几十年了，但人们还不断地称赞着这些雕刻的丰富内容和艺术价值。

选自 1988 年 12 月《漯河文史资料》第二辑

我所了解的受降路天主堂

张文明[①]

闲谈起漯河的古教堂建筑，在我的印象里，无论老桥南头以西的基督教堂，或是顺河街路南的耶稣教堂；不论是坐落在大新街口的基督教会，或是小铁路街的自立教会，若论建筑年代的久远，也只有中华路的天主堂了。

漯河市的天主堂，位于天主堂街即今中华路东段路北。20 世纪 40 年代，我家住在煤市街与天主堂街交叉口的北边。儿时玩耍，往西一拐，就跑到天主堂门前。那时，整座小城都是低矮的建筑，不是黄土干打的窝棚，就是青砖砌墙的草房，二层小楼极少，更多的是茅草庵、小趴趴。因而，全河上街基本上是清一色的灰黑。然而，天主堂出类拔萃、与众不同，是一律的红色。不论教堂、住室，都是红砖红瓦，一红到顶。尤其外观，意大利哥特式的建筑，特别耀眼——高耸的钟楼，红色的十字架。这种凸显宗教特色的罗马建筑，在当时的漯河无疑是一道亮丽的风景。而且能在尚未称市的沙澧河畔落户，可见当年漯河水旱码头的显要了。

我最爱看天主堂风格迥异的建筑。它那与众不同的外观，它那别具特色的门窗，都与我国固有的建筑截然不同。特别是窗户，它不是中国传统的那种非方即圆的模样，而是上呈尖叶状、下为方形或长方形。虽无华夏“绮户”雕花镂刻之美，却有着彩色玻璃拼接出来的五颜六色、光怪陆离的艳丽。一日，我走进天主堂，见教堂大殿，穹顶闳闳，廊柱高耸，室内宽敞，彩窗绚丽。阳光透过彩色玻璃窗照射进来，哗——室

① 张文明，1940 年生，河南鹿邑人。幼读私塾，曾入北京鲁迅文学院专攻文学和摄影，后就职于郑州铁路局从事宣传报道工作。1980 年秋调入漯河铁路中学任教。

内光线明亮、四壁温馨，是当时漯河灰一色的旧式房屋无法比拟的！

受降路天主堂

我最向往的是天主堂里的鸽子。那群鸽子，足有百十来只，时而麋居在天主堂高大的屋顶；时而忽地飞起，在天空中翱翔。在孩子们的眼里，看它们在蓝天下打着趔飞翔，是件十分惬意的事。不懂事的我，曾经产生过掏鸽子蛋的非分之想，幼稚地问过我的一位表哥：咋爬上去？他说，用梯子。我说，比两层楼都高，上哪儿找那么高的梯子？他说，能盖多高的房子，就有多高的梯子。我信以为真，懵懂了好多年！

我常见天主堂里的意大利神父和一群头包黑巾的修女及一些男士们

一起，站在天主堂街东头与煤市街交叉口处，用柔声细语的汉话，跟当地的老百姓闲聊。其中有一位年龄最小的男孩——刘雅敬，后来我们成了熟人。20 世纪 50 年代，修女有二三十人。神父是意大利人甘路德，修长的身躯，白净的面皮，蓝眼睛，黄胡须，给我留下了深刻的印象。听大人说，虽然他们都是基督教徒，但天主教信奉耶稣、尊敬玛利亚（耶稣之母），跟单纯信奉耶稣的基督教有别。

姥姥是信奉耶稣的基督教徒。当年来漯河照顾我们姊弟四人时，她就常带我去顺河街的基督教堂礼拜。我那时四五岁，不甚懂事，只知道跟着去听他们念圣经、念马太福音、马可福音……诵“我们在天上的父，愿人都尊你的名为圣……”看他们拉着“洋锯”唱诗，在台子上演“穷人积德上天国，富人不做善事即使有钱天国也不收容”的活报剧。偶尔，碰上复活节或圣诞节，说不准还能摊上个糖果、点心吃吃！

天主堂礼拜，我一次也没光临，倒是莅临过天主堂在大门旁边开设的专治眼病门诊。门诊不大，屋度较浅，一桌二凳，摆放着曲嘴的玻璃甑瓶。二三修女，外罩白色长衫，头顶白巾，常见她们翻开患者的眼皮，或用玻璃甑瓶冲洗，或用乌贼骨轻刮眼睛里的血丝。我害过沙眼，曾用上蔡县竹竿厂的眼药拌点清水抹过，凉凉的，未能治好，疼得难受。不得已，父亲领我到天主堂眼科治疗。自然，乌贼骨刮过之后，再加蒸馏水冲洗……眼睛舒服多了。令我称奇的是，那位长我好几岁的在我看来最小的男孩——刘雅敬，日后竟然也会给人治眼病！有一天，我领我的孩子到漯河市人民医院门诊看眼，见五官科大夫有几位都来自天主堂的善男信女，并不觉奇怪。

还说儿时。一年，漯河发大水。沙河水涨得弥溜溜的，眼看河水从外堤漫出。全城人都紧张得不得了，有的准备外逃他乡，有的跑到龙王庙烧香祈求。我家无处可逃，又是窝棚，无计可施，父亲凭着和天主堂邻近的缘故，就把我们姐弟几个安排在天主堂里住下。好歹那里是浑砖墙壁，比较牢固。当时，幼小的我，哪有水患意识？于是，便在天主堂里浏览起来，始见天主教堂里的油画。那时，我不懂什么叫油画，但其所画的牧羊图和女子怀抱婴儿之类的画面，还是让我这个曾经跟着姥姥礼拜过的儿童，猜出了是圣母玛利亚，像爱护羔羊一样爱护她的子民！虽说有的画面未能看懂，但是日后回味咂摸，多多少少还是对天主教有所领悟。倘若谁人不解其教，说三道四，我都会以眼见之实予以批驳。没几天河水落了。一场虚惊之后，我们搬出了天主堂，回到自己的住所。直至1951年，我还在街头时不时见到那位年约50岁的意大利神父。到了抗美援朝时期，听说传教士被驱逐回国，原因是搞了什么“特务活动”。是耶非耶，未得其实。但不知为什么，在后来的“文化大革命”中，老听广播上批判外籍传教士利用宗教进行什么活动的话题，总感到有些不大对劲儿。后来又听说纯属子虚乌有，再后来就不了了之……

天主堂的眼科门诊，什么时候关张的，我不知道。有一段时间，不知怎么天主堂竟成为电机厂的生产车间？成了某些单位的仓库？“文革”期间吧，天主堂的钟声彻底地不再敲响了。直到拨乱反正、改革开放后，才恢复了宗教活动，天主堂又开始礼拜了。后来，天主堂扩建，焕然一新。见影友拍摄的天主堂新貌的照片，知道了天主堂在原有的地址上有了新的变化。

不知为什么，近来路过天主堂时，总想拐进去看看，但又没有进入，无端地产生一种不可冒昧的情绪。我虽不是一位虔诚的信徒，但也不是一个不尊重宗教信仰之人。为了对其有所了解，趁今年春节雪大天冷，不便出门，就从书架上取出《新约旧约全书》，神差鬼使地读起了“创世纪”“出埃及”“马太福音”……儿时在教会里耳濡目染的章节，竟然一章章、一篇篇地忆了起来，陡然增添了我对天主堂了解的兴趣。

这是个星期六的上午，我有幸见到了白发苍苍的刘雅敬神父。他正在眼科门诊坐诊。开门见山，我说明了来意。刘雅敬和蔼可亲，一面接待病人，一面和我交谈。他开口就说：“‘文化大革命’中不死，就是神的保护！”我很惊诧，他为什么说出这样的话？一问方知，在那是非不辨、黑白颠倒的年月里，这位在解放时还是个十四五岁的孩子，“文革”中竟然被判过死刑……他处理过门诊事宜之后，又回答了我提出的其他问题：譬如，天主堂始建于1910年，意大利神父叫甘路德……一一印证了我早年对天主堂的印象。当我谈起天主堂怎么成了电机厂的话题时，刘神父不无感慨地说："简直是五马分尸！何止是电机厂？还有二轻局、妇幼保健站……一会儿，我带你看看，你就知道了。"

故地重游，勾起我诸多感慨。

步出刘雅敬眼科门诊的后门，在邻近受降路的南侧就是当年意大利神父甘路德的住所。不过，昔非今比。当初它只是一排两层高的小洋房。1995 年，旧城改造，洋房拆去，在原址上建成为一座砖结构的六层大楼。这就是如今的漯河市公教医院。紧靠医院南边，就是当年二轻局盖的仓库。这座碍眼的建筑，与四周房舍格格不入，并且建在原来由天主堂挖的躲避日本飞机的防空洞上，突兀地挡住了人们进出的去路。据刘雅敬讲，这座仓库后来之所以没有扒去，就是为了让它印证那段混乱的历史。刘雅敬说，他是日本投降以后来到漯河的，天主堂的防空洞他没进去过，只知道那里是个大院子，而今盖了那么大个房子，将天主堂"挤"得臃臃肿肿，而且不伦不类……

步入教堂，眼前突然一亮，似乎恍然之间，我又回到了半个多世纪之前：那高耸的穹顶，那壁立的廊柱，那狭长透亮的罗马式窗户，都给我一种恢宏、磅礴、雄伟的感觉。尤其台上那幅圣母玛利亚画像，在袅袅红烛的映照下，倍显慈眉善目、端庄和蔼、神采奕奕。时值中午，一信女进入大殿，朝着玛利亚画像顶礼膜拜。我在刘神父的陪同下，一边放眼观看，一边听他讲述。墙壁四周都悬挂着一英尺大小的镜框，镜框中镶嵌着印刷有圣母玛利亚和耶稣基督等的《圣经》故事。而旧时的那些大幅油画，却一张都没能保留下来，统统毁于"文化大革命"。这令我十分痛惜！那些《牧羊》《最后的晚餐》《耶稣受难》等宗教内容的巨幅油画作品，即使不是出自欧洲著名画家之手，亦有百年之久的历史，亦能彰显其绘画艺术的弥足珍贵！教堂里的座椅已非昔日模样。窗上的玻璃也非蓝绿红紫的彩色，而是拼不出图案的、当今最普通的白色玻璃。这让我十分遗憾。所幸的是，这座竣工于 1923 年、有着近百年历史的教堂，还保留着当年意大利哥特式的面貌。并且在刘雅敬神父的鼎力相助下，于 1977 年进行了修复，原来的风格得以保存，外观也焕然一新。此外，还先后翻盖了修女院、男士院等六层教学大楼。这么大的工程，少说也要花费五六百万元。而这笔巨资，没靠外国教会一分钱的投资，没拉中国百姓一分钱的赞助，完全是刘雅敬神父协同教友辛辛苦苦、自力更生一手挣来的。

走上中华路，翘望天主堂，那排临街的红砖小洋房也没了踪影，矗立在眼前的是1997年翻盖的六层高楼。高楼门顶上的钟楼、十字架，也不是昔日由红砖砌成的模样。今天的钟楼虽说比过去高了、新了、雄伟了，也有着哥特式的风格，但没有了以往浑如一体的和谐与质朴。诚然，那些曾经“瓜分”天主堂的单位都早已撤去，然而，遗留下的创伤，即使再过多少年、再花多少钱也是没法修复的！

值得庆幸的是，天主堂旧貌换新颜了。更值得庆幸的是，凡是喜爱西方婚礼仪式的当代青年，天主堂的神父们均可让他们如愿以偿，免费为他们举办婚礼。

这让我感动！于是，我想用以下的话作结：

假如有人来，另传一个耶稣，不是我们所传过的；或者你们另受一个灵，不是你们所受过的；或者另得一个福音，不是你们所得过的，你们容让他也就罢了……（《新约·哥多林后书·第十一章》）

选自2009年9月《漯河文史资料》第十七辑

探访民国老宅　重拾岁月记忆

吴艳敏[1]

建筑是体现一个地域文化内涵的重要方面，那些雕梁画栋、沉稳大气的老建筑是工匠们智慧的结晶。如今，很多有特色的老建筑已经湮没在岁月的风尘里，但在郾城区龙城镇仲李村，还保留着一处占地近 200 平方米、建于民国 24 年（1935 年）的民居。

一、民国老宅走过沧桑岁月

近日，我和文史爱好者刘湘涛一起来到郾城区龙城镇仲李村，这里也是刘湘涛的老家。刘湘涛找到村民常广臣，他目前负责看护这座老宅。在常广臣的带领下，我们来到老宅前。老宅位于村内一条约两米宽的水泥路南侧。老宅和村里别的房屋明显不同，高大巍峨，古朴厚重。飞檐门楼、镂空石雕窗……这些精致的细节都在诉说这座老建筑过去的"辉煌"及经历的沧桑岁月。

从大门进入宅院，高大的正屋映入眼帘。正屋是两层高的复式楼房，五间，坐北朝南。楼房由青瓦青砖构建，上层下层都有大厅，上层有五个小窗户，下层有门和四个窗户。刘湘涛说，在村里，这栋房子很特别，"这是典型的民国青砖建筑，里面是非常传统的木结构厅堂，还保留着精致的木雕。在'文化大革命'时期，房子上及屋内一些细部被破坏了，出彩的地方都没了，非常可惜。"

正屋的两侧是两座侧房，一层高。"因为时间久远，侧房有些破败了，我们用泥在外墙糊了一层。上面的砖瓦和窗户都没有换，都是以前

① 吴艳敏，漯河人，毕业于陕西师范大学，漯河日报社记者。

的。”常广臣说。

在仲李村，青壮年劳力大多在外打工，留守的村民并不多。提起老宅，村民们话语中都透着自豪感。

老宅院内的正屋与侧房

二、老宅建筑质量令人赞叹

“在我的记忆中，这幢老房子从来没漏过雨，也没维修过。”常广臣带着我们参观老房子。我们看到，青砖青瓦的老房子高大坚固，两端高挑的屋檐以及门头两侧有精致的雕刻图案，青砖垒砌的墙壁没有一丝裂纹。

“我们丈量过，这幢老房子建筑面积有 200 多平方米，上下共分 6 间。之前是泥土地面，后来铺上了水泥。”常广臣说。

走进正屋，我们看到屋里很整洁，有一个木制楼梯通往二楼。房屋采用的是传统的“硬山顶”，房梁是“人”字梁，木质桁条。屋面板采用的是一样规格的青砖。房梁上模模糊糊地刻写着“建于民国24年”等字样。常广臣说，民国24年是1935年，据此推算，这幢老房子应该有80多年历史了。

“屋面板的上面就是弧形的青瓦，青瓦摆放得严丝合缝，风吹雨打都没有关系。你看到外边墙壁上有很多铆钉没有？这就是老建筑的特别之处。青砖里面是木质框架结构，建房子的时候先把框架立好，然后再砌砖墙，这样的建筑，即便青砖墙壁倒了，房子也不会塌，就是因为木质框架结构没有砖墙也能支撑起屋顶，完全不同于现代普通民房的建筑风格。”常广臣说，房屋历经近百年风吹雨打不裂不漏，证明了当初设计建造的科学性和实用性。

常广臣还告诉我们，除了侧房曾经整修过，正屋一直保持原来的样子。

三、后人讲述老宅故事

随后，刘湘涛带我们找到了老房子曾经主人的孙子常见新。今年已经82岁的常见新是一名退休老教师，见到我们来了解老房子的故事，他和老伴请我们坐下，便陷入回忆中。

“老房子是俺爷爷买的。俺爷爷以前就住在这个老房子里。听老一辈人说，老房子在俺爷爷没买之前，发生了一些奇怪的事儿，以至于很多人都不敢住在房子的楼上。”常见新说，当年，这个房子的主人与一位十七八岁的姑娘成亲，成亲后，姑娘就在楼上上吊死了。从此，就没有人敢上楼了。后来，在这户人家做短工的一位小伙子为了抓楼上的鸽子，就上了楼。下楼后，他说，他在楼上看到一个穿着红绣花鞋的女子。从那以后，再也没有人敢住进这座老房子的楼上了。

常见新说：“这些故事都是传说，并不可信。俺爷爷买房子时，并不知道老房子里发生的故事。”

四、老宅亟待保护

“新中国成立后，老房子被国家收回充公。”常见新说，之后老房子被拿来当过大队部、礼堂、医疗室、仓库等。“1975 年大洪水后，老房子被当作诊所，救助了不少村民。”

据了解，1981 年，这座老宅又被卖给了别人。“平时，老房子的钥匙都是我拿着，没事了就过来看看。”村民常广臣说。

“老房子建于民国 24 年，无论如何我们也要保护好它，不能让它毁坏了。”仲李村党支部书记李东升说，希望有朝一日，老房子能挂上“文物保护”的牌子，让更多的人都来看看这座历经风雨沧桑的老宅，感受老宅身上隐现的历史风烟。

选自 2016 年 12 月《漯河文史资料》第二十三辑

两个"一"的故事

闫春标[①]

今年年三十晚上，一家人吃过饺子，坐在那里看电视。大孙女突然提出："爷爷，文娱节目还没开始，您先给我们讲个故事吧！"我说："好，就讲两个'一'吧！"孙子闫明目不转睛地望着我说："两个'一'，题目怪新哪！"

我先讲第一个"一"，叫一把麦秸火

1945年夏末，一天晚上，咱村闫和平对我说："日本兵快投降了，正在从南方用火车拉着他们的物资和军队顺铁路向北退。你快去通知咱村上的老百姓，把麦秸都抬到村南铁路的两个木桥上，放火把桥烧掉。"我一听高兴极了，很快跑到各家各户，传达这一大好消息。人们积极行动起来了，有的挑，有的抬，有的用车拉。当时，我跟在运麦秸的人群后边，没等我走到跟前，两个桥上就着火了，火焰几丈高……事后，回到家里，还没坐定，又有两个人找我。这时，已是夜间11点多了，我问他们有什么事，他俩说："你年龄小，办了大事，发动全村人把桥烧坏了。但我们还不放心……还要马上把铁轨翻掉。我们是共产党游击队，还得请小家伙帮忙，找两把大扳子。"说罢，我就领他们到邻居铁匠爷爷家拿了两把，还拿了三根木棍。我跟他们一起来到铁路上，看见有七八十个年轻人一股劲撬起铁轨枕木，把它翻了个口朝下。临走时，他们问我多大了，我说："今年13。"他们惋惜地说："太小了……"第二天早起，村上的人看到木桥被烧坏了，铁轨翻起来了，高兴地说："日本

① 闫春标，鄄城县人，1933年出生。鄄城县人大退休干部。

人要是走到咱这里，咱就抓一个杀他一个，剥他的皮……”说到这里，上高中一年级的孙女闫珂早就等着急了，抢着问：“为什么日本兵那么坏？”我说：“日本人认为中国人是亡国奴，烧杀欺压是应该的，在咱村就杀过几个人，把人头砍掉，扔到麦地里。现在咱村的老年人还记得很清楚。”

第二个“一”，叫一把老菜刀

为过春节，我正在用家中那把老菜刀杀鸡宰鱼，上初中的孙女说：“爷，菜刀太老了，该换了！”

这刀是老了，该换了。它是1945年春买的，那年我才13岁。当时村里有好几户地主，他们不但有钱有势，还养了一帮狗腿子，家里的活全都雇人干。打麦后垛麦秸，垛顶还要封上麦糠。“抬抬糠，喝顿汤。”穷人家的孩子只有趁此机会才可以饱餐一顿。一天，我和其他20多个孩子去给地主抬麦糠，午饭是青菜、粉条和鸡蛋，还有一个肉菜。开饭时，这家的狗腿子走过来，把一个抬糠小孩坐的小靠椅夺过去自己坐上，说：“吃饭听我指挥！”说罢，他把肉菜、鸡蛋端到他面前：“这是我的，你们吃那些！”这时，孩子们都很气愤，七言八语地说开了。我也说了一句：“不干活还吃好菜，丢人！”话音刚落，狗腿子就走过来，照我头上连打几巴掌，打得我头昏脑涨、鼻青脸肿，我哭着回家了。我娘一听我诉说的情景，非常生气，拉着我就去找他说理。没想到这个狗腿子抬手就打我们。众乡邻看在眼里，气在心头，敢怒而不敢言。一位老爷爷劝慰说：“咱是穷人，他是富人，只能受他们的压迫！”

从那以后，我常想，什么时候穷人能翻身，什么时候能打倒他们，过上好日子？一天，我见到卖菜刀的，对我娘说：“咱的菜刀太破了，买一把新刀吧！”娘同意了。回家后我对娘说：“这把刀不光切菜，我还想杀那个狗腿子呢！”娘一惊，说：“那可不行。他们钱多势大，弄不好咱娘儿俩的命就难保了！”从这以后，我就把这把刀藏了起来。

到了1948年，盼来了共产党，穷苦人翻身解放。我参加了农民协会，当上了民兵，加入了青年团。斗土匪恶霸这天我义愤填膺，掂起这把老菜刀就去砍那个打过我们的狗腿子。工作组同志拦住说："他罪大恶极，政府会制裁他的。"斗争会结束后，上级批准把他枪毙了。我扬眉吐气。

解放后，穷人翻了身，有了粮食吃，再也不用这把刀剜野菜了。改革开放，咱们富起来了，这刀就一直用来剁肉切菜，用的次数多了，刀就变窄了，样子也老了。

两个"一"的故事讲完了，我的孙子、孙女高兴地说："是共产党领导穷人推翻了旧社会，建立了新中国。今后，我们一定听党的话，好好学习，报效祖国！"

选自 2006 年 7 月《漯河文史资料》第十四辑

人物春秋

往事·故人

——我和王实味

孟昭瓒[①]

编者按：孟昭瓒，舞阳县人。民国年间曾任河南省政府财政厅长。1949 年去台湾。王实味是河南省潢川县人，曾因《野百合花》一文在延安整风时受到批判。孟氏近以《往事·故人》为题回忆他在 20 世纪 20 年代与王实味同学期间的相互情况及当时青年学生对社会的认识与追求，发表在台湾《中外杂志》上。现将该文略加删节，予以转载。

王实味，原名王思祎，号叔翰，河南潢川人。才华优越，热情洋溢，富有文学天才，北京大学毕业时，风头已露，文坛知名，当时颇为名作家陈通伯所器重。幼年时与我的交谊，情逾骨肉。想起我和实味的认识交往，以及结交如兄弟般的友情，历历如在目前。

家贫辍学　考邮务生

民国 12 年初，河南开封南关有一座新落成的大红洋房，钢筋水泥建筑，当时可以说是河南全省的第一座大洋楼。它是一个半洋机构，因为办理的是中国事务，但是最高层的长官却是外国人，高级华人也都讲英语，重要的文件也是英文，它的名称就是河南省邮政管理局。年初正在开学的时候，该局在大门首贴出一个招考布告，大意是：

“本局为扩展业务，需要招考邮务生三名，资格须中学毕业，或同等学力。考试科目为中文作文、英文作文及会话……”

我当时在省立第二中学三年级刚读完（当时的中学是四年制），也

① 孟昭瓒，舞阳县人。民国年间曾任河南省政府财政厅长。1949 年去台湾。

就是我刚刚肄业两年半，年龄刚 19 岁。因为家庭业农，丰年时仅足糊口，歉收时就难免有饥寒之虞，因而不能再卖地供我读书。实际上家中经济断绝已有半年，在这半年之内，完全向同乡包饭的大师傅借用，逐渐在家中偿还。

这时候的开封二中是极盛时代，也是全国八大中学之一，名教师如田沛林、王芸青、金干庭、韩席卿诸先生，还有南京高等师范毕业的很多好教员，如贡沛诚、吴昆、汤洵卿等。我当时是最优秀学生之一，正在孜孜不倦地用功读书，准备毕业后考南高（后改为国立东南大学，也是中央大学的前身）或北大。现在忽然经济来源断绝，是多么大的打击，使我心灰意冷！而今听到邮局招考，并且邮务生的待遇是月薪三十块银圆，拣信生是十八元。按当时所谓伙食最好的第一中学，每月也不过三元，因而跃跃欲试。但是想到每逢邮局招考的时候，参加的总有四五百人，而且绝大多数是中学毕业生，我仅是在中学肄业两年半，哪里会有希望？又感觉着踌躇。不过，因为求学之路已绝，只有鼓起勇气前往报名，参加考试。

考完之后，不论有无希望，总想知道一个结果。几天之后，我到邮务总局去看榜的时候，简直使我不敢相信的看到榜上写着：

“本局举行考试，经评定的结果，录取邮务生、拣信生各三名，邮务生第一名王思祎，第二名孟昭瓒……”

当消息传到同学们的时候，大家都向我道贺，因为这时候的中学毕业生，若不能升学，邮务生确是一个理想的职业。而我呢？一则以喜，一则以愁，喜的是天无绝人之路，愁的是恐怕从此再无求学机会了！

两天后就接到邮务总局的通知，一面叫找保人，一面是定于某日上午 10 时邮务长召见。当时的邮务长是英国人，名叫斯达伯（W.A. Sturberg），六个人（另外有拣信生三名）集合的时候，由中国人陆某（译音，因为听到邮务长叫他 Mr.Lu）领见，他大概是华人中最高的长官。在召见的前十分钟就集合在邮务长办公室的门口。陆某再三检查我们的衣扣是否扣好，头发是否梳得很整齐，并且再三叮咛，见邮务长的时候，要在前面列成一排，要立正，不能低头，两眼要看着他。然后他自己把头上的瓜皮帽取下，用手巾拭干净，再用右手把身上打一打，看看有无灰尘，于是轻轻敲邮务长的办公室门，听到里面叫：“进来！”我们就鱼贯而入。

当时我的印象是，邮务长的办公室非常宽大，办公桌子很长，稍向里面弯曲，他坐在中间，椅靠很高，好像慈禧太后所坐的御椅，所训诫的话，当然是英语，由陆某站在身旁翻译，大意是：

“邮政局的待遇很高，终身的生活都没有问题，最要紧的是奉公守法，私人生活方面，绝不能嫖赌，因为嫖赌和贪污，亏空公款，是有密切关系的……”

领训之后大家就分散了，当时我注意的是第一名王思祎，他注意的也是我。等到快走出邮局大门口的时候，我就问他：“你在哪个学校读书？”

“留美学校第四次英文科三年级。你呢？”留美学校实际的名称叫河南留学欧美预备学校，宗旨在培植实用人才，毕业后送往各国留学。

“第二中学三年级理科。”我回答。这时候的二中在三年级就分成文理两科是当时的新学制。因为初次见面，就不便再多谈了。

几天之后又接到邮务总局的通知，叫某日上午10时到局内领取派令，我接到的命令是派往许昌邮局工作，王思祎是派往驻马店邮局，并且每人发给银洋十元，作为旅膳宿杂费之用，到差后实报实销。当我领到十块钱的时候，心里高兴的不得了！好像发了财一样。我俩异口同声地说共同吃小馆，以便多谈谈，当时决定的是在南关一个小馆子里吃炸酱面。

在吃饭的时候，因为时间较多，我们谈的话也就多了。他开始说：

“前天邮务长召见我们，听洋大人训诫，简直是像觐见皇帝一样！”

“你没有看见陆某的形象么？他那奴颜婢膝的态度，简直百分之百的洋买办！在中国政府服务，尚且如此，要在洋行里做事，就可想而知了！”我接着说。同时我又问他：

“留美学校是开封最好的学校，你为什么不读完而参加邮局考试呢？”

“咳！还不是因为经济发生了问题。家中经济情况原来就不好，后来伯叔们又闹分家，经济来源断绝，所以读不下去了！”他很感叹地回答。我也很同情地紧跟着述说我自己的情况：

“我家兄弟四人，我是老三，兄弟们倒很和睦，不过是两位嫂子，倒常常向哥哥们啰唆：天天卖地供老三读书，将来如何得了！所以父亲最后写信通知我，经济不能再继续供给，信上并且嘱咐我到冯玉祥的军队中当兵，因为他听说在冯军中当兵，和读书一样。其实冯某也不过是教他的大兵多识几个字而已，哪里谈到读书？”

“你打算怎么样呢？永久在邮局工作？还是计划将来继续求学？”我继续问他。

“从此辍学我决不甘心，预备在邮局工作一年，积蓄些钱，同时准备功课，将来以同等学力的资格考大学。”他很坚定地回答。我迫不及待地紧跟着也说：

“我和你有同感，我过年之后才19岁，你仅18岁（他告诉我的年龄），正是读书的时候，从此把前程切断，实在痛心！”最后我们的结论是，工作一年之后再考大学，并且以后彼此保持密切联系。饭后我俩也就依依不舍地分手了。

各奔南北　情谊不断

到许昌之后，局长派我担任挂号处工作，负责办理所有的挂号信件。头一个月须跟一个老手共同办理，以资练习，经过一个月之练习后，他就移交给我，负完全责任。前几个月之内，确实很忙，因为许昌管理的范围，包括邻近各县，如禹县、襄城、临颍、长葛、鄢陵、扶沟等地。办公室内有两个大木橱，每一个木橱一人多高，约有20个长方形的大空格，每一空格上写着地名，某地的挂号信就投入某方格内。譬如说，上海邮局收到寄往禹县的信，它不直接寄往禹县，而用挂号袋寄交许昌收转。收到后再拆开分别投入各地的方格内，本地寄往外地的信件，也是同样处理，每天登记分发两次，所以最初的几个月很忙，熟练之后，就感觉到轻松，而有充分的时间准备功课。

局长陈君，是英国人在武汉所办的博文书院毕业，英文造诣甚深，对于我英文的进步，帮助不少。数学上有疑难时，写信给二中的老师请教，每次都能得到数学老师的详细解答，对于已经离开学校的学生，犹能诲而不倦，至今想起，真是可感、可佩、可敬！

很巧的是王思祎也是在驻马店邮局担任挂号处工作。头几个月的情形和我一样，也是很忙，因为他管理的范围包括附近确山、西平、遂平、泌阳、唐河、汝南、正阳等县。以后空闲时间多的时候，我们彼此来往的信件就多了，差不多每星期总有一封信，因为通信非常方便，我发往驻马店邮局的挂号袋他首先拆开，我的信放在袋内他就可以首先看见，又用不着贴邮票。当然，他发给许昌的邮袋，也是我首先拆看。

在来往的信件中，可以说无所不谈，大而至于时局变动的情况、救国之道，小而至于立身处世、做人的方法，以及求学之道与读书的心得等。总之彼此心心相印，非常契合，因而他来信总称我为叔玉哥，我也称他为叔汉弟。最后商讨的结果是，我俩决定在次年（即民国 13 年）6 月底同时辞职，他去考北大，我去考南高（这时候已经改为东南大学）。

我决定投考东南大学的动机，大概是受到二中几位南高毕业的好老师的影响。我记得贡沛诚老师对我说过："在北京（这时尚未改为北平）读书很不合适，因为军阀的淫威和一般官僚的气习太重，所以学生们也受沾染，很多学生也穿长袍马褂，头上戴着皮帽。上海读书的环境也不好，因为'买办'的气味太浓，不穿西装好像就不是学生。唯有南京北极阁下的东南大学，最为适宜，因为这里环境清幽，教授多半是国内知名之士，学风也好，学生可以耐心读书。"

王思祎以同等学力的资格投考北京大学，一考即中，进入北大读书。我到南京之后，才知道东大招考的资格，必须中学毕业，没有同等学力这一项。不得已我才进入东大附中所办的推广部。当时附中主任是廖世承先生，推广部主任是吴俊升先生。推广部就等于补习班，其目的在协助内地中学毕业生程度太差，不能考入大学者，给予卷土重来的机会。不过，推广部有一条规定，就是成绩优异者，可插入高中部的相当年级，当时参加推广部的学生约400人。一年后我很幸运地被保送插入高中三年级，而且是唯一被保送的人。高中毕业后，保送入大学部的共19人，我也是其中之一，因此进入了东南大学。

高中三年级同班中我认识了一个同学名叫梁夔（号悯荪），他也是保送入大学部的。他和我一样，都是穷学生，都穿着破蓝布大褂和布鞋。大概是因为和有钱的同学来往，有一种自卑感，所以我们俩很谈得来。在东南附近的大石桥下，他有两间破房子，一间出租，维持他的生活，很自然地他愿意廉价租给我（每月大概是两元）。后来在课余的时候，彼此轮流担任家教，经济方面干脆分不开了，我俩轮流做饭，也是和兄弟一样。

南京同住　月夜长谈

民国十六年北伐成功，国民政府定都南京之后，因为政治中心南移，北大很多的名教授也都南来转入东大已改名的中央大学。北大学生也是大批转入。王思祎来信说他也决定南来转入中大，我当然表示十二分欢迎。他来到南京之后，就和我与梁夔同住在一起。梁兄经我介绍之后，彼此都很投机。我和梁兄的经济不分，于是我们三个人的经济也分不开了。我和梁兄轮流担任家教，王思祎写稿卖稿费，当时我记得他的稿费收入比我和梁兄两个人的都多，这样很快乐的过着大概有一年之久。中间我曾劝他准备考试，插入中大，继续完成学业。他说他曾考虑过，大学毕业也没有多大用，徒浪费时间，倒不如埋首致力于读书、写作工作，自己可以看自己所愿意看的书，还可以写自己所愿意写的文章。我看他确有文学的天才，有天才的人，大学文凭是没有重要性的，所以我也没有勉强他。

有一天是中秋节，天气晴朗，他忽的向我提议说："叔玉哥，我俩今晚找一个僻静的地方赏月好吗？借着赏月我俩也可以作一次畅谈！"我紧跟着说："很好！我建议提早吃晚饭，饭后我们从汉西门上城墙，沿城墙散步，向南行一直走到南门。"因为以前我和几个同学星期天这样走过，城墙上的道路很宽阔、平坦，城外可以看到乡野的风景，城内在夜间可以看到万家灯火，加上一轮明月，非常的美丽，路程约两小时。他很同意，我俩就准时前往。

王实味（这时候所改用的笔名）和我，虽然不敢说是少有大志，可以说都是自命不凡，因为我们所谈的都是国家大事。登上城墙，欣赏一些风景之后，他首先开口讲：

“现在中国的问题在土地，像我们潢川、商城、光山等南五县的地方，绝大部分都是佃农，也可以说是农奴。因为他们对于地主，应服一切的劳役。地主们遇婚丧事故，他们必须任听呼唤，而且每年四节，又必须送重礼。但是他们平时的收入，仅可糊口，像这种情形公平吗？这种制度还应当存在吗？”

“在我们舞阳县一带，这个问题并不严重，因为多半是自耕农，不过是贫富不均的滋味，我是尝过的。有一年往县城里上高等小学的时候，我的堂兄带了五块银圆，我父亲仅仅给我五百个制钱（当时的制钱是铜铸的，圆形，中间有一个方孔，可以用麻绳把它穿起来，五百文为一个单位，一块银圆可以换三千个制钱，也称之为三吊），仅够三天的伙食。当时我哭着向父亲要钱，父亲牵着我向几家店铺借钱的时候，都是婉言拒绝。这时候我心里是多么难过！现在我体会到当时父亲心里的辛酸滋味。”我附和着说。

“帝国主义也需要打倒！”他接着说：“因为现在帝国主义在中国是明争暗斗的，争夺我们的土地和资源，若不打倒，将来可能会遭到瓜分之祸！”

“邮务局的情形就是一个很好的例子，假若中国政府的各机关都像邮局一样，我们还有抬头的日子吗？”我插嘴说。

接着我又说：“中国的军阀也得打倒！军阀们只知道争权夺利，军队纪律败坏不堪，兵匪不分。像我们家乡一带，终天是派款派粮，十室十空。记得有一次我往开封上学的时候，从京汉铁路郾城站上火车，三等车上是长凳子座位，有一个头戴金边帽的军官，一个人躺在长凳上，占了五六个人的位置，很多人因为没有座位，都在站着。我看到这位军官的旁边还有一个小空隙，我就在那里坐下。不知道怎么的撞到他，他就猛烈的照我的身上连踢两下！我当时据理力争地说：‘你一个人怎么能占几个人的位置？’他不管三七二十一，就解下皮带向我打，幸亏有一个老者拦住说：‘老总！他是一个小孩子，不懂事理，不要和他一般见识！’这才幸免于难！”

“军阀的祸国殃民，真是可恶至极！”他跟着我说：“在留美学校法文班里，我有一个同学郭某，泌阳人，到开封上学的时候途中住在一个客栈，忽然来了一个军官，带着几个马弁（即卫兵，是当时的名词），要他让出房间来，他不肯，结果这个军官叫他的马弁把他的行李摔出去，并且遭到一顿毒打！到开封之后，他愈想愈愤慨！最后决定退学，往广州考黄埔军校去了！”

这时候正是皓月当空，清风徐来，从城垛上向外看，可以看到白色茫茫，很宁静的乡野景象。在城内虽然是灯火辉煌，但是闹区离城墙尚远，所以嘈杂的声音，仅是隐隐约约的听到。在城墙上充耳所听见的，就是秋虫在叫，好像是我俩的谈话引起了它们的共鸣，而附和我们的意见。

政治思想　所见不同

我们的谈话顿了一个时刻，因为这时候的中秋夜景实在太美丽，不欣赏太可惜了！但是，实味好像是唯恐所谈的话题中断，所以随后又说：

“刚才谈到中国的病患，不过是几个大的例子，实际上问题太多了！不是仅凭你我两个人奋斗的力量就可以达到的。我的意思是必须有一个组织，而且是现成的组织，因为由我俩发起组织，新起炉灶，时间已来不及了！”我听到这话之后，也是迫不及待地问他：“这个组织必须是个大组织，大的组织就是政党。现在的政党有国民党、共产党，你以为应参加哪个政党？”

“毫无疑问的是中国共产党！”他很坚定地回答我。“因为共产党是国际性的，现在的策略是打倒帝国主义，消灭资本主义，用阶级斗争的方法消除贫富阶级，并且土地国有，地主阶级也就不能存在，它的目的是无国界、无种族的差别，肤色的轻视，各尽所能，各取所需，这种世界还不是我们应当追求的目标吗？”

“你说的就是中山先生所说的大同世界，不知何年何月才能达到，可能几百年，也可能永远达不到！我的意见是做任何一件事，必须有步骤，登高自卑，行远自迩，欲速则不达。所以我很赞成中山先生的由军政、训政，而宪政，把中国建成民主自由、富强康乐的国家之后，再和其他国家携手走向世界大同之路。中国现在是一个病夫，既贫又弱，如何可能跟人家携手谈平等？况且，一个国家要想领导世界，都有它号召的方法，像英、美、法诸国，所谈的都是自由、民主、平等、博爱，骨子里还不是帝国主义？苏俄现在是这样号召，将来如何能保证它不走向新型的帝国主义？”我含有反驳意思的回答。

“中山先生的‘三民主义’，就是共产主义！”他继续辩论着说：“中山先生为什么让共产党参加国民党？为什么请包罗庭先生做顾问，采用共产党的方法，改组国民党？国民党的改组完全是抄袭共产党，不过是学得不彻底！而且中山先生遗嘱上所说的联合世界上以平等待我之民族，所指的就是俄国。”

“中山先生虽然说过民生主义就是共产主义，不过，我读过‘三民主义’的全书，前后对照，绝不相同。而且容共与参加共产党不同，中山先生若是赞成共产党，为何不将国民党改为中国共产党，而他担任主席？中国所有的政治家，我最佩服的就是中山先生，他有学问、见解、魄力，而且有计划、不自私、不争权夺利。他若有权力的观念，为什么民初把总统的位置一句话让给袁世凯？所以我想中山先生领导的党是正路。”我继续解释。

“话扯得太远了！”他接着说：“总而言之，我相信人类完全是经济环境的产物，经济环境（物质）叫你捏成圆的，你就是圆的，叫你捏成扁的，你就是扁的。其他都谈不到！”

“衣食足然后知荣辱，物质条件当然是很重要的！”我附和着说：

“不过精神方面，也很重要，人与人之间，只知道讲物质上的利害，其结果，真如孟子所说：‘上下交争利而国危矣’！”

他最后说：“叔玉哥！你的思想上有一个阴影，所以我说的话，你不能完全同意。不过，有一句话，我想你不会反对的，就是我们为真理，应当努力奋斗，牺牲一切追求它！”

谈到这里，我们已经走到南门，时间已经很晚了，赶快下城雇黄包车回家。从此以后实味、梁夔和我，每天仍然是谈笑自若，经济上仍然不分，很快乐的过着。不过唯一不同的就是不再谈政治。几个月之后，他就往上海，最后我接到他的一封信，大意是这样说：

“叔玉哥！我现在已经和刘女士（名字忘记）结婚，刘女士湖南人，也喜欢写作，我俩很谈得来，以后的生活，就是共同埋首写作，也可能到其他地方去，恐怕通信的机会不多。不过，不要忘记，咱俩兄弟般的友情，永久存在。”

不久，我也到英国去留学，音信从此断绝。

选自 1988 年 12 月《漯河文史资料》第二辑

我在白公馆当警卫的前前后后

杨钦典口述[1]　阎书华执笔[2]

我是怎样到白公馆的

1940年，国民党第三十四集团军总司令胡宗南在漯河、临颍、郾城、舞阳、西平一带招收军事教导团的学兵，条件是14—20岁的青年。当时，国民党军队到处抓壮丁，用绳子捆着壮丁的胳膊，一个连一个，像牵牲口似的，几乎不经什么训练就将他们送上了前线。我兄弟两个，那年我整20岁，按照"二丁抽一"的规定，我早晚会被抓去。我想，与其被抓去当壮丁，还不如到教导团当个学兵，于是就报了名。

教导团招收的约600名学兵，被送到宝鸡县陈仓（今属宝鸡市金台区）接受为期一年多的集训。集训到三个月时，蒋介石派人到教导团挑选警卫团成员，条件是河南人、身高173米以上、有一定的文化程度。此次共选了150人。我在本村读过三年私塾、两年高小，身材魁梧，因而被选中了。

1938年，国民党政府西迁重庆。我们到重庆后，被编入国民党中央警卫团第一营第一连，我被任命为上士班长。我们的任务就是给蒋介石站岗。当时，蒋住在黄山清水溪，每天下午2时出来散步。有一天，他在散步时来到我们连，问我们："你们在河南吃惯了面粉，吃大米习惯

① 杨钦典，郾城县人，1940年参加胡宗南招募的教导团当学兵，后被选送至已迁都重庆的中央警卫团任班长、白公馆警卫排长。

② 阎书华，郾城县人，1934年5月出生。1951年省立郾中毕业后参加中国人民志愿军。曾任部队文化教员、商务印书馆俄语资料员、漯河市商管委科长等职。1991年退休。

不习惯？”我们都说不习惯。后来，他就下令把我们的伙食改成了半米半面。

给蒋介石站了两年岗，我们这一连人被交给了军统头子戴笠，改为重庆交警总队。戴任总队长，下设12个支队（团）。我们这个连属直属大队，全是美式装备，武器精良，先后为孔祥熙、宋子文、宋庆龄等人站了两年岗。

杨钦典（左）与一位参观者在白公馆门前合影（2000年1月）

1943年，中美合作所在重庆成立，戴笠任主任，美国特务梅乐斯任副主任。设在歌乐山下的白公馆、渣滓洞是合作所下属的监狱中最大的两个。1944年，戴笠在一次阅兵时看中了我，把我选送到白公馆看守所警卫队任少尉排长。

白公馆原来是国民党军阀白驹的公馆。白驹自认为是白居易的后代，便以白居易晚年的号“香山居士”中的“香山”二字命名其公馆为“香山别墅”。白驹死后，国民党军统局用重金将该公馆买了下来。渣滓洞的房舍是煤矿工人盖的简陋的土墙瓦顶的住房。因为该煤矿挖出的煤矸石特别多，所以被当地老百姓称为渣滓洞。

白公馆青堂瓦舍，两层楼，上下共四个大房间、四个小房间。我们警卫排的48个人住楼上的两个大房间，楼下的两个大房间（平一室、平二室）关“犯人”。大、小房间最多能容纳45人左右。白公馆看守所所长陆景清，副所长杨秋山，看守长先是卢兆春，后是杨进兴。看守长手下有10名看守员，穿的是便衣，负责抓人等事项。我们警卫排穿的是军服，负责白公馆三个岗楼和狱室的站岗、放哨。我掌管所有牢房的钥匙。

白公馆关押的人，前期主要是国民党军队中的“违纪分子”、地方的进步人士或有“通共嫌疑”的“政治犯”。那时，军统局设有一个参谋培训班，学员受训三年出来就是上尉参谋，被派到各军的团、营充当特务，发现有“通共嫌疑”的人就抓来关在这里。1948年4月《挺进报》事件发生后，重庆的中共地下组织因叛徒出卖，遭到严重破坏，白公馆便开始大批关押被捕的中共党员和进步人士。原东北军将领黄显声，中共党员宋绮云、徐林侠夫妇和儿子宋振中，陈然，郭德贤及其两个子女等，都先后在4个小房间关过。

白公馆因为关押的是“要犯”，生活待遇比渣滓洞好得多。大房间是麦秸地铺，允许自带行李衣物，家不在重庆的由监狱发给衣服。伙食标准也比渣滓洞高，月底有节余时还可改善生活，吃点肉。一日两餐，开饭时打开牢门，让被囚者在院子里吃饭，八个人一盆菜，自己舀着吃，饭随便吃。每天下午2时开始放风两三个小时。一座上下两层四间的小楼是图书馆，里面有不少小说，放风时可以去借书。家属送来的钱交会计室保管，“犯人”需要买什么东西，就由看守从会计室取钱并代购。关在小房间的多是些带小孩的，他们的事多些，白天一般不锁牢门，晚上才锁。

韩子栋机智逃脱

韩子栋是因“共党嫌疑”在北平被捕的，后被辗转关押。我到白公馆时，他已在那里。看守们因为没发现他跟共产党有什么联系，就放松

韩子栋像

了对他的监管。他上过大学，办过书店，有学问，常教白公馆看守人员的子弟读书、写字。看守人员对他颇有好感，就派他管理图书馆。他平日沉默寡言，经常扫地或帮伙房干些杂活。所长见他老实，就让他负责支取、结算犯人存在会计室的零花钱。

1947 年 8 月 18 日上午，韩子栋借口要外出买菜，由看守长卢兆春带领，去磁器口菜市场。卢买了二斤肉，说是要请韩到附近他家中吃午饭。

到卢家时，卢的老婆正在打牌。卢支使老婆去准备饭，就坐下来接替她打牌。正打得起劲儿时，韩说要上趟厕所，卢就随口答应了。韩见厕所的墙不高，外面又是一人多深的苞谷地，就翻过墙头钻进苞谷地里逃跑了。

等卢打完麻将想起韩子栋时，才发现韩早已没影儿了。他慌了手脚，急忙打电话通知我马上带人去搜寻。我带人到苞谷地里转了一圈，但未能找到。

卢兆春因失职放跑了韩子栋，回来后就被关了禁闭，由本是看守员的杨进兴接替他当了看守长。一年多后，卢又当了看守员。重庆解放前，他跑到了重庆的亲戚家。1999 年我去重庆参加歌乐山革命纪念馆展览会时，听说他还活着。

杨虎城父子和宋绮云一家遇难

众所周知，杨虎城将军原是国民党西安绥靖主任、第十七路军总指挥。西安事变后，蒋介石逼他出国。“七七”卢沟桥事变后，他为了抗日，从法国回来，被囚禁了 12 年。1949 年春，蒋介石下令把他和他的儿子杨拯中、女儿杨拯贵（杨将军妻谢葆真在狱中所生，谢于 1947 年 2 月被特务害死）关押到贵阳。

我到白公馆时，《西北文化日报》总编辑宋绮云和妻子徐林侠、儿子宋振中就关在楼上的小房间内。宋很有学问，看守所所长及看守人员的小孩常跟他学习。他的儿子宋振中，生下来八个月就跟父母进了监狱，被从贵州转押到白公馆时已有七八岁。他长着一双明亮的眼睛，伶俐活泼，我和大家都喜欢他。因为他的头大，大家就叫他小萝卜头。他常跟关在楼上小房间的黄显声军长学习，还常跑到办公室为黄军长取报纸。小萝卜头的妈妈在和我谈话时常说："孩子有什么罪？为什么把他也关起来？"杨虎城将军被送到贵阳后，要求宋绮云夫妇去那里跟他同住，小萝卜头就随父母离开了白公馆。

1937年7月，杨虎城（左）和夫人谢葆真（右）、儿子杨拯中（中）乘船赴美途中，抵达檀香山时留影

1949年9月6日下午，徐远举（时任国民党西南长官公署行辕二处处长、国防部保密局西南特区区长）打来电话，叫我到杨家山他的办公室去。见面后，他向我交代任务说："今天天黑后，你一个人到海棠溪渡口转悠。七八点钟会有一辆车开过来，你不要管，放他们过去；不久会来第二辆车。第二辆车和第一辆车之间，必须相隔两个小时。如果第二辆车提前到了，你就让其等够两个小时再放行。"他命令我随第二辆车到松林坡。然后在警卫室外担任警戒。

从歌乐山到海棠溪渡口有两个多小时的路程。我在那里等了一会儿，果然有一辆美制大吉普车开了过来。车上坐的是杨虎城和他的儿子杨拯中，还有国民党政府国防部保密局西南特区副区长周养浩。两小时后，第二辆车到达。我见车上坐的是宋绮云夫妇、小萝卜头和杨虎城的女儿杨拯贵。小萝卜头的妈妈当时还跟我打招呼，说："杨先生，你怎么也来了？"我说："是来接你们的。"说完我就登上他们的车，一起到了

“戴公祠”。

“戴公祠”设在松林坡的半山腰，原来是戴笠为蒋介石修建的别墅，戴笠死后就改名为“戴公祠”。“戴公祠”的前面，有四间单独的平房，两间作为会客室，一间是警卫室，另一间是厨房。

宋绮云像

徐林侠像

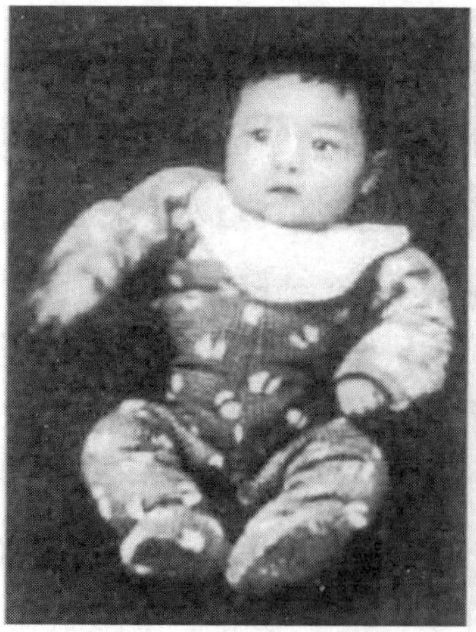

宋振中（小萝卜头）像

宋绮云夫妇等被害处

当晚9点，第一辆汽车到达“戴公祠”的会客室，杨虎城和不满20岁的儿子杨拯中就被两个杀手用匕首刺死在那里。杨虎城被埋到了室外的花坛下，特务们还在上面种上花草，以掩人耳目。杨拯中被埋在了室内地下。

两个小时后，我随第二辆车到了警卫室。按照徐远举的指令，我到离警卫室约100米远的操场担任警戒。此时，宋绮云夫妇及9岁的宋振中和杨虎城4岁的女儿杨拯贵，被当时称为“八大金刚”的杨进兴等人用匕首杀害在警卫室内，并被埋在了室内的地下。

他们之所以用匕首而不用枪，是因为那里离白公馆太近，怕这种秘密行动被外人得知。这时我才明白，徐远举要求两辆汽车之间必须相隔两个小时，是为了在杀害杨虎城父子后，腾出手来再杀害宋绮云夫妇和孩子。

新中国成立后，小萝卜头宋振中和父母一同被追认为革命烈士。他是我国革命史上年龄最小的一名烈士。

我心目中的陈然和罗广斌

我在白公馆当警卫期间，给我印象最深、影响最大的是陈然和罗广斌。是他们擦亮了我的眼睛，使我认清是非，迷途知返，在魔窟中帮助革命志士做了一些有益于人民的事，并在“11·27”大屠杀的关键时刻救出了19名革命志士。

陈然和罗广斌都是因《挺进报》被破坏而被捕的。破坏《挺进报》的事我没有直接参与，是事后从捕人的刑警、警卫人员和陈然本人的口中断断续续听到的。

1947年2月重庆《新华日报》被迫停刊后，中共地下组织办起了《挺进报》，陈然是主要负责人。《挺进报》发行面很宽，有的被秘密送到了国民党一些高级官员的办公桌上，有的竟公开贴在了国民党党政机关的院子里。

在审讯中，徐远举问陈然：“是谁给你写的稿子？谁和你一起编印的报纸？”陈然答：“是我一个人写的，一个人印的。”徐问：“你会有那么大能耐？”陈反问道：“我一个大学生还不会写个稿子？”任凭徐远举如何严刑逼供，陈然始终一口咬定是他一个人干的事。徐远举气得没法，就命令白公馆看守所所长：“把最大的脚镣（重20公斤）给他砸上，单独关起来。这个人是个要犯，千万要看好！”陈然起初被关在楼上的小房间里，后来又被关到了楼下，与罗广斌同住一间牢房。

我从审讯陈然时在场的警卫人员口中听到上述情况时，十分佩服他把一切责任揽到自己身上而不出卖同志，更佩服他不怕死，认为他是一条好汉。陈然在法庭上表现得高傲强硬，但对待我们一般看守、警卫却很和气。在和我交谈中，他听说我是河南人，出身穷苦，是躲壮丁出来的，就对我说他也是河南人，父亲是平汉铁路的扳道工（实际上陈然是河北省人，其父在海关工作——编者），家中还有母亲和妹妹。他还经常给我讲：“共产党是为穷人打天下的，共产党一定胜利；国民党日子不长了。你要多做好事，待犯人好些，不要打人、骂人，更不要枪毙人，要给自己留条后路……”

1949年10月28日，杨进兴让我打开牢门，把陈然和王朴带走了。我听说，他们和从渣滓洞带出的一共10人（其中还有蒲化辅等3个叛徒），当天在距离重庆十几里的大坪刑场被公开枪杀了，然后被埋在大坪附近的一个大坑里。我想：像陈然这么好的人都被枪杀了，可见国民党真的快垮台了。我曾对罗广斌说：“你们要是能活着出去，一定要替陈然照顾好他的母亲和妹妹。”

陈然像

罗广斌像

黄显声像

罗广斌家住重庆，大学没毕业就被捕了，先被关在渣滓洞，后又被寄押到白公馆。他的哥哥罗广文和蒋介石都曾留学日本，两人交情很深。抗战胜利后，罗广文曾任国民党第十四军军长、整编第十师师长、陆军总司令部第十新兵训练处处长、第四兵团司令官、国防部第七编练司令部司令官、川鄂绥靖公署副主任、第一〇八军军长、第十五兵团司令官等职，当时在四川确实是一个手握重兵的人物。罗广文想利用他与蒋介石的关系保释罗广斌出狱，就多次让他的母亲到狱中劝说罗广斌叛变投降。

有一天，罗母来探监，写了一张要见罗广斌的条子。我找看守所所长签字后，就把罗广斌带到办公室与其母见面，自己则在一旁监视。

罗母对儿子说："你哥说了，只要你写份自首书，脱离共产党，就会放你回去；要是不写，不但不能出去，还要枪毙。你哥还说，让你顾顾他的脸面，否则他在老蒋面前不好交代。"罗广斌入狱后一直不承认自己是共产党员。所以他就对母亲说："我又不是共产党，他们为什么关我？我自首个什么？"其母一再求他："你不多写，哪怕写上三四个字也好哇！"罗广斌口气十分坚决："我一个字也不会写！你告诉我哥，枪毙就枪毙，我不怕死，我的事不要他管！"我所亲见亲闻的这场母子对话，给我留下了很深的印象。我想：共产党真有办法，能把一个富家子弟教育得这么勇敢、死不投降。

罗广斌和陈然一样，经常利用放风的机会给我讲共产党领导穷人闹翻身、打土豪分田地的革命道理，叫我相信共产党必胜、国民党必败，劝说我多做好事、不干坏事。中华人民共和国在北京宣布成立后，他多次对我说："共产党已经在北京立了国号，重庆很快就要解放了。你要给自己留条后路，不然解放后你就受不了啦！"我因为出身贫苦，所以也盼望共产党打过来，自己也好早点儿回家分田地。

在陈然、罗广斌等革命者的教育下和他们那种不怕死的勇敢精神影响下，我的思想逐步发生了变化，想方设法帮他们做些力所能及的事。

我曾多次受罗广斌之托，利用外出办事的机会，偷偷到位于化龙桥（离白公馆四五里地）的罗家给他母亲送口信，说他在狱中平安无事，叫他母亲放心。罗母有时托我带钱、带物，我因为怕暴露自己，就劝她还是在探监时送去为好。当时罗母每隔十天半月就要去探一次监。

我还常去李荫枫家传递口信。李是重庆大学教授，他的妻子葛雅波在七星岗基督教堂任职。此外，我还到过住在重庆朝天门的毛晓初家里一次，见过他的母亲。毛是在重庆大学读书时因参加学生运动而被捕的。新中国成立后，他在昆明地质研究所工作。

“11·27”大屠杀

1949年11月27日，人民解放军攻打重庆的炮声隐隐可闻。垂死挣扎的国民党反动派对关押在白公馆、渣滓洞和其他监狱的革命志士进行了集中屠杀。

白公馆第一个枪杀的是黄显声将军。

黄显声曾任张学良属下的第五十三军副军长，因支持张学良、杨虎城发动西安事变并从事营救张学良的活动而被捕。我到白公馆时，他住在楼上的一个小房间里。

杨虎城将军被害后，我担心他也难活下去，曾和他商量说：“你要愿意的话，我值班时想法带你和罗广斌一起出去，我也跟你们一起走。沿路岗哨我跟他们都熟，出去问题不大。”他说：“你放心，徐远举说过，他是不会杀害我的。咱们没必要去冒那个险，要是跑不出去，谁也好不了。”

11月27日15时，看守长杨进兴对我说：“通知黄显声，叫他穿好衣服到杨家山去。徐远举要找他谈话，准备送他去台湾。”

我随即把杨进兴的话转告黄军长。他刚换上一套新衣服，杨进兴就来了，黄问带不带东西，杨说：“等会儿还会拐回来，东西先不带。”我和杨进兴一前一后押着黄军长向杨家山走去。

上杨家山需经过步云桥。开头是我跟在黄军长的身后，杨进兴在我的后面。过步云桥后走到一个斜路口时，杨进兴就把我拉到他的身后。他贴近黄军长走，突然向黄军长开了枪。看到黄军长倒下后，我感到很震惊，一下子愣住了，心想：不是说送他去台湾吗？咋就在这里把他枪毙了呢？这时，我看见杨进兴把黄军长戴的手表捋了下来，还说：“这块表是我的了。”

随后，杨进兴派人将黄军长的遗体就近埋在步云桥至杨家山的路旁。可惜黄军长和张学良将军一样，跟国民党、蒋介石打了那么多年的交道，竟会相信他们的谎话，更没想到大屠杀一开始就会杀他。

18 时许，杨进兴又叫我打开平一室和平二室的牢门，点名提出去了 11 个人。他指挥看守们押着这 11 个人出了白公馆，走过条石板路，往东拐来到一个库房内，然后把他们枪杀，埋进库房屋山旁早已挖好的一个大坑里。这 11 个人中，我只记得一个当过同济大学校长的周均时，他的妻子看望他时我曾守候在一边。

对于白公馆关押的“犯人”，除了陈然、罗广斌、李荫枫等常和我接近的几个人外，其他人我只是面熟，许多人的名字我都叫不出来。

郭德贤像　　李荫枫像　　毛晓初像

大约 19 时，杨进兴按照徐远举的指令，带了七八个人去支援渣滓洞解决关押在那里的一二百名“犯人”。临走前，他对我说：“你把剩下的人关到平二室去，等处理完渣滓洞的人，再来处理这些人。”

这时，白公馆内只剩下我和一个名叫李育生的狱工。李育生，四川省绵阳县人，原是司机，是被误抓进白公馆的。我到白公馆时，他还被关着。后来因查不出他有啥问题，看他人又老实，狱方就让他当了狱工，干些买菜、择菜之类的杂活。

我把两个牢房里的人集中在一起后，锁上了牢门。这时，罗广斌和李荫枫隔着窗户喊我："杨先生，你可得救救我们呀！"我说："你们先别慌，我会想法救你们的。不过，现在天还没全黑，我的人还站着岗，白公馆外的岗哨都没撤，你们就是跑出去也难以活着逃脱，等天完全黑了再说。"

为了做到万无一失，我先到白公馆旁的步云桥杨进兴家察看动静，只见他老婆已捆好东西正焦急地等待着杨进兴回来一块儿逃跑。我又赶到位于白公馆装备库的副所长杨秋山家，得知他已带着老婆和两个小孩逃跑了，屋里的东西收拾得精光。最后，我跑到所长陆景清家，见他全家人也都跑光了。我这才稍微放心。我回到白公馆时，看见罗广斌等人正扒着窗户焦急地等我。

这时天已完全黑了下来，离我们五六里地的渣滓洞突然响起了密集的枪声。我估计杨进兴一伙儿一时半会儿回不来，就把平二室的门锁打开，把锁挂在门鼻儿上，然后对罗广斌说："听我的信号。我在楼上跺三脚，四五分钟后，我的人全走了，你们再推开牢门。逃跑时一定要把关在楼上小房间里的郭德贤娘儿仨带上。"我还交给他们一把铁锤，告诉他们："万一被捉住，就说是自己用锤子砸开了牢门。"我向他们介绍了逃跑时比较隐蔽的路线。他们都说，自己在重庆待过多年，对情况很熟悉，叫我放心。

然后，罗广斌关心地问我："你把我们放走后，你怎么办？"我说："我们的连长张浩临走时说过，情况紧急时就带人到成都去。"罗说："你就留在重庆别走了。解放军进展神速，重庆解放在即，成都解放也为期不远。恐怕你走不到成都，成都就解放了。你跟我母亲也熟悉，就住在我家吧！"李荫枫说："不行，你不能住在罗家！罗广文跟共产党作对，住在那里不保险。你哪儿也不要去，就住在福音堂我家里。"

准备放人的事我不敢告诉任何手下人，连狱工李育生也不知道。因为我深知，一旦走漏风声，我自己和关在牢房里的人一个也保不住。

接着，我令全排人离开哨位，撤到楼上住室收拾行李准备撤退。大家把行李捆好时，大约已是 27 日深夜或 28 日凌晨了。我朝着平二室上面的楼板重重地跺了三脚，然后急忙带着全排人离开白公馆。李育生也跟我们一起走了。

我把人带到七星岗大街，见那里停着许多大汽车，准备装运疏散的人。我找到一辆军车，让三个班上车，然后对班长说：“我去办点儿事，我不回来不要开车。”

我跑到七星岗基督教堂去找李荫枫的夫人葛雅波，见她正在家里哭，说李荫枫怕是不能活着回来了。听我说已经把他们放出来了，葛马上转悲为喜。正在这时，电话铃响了，是李荫枫从重庆大学打来的。他告诉夫人，他们已安全脱险，还一再嘱咐要对我好点儿，外面很乱，不要让我出去，明天下午就回来看我。

因为我还要安置我那一排人，就返回了停车场。我劝说一个姓杨的班长留下来。他说：“咱们是关共产党的，共产党不会饶咱。”我看说服不了他，只得随他的便了。我把自己的行李搬下车，雇了辆人力车拉到了李荫枫家。葛雅波派人把我送到她姐姐工作的沙坪坝烟厂，让我冒充司务长暂时住在那里。

重庆解放后，我在脱险人员登记处见到了从渣滓洞脱险的志士，从他们口中了解到一些渣滓洞的大屠杀情况。这里需要着重介绍一下徐贵林这个人。

徐贵林是河南省临颍县人，和我同时参加军事教导团，同时被选进国民党中央警卫团当班长，又同时在一个连当少尉警卫排长（我被派到白公馆，他被派到渣滓洞）。

1949 年 11 月 27 日晚，杨进兴带人到渣滓洞，把大批被押人员集中在几个牢房，准备集体枪杀。此时此刻，解放大军已兵临重庆城下，国民党官员都自顾不暇，仓皇逃命。作为警卫排长的徐贵林，完全可以虚放几枪就逃之夭夭；可他却不为自己留条后路，仍死心塌地效忠于国民党反动派，竟然把机枪伸进牢门上的风洞口疯狂扫射，连女革命志士在牢中生的小孩都不放过，因而又欠下了一大笔血债。我在白公馆解救罗广斌等 19 人脱险时听到的激烈枪声，就是从他那里传来的。

徐贵林的老婆是重庆人。解放后，徐隐藏在重庆，改名换姓当了农民，后来被人民政府镇压。他就是小说《红岩》中所说的“猫头鹰”。

迎接解放

1949年11月30日，重庆解放。次日下午2时，李荫枫打电话约我和他一起到设在重庆招待所的脱险人员登记处报到。在这里，我见到了罗广斌、杨其昌、杜文博、毛晓初、郭德贤母子等被我解救脱险的志士。他们见到我，就像见到久别重逢的朋友一样高兴。

有一天，西南军政委员会的一位干部把我接到望龙门附近他的住处，热情地招待了我。他说："杨钦典排长了不起，解救出了这么多共产党的干部。"接着问我："你杨钦典在蒋介石的警卫团干过，在戴笠的军统局干过，你的思想怎么转变得这么快呢？"我说："我家庭贫穷。当我从共产党的《新华日报》和《挺进报》上看到，共产党来了以后老百姓人人有土地，所以自己虽在国民党的警卫团干事，也希望共产党早点儿打过来。"我还向这位干部报告了陈然、罗广斌等共产党员对我的帮助和影响。后来，这位干部对我说："你留下来帮助罗广斌等人把死难烈士的丧事办办，你当警卫了解的情况多，指出这些人埋葬的地方对你不会有影响，不要有顾虑。"

按照领导的指示，我就留在招待所，给罗广斌等负责办理丧事的同志指点死难人员的埋葬地点。我所知道的几处地点分别埋葬着下列死难人员：杨虎城将军及儿子杨拯中，宋绮云夫妇及儿子宋振中、杨虎城的女儿杨拯贵，公开枪杀于大坪刑场的陈然等人，黄显声军长以及周均时等人。

在追悼杨虎城将军期间，他的大儿子、解放军大荔军分区司令员杨拯民，曾经请我到他住的重庆第一招待所去，向我详细询问了他父亲及弟弟、妹妹被从贵阳押回重庆的经过，并让我领他去看了他们的埋葬地点。

不久，我收到家里的来信，说家乡已解放两年，正在进行土改，分配土地，催我快回家。于是，我带着西南军政委员会的证明（证明我曾解救19名革命志士），于1950年春节回到了阔别10年的故乡。当时，我把该证明交给土改工作队看过。"文化大革命"开始后，重庆和本县来人抓我，把证明收了去，至今下落不明。

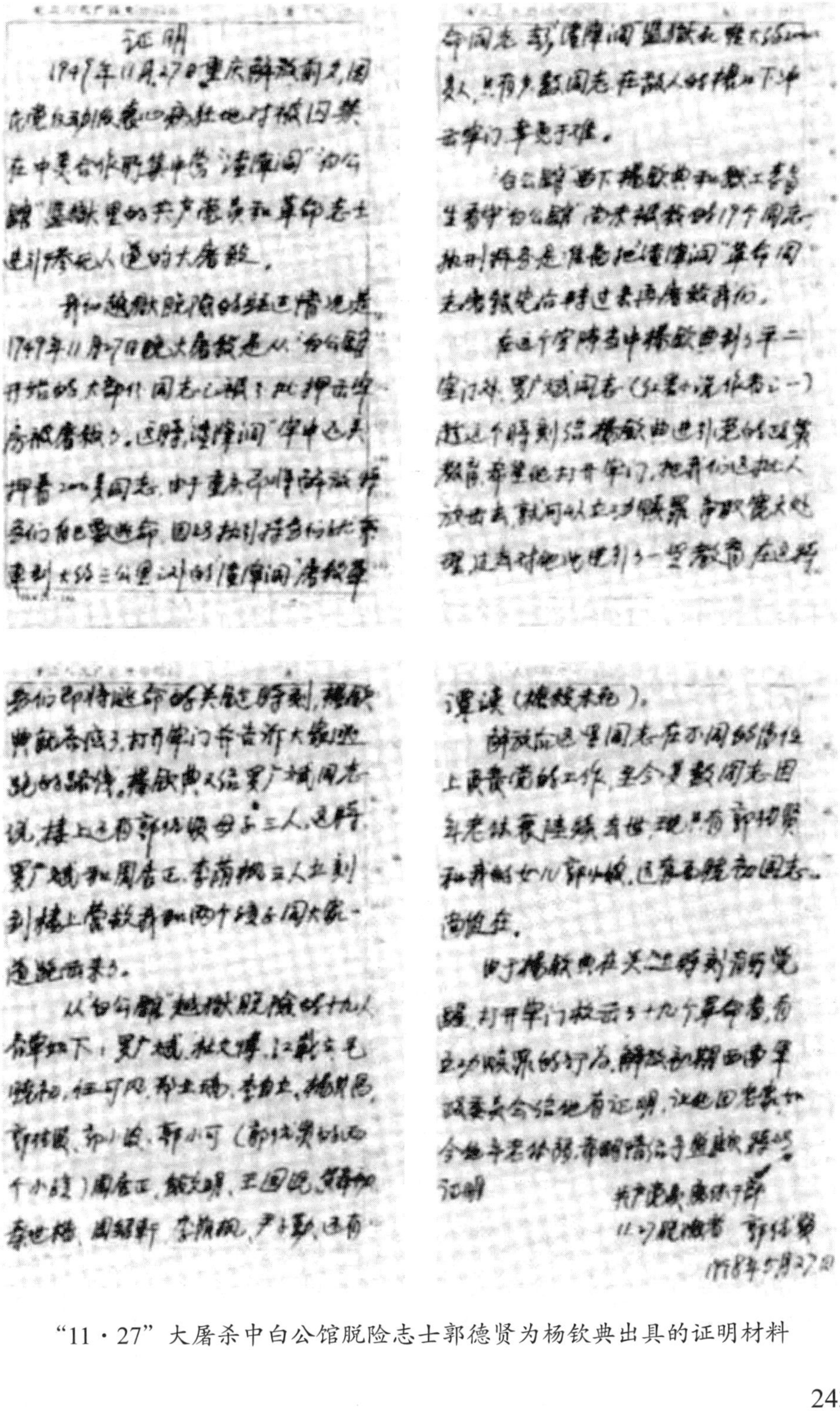

证明

1949年11月27日重庆解放前夕，国民党反动派丧心病狂地对被囚禁在中美合作所集中营"渣滓洞""白公馆"监狱里的共产党员和革命志士进行惨无人道的大屠杀。

我们越狱脱险的经过情况是：1949年11月27日晚大屠杀是从"白公馆"开始的，大部分同志已被分批押出牢房被屠杀了。这时"渣滓洞"牢中还关押着二十多同志，由于重庆即将解放，特务们自己急于逃命，因此执行特务们就奉命到大约三公里以外的"渣滓洞"屠杀革命同志，"渣滓洞"监狱死难大约二百多人，只有少数同志在敌人的枪口下冲出牢门幸免于难。

"白公馆"楼下杨钦典和[illegible]看守"白公馆"尚未被杀的17个同志，执行特务急急地把"渣滓洞"革命同志屠杀完后再过来再屠杀我们。

在这个紧要时刻中杨钦典到了第二牢门外，罗广斌同志（《红岩》小说作者之一）趁这个时刻给杨钦典进行思想政策教育，希望他打开牢门，把我们这些人放出去，就可以立功赎罪，争取宽大处理。这样对他也进行了一些教育。在这时特务们即将逃命的关键时刻，杨钦典配合我们打开牢门并告诉大家逃跑的路线。杨钦典又给罗广斌同志说，楼上还有郭德贤母子三人，这时罗广斌和周居正、李荫枫三人立刻到楼上营救我和两个孩子同大家一起逃跑出来了。

从"白公馆"越狱脱险的十九人名单如下：罗广斌、杜文博、[illegible]、毛晓初、任可风、[illegible]、[illegible]、杨其昌、郭德贤、郭小燕、郭小可（郭德贤的两个小孩）、周居正、[illegible]、王国源、[illegible]、[illegible]、周绍轩、李荫枫、[illegible]，还有谭谟（被捕未死）。

解放后这些同志在不同的岗位上兢兢业业的工作，至今大多数同志因年老体衰陆续去世，现只有郭德贤和我的女儿郭小燕，还有毛晓初同志尚健在。

由于杨钦典在关键时刻有所觉醒，打开牢门救出了十九个革命者，有立功赎罪的行为，解放初期西南军政委员会给他有证明，[illegible]，今他年老体弱，希望有关部门给予照顾，特此证明

共产党员离休干部
11·27脱险者 郭德贤
1998年5月27日

"11·27"大屠杀中白公馆脱险志士郭德贤为杨钦典出具的证明材料

三返重庆

1966年“文化大革命”开始时，我正在漯河牲畜交易所看门。一天，我们大队的支书通知我，说是重庆市公安局派人到郑州，由郑州看守所所长率两名武装人员来漯河，要带我去重庆。一出村，他们就给我戴上了手铐。在火车上，我问该所长为什么铐我。他说：“你给蒋介石当过警卫，听说你会飞檐走壁，怕你跑了。”

到重庆后，我被关进了重庆市第一看守所。审讯人员说：“你在白公馆放的那一帮大干部，整个叛变投降了国民党。你放他们是准备让他们混进革命队伍当特务，等蒋介石反攻大陆时你好邀功请赏当大官。”我一听他们这样颠倒黑白，气就不打一处来，当即指着他们说：“你们说这话是放屁！”他们问：“你为什么骂人？”我说：“那些共产党员在监狱里受了那么多罪，死不投降，这都是我亲眼看见的。你们偏偏要把他们说成是叛徒，我怎能不骂你们？难道说我放人还放错了？”

后来我才知道，他们抓我的主要目的是让我证明罗广斌是“叛徒”，其次是把我打成“特务”。

我在监狱里听说：不少在白公馆和渣滓洞被关过的人，不管被枪杀的还是活着出来的，已被打成了“叛徒”。罗广斌同志已被迫害致死，与罗广斌合写《红岩》的杨益言同罗的夫人一起去北京告状，江青硬说罗是跳楼自杀的。

中共十一届三中全会后，罗广斌得到了平反昭雪。数年后，我也被释放回了老家。

1998年5月，重庆歌乐山革命纪念馆举办的《红岩魂》展览在漯河市展出。纪念馆的领导邀请我去重庆，让我到纪念馆参加录像访谈工作。纪念馆的负责人谭毅领我到郭德贤家里，见到了郭德贤和她的丈夫。郭德贤于1983年离休，此时已74岁，被脱险同志从狱中背出来的女儿郭小波已是天津市冶金研究所高级工程师，只可惜儿子郭小可在一次意外事故中去世了。5月27日，郭德贤为我写了一份证明。该证明列出了“11·27”大屠杀中被我解救脱险的19名志士的名单，叙述了他们脱险的经过。其中大部分志士的名字我原来并不知道，是看过证明后才知道的。

1999年11月，我再次应邀到重庆，参加重庆解放50周年和“11·27”烈士殉难50周年纪念活动。重庆歌乐山革命纪念馆把我安排在豪华舒适的招待所里。

在此期间，我不仅又一次见到了郭德贤母女，还有幸见到了陈然的妹妹和妹夫，见到了罗广斌的夫人和儿子（他在重庆市所属的一个县医院当院长），以及原白公馆狱工李育生（已去世）的儿子、《四川经济日报》驻绵阳记者站站长李保平。

1999年12月16日，杨钦典在重庆歌乐山烈士陵园留影

当年在渣滓洞当管理员的黄茂才，带着已是青年人的孙子参加了纪念活动并和我同住在一个招待所内。他在渣滓洞时，在江姐、曾紫霞（小说《红岩》中孙明霞的原型）等中共地下党员的教育下，做了不少好事。他曾帮助被关押的革命志士传递信息，给他们的亲属送信，还帮

他们与狱外的中共地下组织联系。江姐就义前给儿子的信就是由他送出去的。他的行动引起了特务的怀疑，遂被资遣，以致在“11·27”大屠杀中无法再帮革命志士做事。后来，他也受了不少冤枉和委屈，1982 年平反后当上了四川省荣县政协委员。黄茂才比我小几岁，文化水平高，擅长写作，在重庆招待所期间写了不少有关渣滓洞情况的回忆材料。

我在重庆住了两个月，纪念馆馆长厉华等领导对我照顾得非常周到，先后补贴我 1500 元。12 月天冷了，他们还为我买了件皮夹克。

这两次到重庆，重庆大学、政治大学、外语学院等单位的负责人分别访问了我，来渝参观展览的河南老乡和其他省的参观团也纷纷邀请我同他们合影。这一切都使我深深感受到，一个人做了一点儿有益于人民的事，历史和人民是不会忘记他的。

选自 2004 年 7 月《漯河文史资料》第十二辑

舞阳县的反动武装头目

——尚振华

启　公[①]

尚振华是舞阳历史上的一个重要反动人物，在豫中地区颇有影响。他早年曾参加毛泽东在武昌举办的农民运动讲习所，并在这里加入中国共产党，随后，又参加了“八一”南昌起义。但随着客观环境及个人思想的转变，他却逐渐走向反革命。其反动武装势力曾扩展到襄（城）、舞（阳）、叶（县）、许（昌）、临（颍）、郾（城）六县地区，反共反人民的行为达到顶峰，给当地党和人民造成很大危害。

（一）

尚振华，又名尚武，乳名浪当，曾化名常新建。1901 年出生于舞阳县北舞渡镇尚庄村，父亲是中医，家有土地 280 余亩，尚振华兄弟四人，他本人排行老三，有子女五人，全家共 20 余口人。

尚振华自幼身体多病，12 岁入本村小学，15 岁入县城开元中学，17 岁考入县区立澧泉乙种蚕校，20 岁毕业，父亲让他到漯河永聚公杂货店当学徒，干两年余，1923 年考入河南省立第四中学（校址在淮阳县）就读二年。1925 年毕业后曾投考国民党军校未成，就在这年 10 月，全国反奉战争爆发后，刚成立的中共豫陕区委根据中共中央的指示，与共青团豫陕区委联合发表了《关于国内战争宣言》，积极号召组织广大民众，投入反奉战争。12 月，直系军阀吴佩孚公开改和冯（冯玉祥）反奉（张作霖）方针为联奉反冯，反奉战争由于军阀张作霖和吴佩孚的联合进攻

① 启公，原名胡德周，舞钢市人，曾在北京军区某部服役，1985 年任舞阳县史志档案办副科级干部。

而失败了。吴佩孚三路大兵向河南进攻，河南形势迅速恶化，开封政局动荡，省立第一师范被迫提前放假，在该校就读的共产党员石庭桂、郭培轩于1926年1月回到舞阳家乡，分别在北舞渡地区的东郭庄、九街的石岗一带地区开展革命活动。2月间，石庭桂、郭培轩一同到北舞渡镇看望同学朋友，会到李令一、韩明儒、韩芬林、李绍堂、李钦静、董坤婷、郭秀英和失学青年鹿庆昌、张洁亭、陈伦斋等，组织成立了时雨学社，以商讨学业为名，宣传革命道理和共产党的主张，尚振华当时也参加了时雨学社的成立，同其他青年学生一起开展革命宣传活动。尚振华从这时开始接触革命思想，并通过郭培轩等了解共产党的主张，也与其他青年朋友开展宣传共产党的革命主张等活动。

夏季，共产党员吕蕴儒从外地回到舞阳县城，曾托尚振华给郭培轩带一口信，让到县城见面，吕蕴儒与郭培轩、石庭桂取得联系。他们联络其他青年学生，在国共合作的革命历史背景中，积极宣传党的统一战线政策，帮助国民党在舞阳地区的发展，努力扩大新三民主义的影响，吸收革命青年加入国民党。

1926年夏秋，25岁的尚振华考入信阳河南省立第三师范（1930年肄业），在该校就读半年。其间，正值广东革命军出师北伐，全国革命形势高涨的时候，学校的革命宣传也搞得十分活跃，对尚振华影响很大。尤其是与他同班同学的李贞赞（西平人）和正阳的余子敬思想特别活跃，与尚振华感情笃深，经常向其讲解革命道理。1926年10月北伐革命军占领武汉后，反动军阀吴佩孚据守河南，祸害人民，竭力阻击北伐军，河南局势紧张，学校停课，尚振华亦回到舞阳。

1927年2、3月间，在北平、上海、开封、信阳、洛阳等地上学的舞阳籍学生，都因时局关系相继回到原籍，在吕蕴儒等组织下成立了学友会，舞阳县的革命活动规模逐渐扩大。3月间，在郾城开展党的活动的张檀（荥阳人，郭培轩在开封的学长和入党介绍人）根据国民党河南省党部令，通知郭培轩要舞阳选派几名学员赴武昌参加毛泽东举办的农民运动讲习所学习，尚振华和共产党员李令一、积极分子尚延年一同被派往学习。一个月之后，尚振华被同学李怀玉（桐柏人）介绍加入中国共产党，在湖北省立第一小学校内举行入党仪式，尚振华从此成为一名中国共产党正式党员，在农讲所除接受军事及学科训练外，同时也接受党的教育。

1927 年 4 月，武汉国民革命军二次出师北伐，直抵河南肃清吴佩孚残余，打败奉军，武昌农讲所的学员一部分跟随北伐军进入河南，一部分仍留农讲所学习，尚振华仍在农讲所学习。不久，蒋介石、汪精卫相继背叛革命，随后，根据中央临时政治局常委会的决策，由我党掌握的叶挺、贺龙等部以“东征讨蒋”的名义，离开武昌，驻扎九江、南昌等，农民运动讲习所的学员和工运干部等组成一个团，以侯镜如为团长，该团在离开武昌后编归贺龙二十军第三师。8 月 1 日，在党的组织领导下发动了“八一”南昌起义。这个团参加了南昌起义，当时担任班长的尚振华作为这个团的一员也参加了这次武装起义。随后随团向南冲破敌人的围堵，到闽南的汀州，由此向广东的潮汕及海陆丰地区进发。10 月初，西进部队和留守潮汕的部队遭到优势敌军的围攻，激战两昼夜，终因寡不敌众而失败，侯镜如在战斗中受伤，徐营长阵亡，连长陈中受伤，尚振华臂部也受了伤，部队溃散，一部分转移到海陆丰地区，另一部分在朱德、陈毅率领下，经赣南、粤北转入湘南。尚振华在潮州见到第三师长周逸群并根据其人员各找出路的指示，换便装，乞讨回河南，于 1927 年底回到家乡。

尚振华回到舞阳时，正是舞阳的共产党员和国民党员组织筹备成立国民党舞阳县第一届执行监察委员会的时候。1927 年 12 月 15 日成立大会在北舞渡马王庙召开，选举产生执监委员会常务委员和候补委员，尚振华被选为候补委员，并兼党务训练班教官和县立女子小学教员。这届执监委员会在共产党员的推动下，开展宣传破除迷信，打倒土豪劣绅，剪发放足的革命活动。

在共产党员李令一、张鸿宾、韩明儒、张洁亭等积极努力下，1928 年春季，舞阳县成立了农民协会，尚振华同郭梧轩、张祥卿等积极开展发动农民群众，打倒土豪劣绅的斗争活动。

1928 年夏季，共产党员李令一、郭梧轩等召集李绍堂、韩明儒、李一清、王铸九、刘隽杰等在县城火神庙附近郭梧轩家召开会议，成立中共舞阳特别支部委员会，尚振华也应邀参加会议，这是当时舞阳县的共产党员在与上级组织失去联系的情况下成立的第一个党组织。不久，由于豪绅张缄三、魏振甫等借故反对刚成立的国民党舞阳县执监委员会，向国民党省党部告发说舞阳县的清党运动清成一色的共产党了，省党部勒令舞阳党部关门整顿，县长赵连锋扬言要抓几个共产党娃娃，替大家出气。农运工作人员被迫离开县境，韩明儒去开封女子中学续学，尚振华则同西平的李贞赞一起到信阳省立第三师范续学，与周季伟、徐书田、余子敬等组织一个小组，开展学运工作，成立学生会。继而又联合信阳第二女子师范、县立师范、县立一小的学生会，参与组织成立了信阳学生会，尚振华同余子敬被选为学生会委员，学运工作蓬勃开展起来。他们不仅在学校做学运工作，还经常协助地方工厂，平汉铁路工人开展争薪及其他斗争。

1928 年寒假，尚振华和李贞赞被派往桐柏县工作，其间尚振华曾于 1929 年初回到舞阳，与特别支部书记李令一及张鸿宾、张洁亭接触，使与上级党组织失掉关系一年多的舞阳党组织又重新接上了关系。1929 年春，尚振华回到第三师范继续从事学运活动，开展了领导三师同学与校长王忠敬的斗争，要求经济公开、校务公开，聘请教员要得到学生会同意等。校长王忠敬勾结信阳县长胡振武及警备司令派兵镇压，将尚振华及徐书田、魏治安等十余名学生逮捕，押县府审讯，经党组织营救和社会各界的呼吁，国民党县政府不得不将尚振华等转入法院，讯问一次取保释放。但尚振华已被王忠敬开除学籍，只得住法院附近一个旅社内，听候组织上安排工作，约一个月时间，被派到柳林一带巡察工作。一个星期后被中共豫南特委派往遂平县工作，在遂平县第一小学担任一些课程以掩护身份，他同李同甫、陈星斋等深入乡村联络散居的共产党员，努力发展党组织，经过两个月的努力，遂平的工作推动了起来，打破了过去极为消沉的局面。尚振华等人的活动被当时遂平县中学校长魏郎斋等豪绅发现，便勾结县长搜查一小学校，妄图逮捕教员和学生，尚振华随即离开遂平返回信阳，向特委书记贾子玉作了汇报，根据特委的安排，尚振华暂时住在信阳第二女子师范附小教员李一清处。半个月后，特委派尚振华到正阳县担任军委书记。1930 年 2 月，尚振华到正阳，领导赤卫队员同土豪劣绅开展武装斗争，为红四方面军输送优秀革命战士。

1930 年夏秋，尚振华曾回到舞阳，在县立师范讲习科担任教员和训导主任，与学生党员韩庚尧、李永贤、朱炳銮组织建立党小组，尚振华担任党小组组长，开展党的活动。几个月后，由于一些人鼓动，国民党县长勒令尚振华及进步教员钟去兵，以有共产党嫌疑之名，限两日内离校，尚振华转回正阳。

11 月，尚振华等率领武装在信阳、正阳交界的萧店一带，同土豪武装的战斗中左腿膝盖骨被跳弹打中，严重受伤，被当地农民抬往信阳大同医院治疗，但弹头不能取出，仍不能走路。尚振华一面在信阳向熟人借支，一面写信向家里要钱，后转到汉口一个天主教堂医院治疗，取出弹头和碎骨，住院月余，尚振华乘车回到信阳。根据特委的指示，于 1931 年 2 月间回到舞阳，在家休养半年多。暑假后，尚振华被西华县师范学校聘为教员，到校一个多月后，尚振华与西华党组织负责人陈而烈、远学德接上关系，到 1933 年 6 月间，国民党西华县党部和县政府密谋要逮捕尚振华，尚得到消息后逃回家乡。约一个月时间，远学德来到舞阳尚振华家，说陇海铁路线上急需要共产党人打入内部工作，看尚振华能不能设法在那里找到工作。随后尚振华与远学德一起到郑州，得到党组织批准，允许尚振华通过社会关系到陇海铁路上找工作。于是尚振华就到开封找关系，一个月后，遇到舞阳人陈星樵由徐州到开封，陈是陇海路国民党总工会理事会驻徐州办事处主任。陈星樵答应尚振华回到徐州后为他联系工作。尚振华回到家里等候 20 多天，接到陈星樵由郑州来的信，让尚振华到商丘陇海工会分会去当办事员，月薪 18 元。尚振华于 1933 年 11 月初到郑州，同远学德等见面后便到商丘，在那里开展党的活动，发展党员。

1934 年 6 月，党组织自郑州派到商丘与尚振华联络的吴梅生（江西人）走后被捕，供出了尚振华。尚振华被国民党七十八师抓捕后押往商丘专员公署，又转押到开封国民党特务机关审讯，后又转送到豫皖苏绥靖公署军法处，被判处7年徒刑送到徐州陆军监狱。在徐州曾供出舞阳的李绍堂、李一清、张鸿宾等党员，但这些党员并未因尚振华的供出而被捕，其中李绍堂当时已病死。

（二）

1937年卢沟桥事变爆发后，国共两党实现第二次合作，实行全面抗战，国民党无条件释放政治犯，尚振华于1937年11月底被释放出狱，1938年初回到家乡。回家后才得知其父亲早于1936年8月病逝，灵柩放在那里等他到家后才殡葬，尚振华从此不再找党组织联系，脱离了共产党，个人利己主义思想开始发展，逐渐丧失共产党人的革命本色。

尚振华回到舞阳的前夕，舞阳县在外地上学的青年学生臧文德、王立平、陈麟堂、胡田希、刘丹岑以及从延安派回地方的共产党员陈坤台等为广泛开展抗日救亡活动，组织建立了舞阳抗日青年救国会，在中共舞阳县委领导下，掀起全县轰轰烈烈的抗日救亡宣传运动，各区相继组织建立青救分会。返乡后的尚振华也参加了北舞渡分会的救亡活动，在抗日宣传活动中，尚振华虽未恢复组织关系，但这一时期他还仍有支持抗战配合党组织工作的一面，并经常与青救会员、共产党员及中共舞阳县委书记邹屏保持友好的联系。

同时，尚振华回到北舞渡后也很快与地霸关震亚建立了关系，并十分密切，以后的时间内二人成为长期的合作伙伴。关震亚又名莅东，祖籍关老寨人，原是一个封建地主，有地500余亩，妻妾5人。1928年县立师范毕业后，到冯玉祥西北军二十六师田金凯（郾城人）部当兵，后任军需处长。1934年回到原籍，与北舞渡一带地霸闫耀五、孙建全、刘斌亭、庞斌亭等勾结起来，成为霸派，结交土匪和县内当权派，又与北舞渡恶霸李筱馨合伙经营华昌烟厂，逐渐形成一方霸权恶势。尚振华同关震亚合流并借机结交地霸、官吏，拉拢势力，在北舞渡经营振昌烟厂，很快与关震亚并驾齐驱。

曾于1935年间由开封国民党蓝衣社派往南阳的蓝衣社分子刘馨吾

也于1937年冬回县。刘馨吾在南阳担任师资训练班教官和蓝衣社所办景武高中教员，刘馨吾与县内封建派系悦来派头目孙孟山及县国民兵团副团长张哲超等相勾结，通过国民党舞阳县政府挑选了百余名青年去南阳接受联保主任训练，一并加入蓝衣社，这些人回县后担任各区乡联保主任，控制全县基层政权。刘馨吾回县担任联防主任，县内的一些实力派人物卢宏宇等看风使舵靠向孙孟山。关震亚、尚振华通过刘馨吾拉拢上了别廷芳，关震亚当上了北舞渡区联防主任，尚振华以及关瑞舟、杜振乾、孙建全、庞斌亭、孟琢如、李朗卿、王灿宇分别当上了乡联防主任及联防大队长，尚振华控制北舞渡、板张、樊堂一带枪支。

1938年上半年，别廷芳的势力逐步伸展到舞阳。5月间，成立了国民党河南省第六行政区国民抗敌自卫团舞阳分团，刘馨吾由联防主任改为自卫团副司令。关震亚当上了北舞渡区区团副团长。其间，关震亚、尚振华曾去内乡天明寺参加了别廷芳举办的干部训练班。随后，国民党北舞渡区长张茨山去职，关震亚代理区长，把区团副之职让给了尚振华。在此基础上，关震亚、尚振华以各自不同的社会关系扩展势力，不仅串联了北舞渡一带的闫耀五、刘斌亭、陈星樵、关瑞舟、王灿宇、李子盘、郭寿岑、孙建全等大小恶霸，还网罗土匪，利用其杀人越货的勾当欺压百姓。同县城悦来派的主要头目孙孟山、刘馨吾、卢宏宇、胡灿宇、胡琢青、张哲超联络扩大政治势力。

其间，尚振华在北舞渡组织武装训练的过程中，中共舞阳县委书记邹屏曾多次和尚振华接触，在尚的要求下，县委先后派陈坤台、高文彬等到北舞渡帮助训练。同年7月，由柳林、李涛率领的华北剧团几十人经陈坤台联系来到舞阳，县委把剧团介绍到北舞渡开展救亡宣传活动，同舞阳青救会互相结合、互相支持，曾得到尚振华的帮助。1939年6月，自卫团改入国民兵团，张哲超为副团长，尚振华、关震亚又与张哲超关系密切，仍掌握着武装。

1940年10月，尚振华在信阳第三师范的同学张承先到舞阳担任国民党县长，关、尚更为得势，到年底，尚振华被委任为北舞渡区区长，其弟弟尚祥甫接替了区团副团长。随后，由庞献岑介绍，尚振华加入国民党。张承先又做了关震亚母亲的干儿子，关、尚在关老寨为张承先霸占土地几十亩，关震亚替其代管。关震亚、尚振华在北舞渡地区的势力越来越大，他们不仅竭力搜集民枪，还强拉硬派，逼粮要款，明里抓拉吊打，暗里打黑枪，引起很大民愤。他们以送枪送子弹、送钱财、嫖赌为手段打通县内官吏，向群众扬言他们与官府当权派都是朋友，谁要反抗就查办谁。与他们接近的人不论犯有多少罪恶，都能颠倒是非，使其无罪。北舞渡地区的军政人员都是他们的亲信，凡事都听他们的指挥，少数外来的或被他们排挤出去，或收买为己。北舞渡地区凡是较大的商户如新华、大新烟厂、五昌酒馆等大都有关、尚强行入股的股本，基本上控制了北舞渡地区的经济，尚振华还任亚通烟厂的经理，并独营鹤龄堂药铺。县内大小官吏不断到北舞渡吃喝嫖赌，凡到此地，关、尚即令各商铺轮流请客，以显权威，走时又送很多财物。同时他们也间或用少部分剥削来的钱财沽名钓誉的收买人心，做一些修桥铺路的事等。

1941年至1943年，是河南历史上罕见的灾荒年，旱灾、涝灾、蝗灾十分严重。仅1942年全省收成不及一二，民众饿死者150万人以上，逃亡在外者300万人以上。舞阳县从1941年就大旱不止，沙河两岸地区特重，翌年春仍旱，且风灾厉害，两季麦子歉收，入夏秋数月无雨，又遭蝗蝻，秋禾蒸晒焦枯而死，致使中原赤地千里，饿殍遍野。又加上河南驻军汤恩伯部满地驻防，置百姓死活于不顾，任意加重苛捐杂税，横征暴敛，什么军费粮款、治安费、植树费、飞机捐、夫役捐、派官车等多如牛毛。国民党政府派出的催征人员穿梭不断，连同区乡、保、甲长，不择手段，搞得农民整日惶惶不安。

1942年间，关震亚、尚振华借保护地方安全为由，组织地下游击队，关震亚为司令，二人借助自己的武力，更加不可一世。北舞渡地区的恶霸地主豪绅，仗其钱势借灾荒之年霸占土地。尚振华强行霸占400亩，他们还为孙孟山霸占五六百亩，为刘馨吾霸占300多亩，为胡琢青、夏建章霸占200多亩，为刘丹岑霸占300多亩。广大群众只得靠扛长工、高地租过日子，无数人背井离乡、逃荒要饭，挣扎在死亡线上。当时有一首歌谣是这样的：“淹三年旱三年，蝗汤过后泪涟涟，河里杂草论称卖，雁粪遍地拾不来，大闺女不值半斗米，小媳妇露宿荒郊外。”天灾人祸，水旱蝗汤，舞阳人民生活在水深火热之中，反抗之势像一把干柴一般，一点就燃。

1941年8月初，在共产党员曹剑影（遂平人）的发动下，舞阳北部北舞渡地区的老年妇女和襄城、郾城交界地区的老年妇女成千上万涌向北舞渡镇，如滚滚洪流，她们一路见到乡、保公所就砸，遇乡保长就打，见仓库就打开分粮，她们冲进天爷庙区署所在地，痛打区长尚振华，打烂门窗，砸毁办公用具，翻出账目文书烧成灰烬。之后，几路人马又聚集黄家大院开仓分粮。这件事史称“万名老婆闹定陵”。翌年3月间春荒不接时，政府不得不拨出1万多斤救济粮给灾民，但对于广大灾民完全是杯水车薪，严酷的干旱和地霸的剥削仍使他们无法生活。1942年7月间，又有无数饥民聚集到北舞渡区闫刘乡公所，要求不出政府所派的各项粮款，捣毁了乡公所，痛打了乡丁。

当时舞阳县的政治局势十分紧张，从1941年春中共舞阳党组织及党员干部撤退到革命根据地以后，国民党舞阳县政府及当地驻军、驻叶县的汤恩伯警备司令部大肆抓捕共产党人，隐蔽在县的共产党员相继遭到抓捕。1942年8月间，尚振华也被汤恩伯主持的豫西警备司令部以共产党嫌疑逮捕，认为尚振华自出狱后仍从事共产党活动，舞阳北部地区老妪抗征、抗捐、抗丁、抗暴的抢粮斗争是尚振华暗中鼓动的等。连续审讯数次，到1943年5、6月间将尚振华送到叶县任店汤恩伯的鲁苏豫皖边区青训团受训。

1944年4月18日，侵华日军发动河南战役，以9700余人的兵力向河南大举进攻，驻守河南的国民党第一战区蒋鼎文、汤恩伯部40万大军节节败退。驻叶县的汤恩伯副司令长官部撤往鲁山赵村前夕，在任店青训团受训反省的人员都得到释放，尚振华约在4月底回到家乡。这时，在北舞渡地区已隐隐约约听到日军攻占许昌的炮声远远传来，尚振华同关震亚等地方实力派头目商讨如何组织武装抗日的情况。随后通过国民党舞阳县长禹升联上下活动建立了舞阳抗日动员总队，公推关震亚为总队司令，尚振华为副司令，又得到禹升联的加委，并通过禹升联变通南阳第六行政专员兼保安司令褚怀理进行加委，总队部驻北舞渡。关震亚控制关老寨及沙河以北的民枪，派其表弟刘玉山，女婿井丰田驻关老寨；尚振华控制樊堂一带民枪。总队开始有秘书一人，军需一人，一个特务中队，三个大队，一大队长董茂亭，二大队长孙建全，三大队长尚振华兼，下面是董茂亭部的三个中队。

1944 年 6 月 9 日，侵华日军第四骑兵旅团（藤田茂）攻占舞阳县城，舞阳沦陷，尚振华又召集澧河以北各乡长及各大队长商议增加武装大队，王灿宇部也被编为一部。这时，恰有国民党十二军二十二师某团的朱文轩、张文英、闫立华、徐光兆、李儒法（山东曹州人）等连排长自嵩县、登封败退，带有三个连兵力来到舞阳，由孟寨孟献若介绍给尚振华，被收编到孙建全、董茂亭大队。到 7 月总队官兵计 2000 余人，有步枪 1000 余支，机枪 10 挺，大部良好武器均系朱文轩、张文英、徐光兆等携带而来。

关震亚、尚振华又与临颍地霸寇子清、郾城的娄澄甫、舞阳九街一带的屈勋亭等武装势力相联系，通过孙建全与襄城霍堰地霸刘凤基相勾结。其间，襄城土匪武装张连三先当了皇协军，驱逐襄城国民党县长任邦，襄城国民兵团副团长崔东魁率部在霍堰与之激战，任、崔二人请求孙建全帮忙，遂由尚振华指挥击垮张连三，加之尚振华又率董茂亭部打垮了姜店一带赵和宇匪部，一时名声大振。

关震亚、尚振华所部在舞阳北部地区借抗日之名，大肆搜集民枪扩大队伍，群众稍有不从，即抓去吊打、烤烧，或把其全部财物抢劫一空，或夜间冒充日本人把全村财物抢劫一空。官兵所到之处随意要粮要财，派吃派喝，贫苦百姓叫苦不迭。

（三）

1944 年 8、9 月间，驻临泉的国民党第十五集团军总司令何柱国派王振淮带来委任状，委关震亚为许（昌）、临（颍）、郾（城）、襄（城）、舞（阳）、叶（县）六县挺进军指挥官，尚振华、王振淮为副指挥官，到 10 月间挺进军组成。这个挺进军加上郾城的王兆林大队、娄澄甫大队，临颍的寇子清大队，襄城的刘凤基大队、辛绍先大队，舞阳姜店的夏子琴大队、九街的樊绍义大队共计9000多人，其中舞阳占有5000多人。

10月底，王振淮去临泉十战区指挥所请示何柱国，回舞阳时路过漯河见到鄂豫边区绥靖主任李玉林派驻漯河的办事处主任周静，商谈成立绥靖第一师事宜。周靖随王振淮到北舞渡见关震亚、尚振华，召集各大队长开会，关震亚派参议李伯勋、田金凯去许昌面见许昌绥靖第一军长邱山宇。邱山宇曾任西北军某军长，与曾任二十六师师长的田金凯是旧交，又通过邱山宇与李玉林商谈，李玉林委任关震亚为绥靖第一师师长，尚振华、王振淮为副师长，受鄂豫边区绥靖主任李玉林指挥。

李伯勋、田金凯回北舞渡后，关震亚、尚振华又召集临颍的寇子清，郾城的娄澄甫，襄城的刘凤基、崔东魁、屈勋亭等大队长到北舞渡开会，宣布将挺进军正式改编为绥靖军第一师，师部设北舞渡，年底整编结束。尚振华兼任第一旅旅长，李天运为副旅长，下辖朱文轩、孙建全、王灿宇三个团；襄城的崔东魁为第二旅旅长，下辖刘凤基、娄澄甫、寇子清三个团。董茂亭部不愿被尚振华收编，经关震亚调停，编为该师特务团，关震亚派其表弟刘玉山到该团任特务营长，尚振华女婿冻春亭为第一旅特务营长，张文英为该师直属特务营长。全师官兵总数仍与挺进军时相同。

驻漯河的日军特务机关蓝机关派人到北舞渡点验，指定该师管辖范围为东至郾城大新店，西至叶县坟台，北至临颍纣城，南至澧河沿岸，方圆百里。

该师编制为每团下辖三个营，每营三个连，每连三个排，每排三个班。设有参谋处、副官处、军需处、军械处、军医处、军法处、秘书处、交际处、护商处、修械所及上级驻舞办事处和参议室，总参议田金凯，参议李伯勋。另有孙孟山、闫耀五、刘斌亭、周承文、关汉生、李令一、李光宇、陈星樵、李启元等参议人员。师总参谋长王书文，另设政治部，主任尚振华，副主任郑贯一，还有一个以关震亚、尚振华、李天运为正副团长的军官团，有迫击炮连、工兵连、通信连。

该师主要分布为：王灿宇团黄鼎新、黄国卿、孟琢如三个营驻下澧河店及孟寨以西以南地区；孙建全团张简斋、尚祥甫、陈兆龙三个营驻北舞渡以西地区；朱文轩团樊绍义、吴锡九、夏子琴三个营驻九街一带；董茂亭团王玄亭、杨明城、李彦宗三个营驻董寨及马村以东以南地区；崔东魁派刘凤基、娄澄甫、寇子清三个团分别驻临颍、郾城、襄城地区。

关震亚、尚振华部改编为绥靖一师后，国民党河南省政府通知其派人前去联络，李伯勋被派到内乡西峡口经梁冠英（郾城人）引见，面见刘茂恩，刘茂恩将蒋介石致关震亚、尚振华的电报交给李伯勋，蒋称赞关、尚在敌后做得很对，望忍辱努力等。并通过省政府介绍，李伯勋两次赴蒋管区联络，与西安胡宗南调度室取得联系，调度室答应关震亚派人去西安接洽，遂关震亚、尚振华派第一旅参谋主任曹振声到西安，转达关、尚请求派人到北舞渡协助工作的要求，调度室派冯剑天（化名蓝小平，东北人）与曹振声一起到北舞渡，住在关震亚的大新烟厂，终日花天酒地、吃喝玩乐。关震亚、尚振华送妓女给他玩，并与尚振华组成该师政训处，直到日军投降后，蓝小平才公开露面，并为关震亚、尚振华的绥靖一师改编为新编第七十五师活动。

关震亚、尚振华为发展其武装势力，保全个人利益，一面屈膝于日本人，一面背靠国民党蒋介石，听从他们指挥，为其卖力，危害百姓，出卖民族利益。仅 1944 年底就向群众派粮 150 万斤，1945 年向群众强征大烟土 12000 两，铜元 5 万元，给日军买子弹 3 万发。

日军占领舞阳后，组织了一个维持会，由县城西街人杨明阁担任维持会长，关震亚、尚振华以及一些地方实力派人物，为扩大权势，取得更多的利益，便多方活动，要改组维持会，掌握维持会的权力。尚振华、孙孟山、李伯勋、胡灿宇、周承文、刘馨吾、侯祥甫、赵乾岑等在姜店兴国周李伯勋的烟厂开会商议，公推周承文为维持会长，胡灿宇为副会长，并向国民党舞阳县政府备案，担保说周、胡二人是曲线救国，不能以汉奸论等等。遂周承文、李伯勋赴漯河，找到漯河维持会长李子芬，经其介绍又到蓝机关面见日本人，得到允诺。1944 年 9 月中旬，日军郑州军政部豫南支部（漯河）的小野顾问及指导官潘庆扬（翻译）由漯河到舞阳，召集一些地方绅士卢衡青、胡琢青、周承文等先成立参事会，周承文、胡灿宇为参事会正副会长，几天后改为维持会。关震亚、尚振华派孙松震为驻县城办事处主任，专门从事与日军及维持会的联络。北舞渡一带的维持会分会长全部是关、尚的爪牙，外人亦受到排挤，如维持会原委派到北舞渡镇的乡长徐廷荣，因不是关、尚的爪牙，引起不满，尚振华派人将徐等六七人装进麻袋，抛入沙河。在初期，关、尚杀人多采取暗杀的方式，皇协军时，他们设立了军法处，往往公开绑人到刑场上执行枪杀。如尚振华的弟弟尚祥甫之妻与其烟厂一工人通奸，尚振华将其一家六口人大白天活埋于北舞渡南地。

国民党舞阳县长禹升联在日军占领舞阳前夕就逃到了舞阳南部山区，当初，关震亚、尚振华还不断派人送去钱物等，不久感到禹升联（汜水人）是外地人，不如捧出一个自己人当县长。于是关震亚、尚振华出钱帮助刘馨吾到国民党省政府活动，刘当上了县长，驻在王店地区，这样一来，舞阳各地的维持会分会长大部成了刘馨吾加委的乡（镇）长。

关震亚、尚振华的绥靖一师与国民党县政府及县城的维持会建立了两条联络路线：一条是由王店到县城经马村到北舞渡，县政府在城内设联络站，由夏建章负责，马村设一联络站，王轩亭负责；另一条由王店经庙街、卸店到孟寨，庙街设联络站，由闫升堂负责。分别与张光亚、王国贤、贾文轩、贾茂德、张希端联络，并由卸店的贾茂德同董寨的董茂亭联络。1944 年 10 月董茂亭曾带队到卸店、八台一带驻防，年底撤走后由贾茂德带一个补充团驻卸店一带。

1945 年春，日军发动南阳战役，为解除新四军五师河南挺进兵团（1944 年 11 月由湖北到达豫中嵖岈山地区及舞阳南部地区活动）对县城及郾、舞、叶公路的威胁和顾虑，一面由县城的日军加强对八台一带皇协军的指挥，加强在朱兰店据点的防守，一面由许昌绥靖公署及漯河的蓝机关通过驻舞阳的日军，调遣关震亚、尚振华绥靖一师接替日军在尹集据点的驻防，以朱兰店日军据点为依托，对抗新四军。

1945年3月15日，副旅长李天运带领朱文轩、孙建全两个团2000余兵力先期进驻尹集及其周围的赵庄、王庄、大刘庄、闫庄、宋庄、连庄、徐庄、许沟、军王、梁庄、蔡庄等，旅部扎在尹集寨内。官兵到尹集地区一不带吃的二不带棉被，所需一切均向群众索要，谁家的被子新就拿去铺盖，到了谁家就要好酒好肉招待，猪、羊、鸡、鸭任意宰吃，稍有不从就遭打骂。不但白天要吃要喝，夜晚还四处活动，抢粮抢物，仅冻春亭部在连庄十几天时间就要麦子万余斤，自己私卖两千斤，真是军匪不分，明军暗匪。

为防止新四军侦探，他们看到买卖人就抓，除将财物抢劫一空外，还以种种罪名横加残害，杀人越货。如在连庄附近抓到6名外地人，被当作新四军探子尽情折磨，第二天便杀害于连庄东边的岭坡内。广大群众被他们害得苦不堪言，实在忍无可忍，纷纷向新四军写信和暗地报告，有的农民冒着生命危险多次向新四军诉说皇协军的种种罪恶。

3月26日，尚振华带领李德胜、李儒法的特务连、机枪连以及牛兴吾、王泽宇、蔡兴诗、李国庆、李春茂等副官参谋到达尹集，随即召集军官30多人开会，说近几日风声紧，要防止新四军偷袭，赶快布置修筑工事，研究防御方法，接着让通知西平出山镇及尹集附近的乡、镇长开会，计划征十万斤小麦。朱文轩、孙建全又召集各营、连长说今天会议很重要，新四军离这里很近，要十分小心，明天开始构筑工事。不料，当晚半夜新四军发起进攻，黄林司令员率领挺进兵团四团、三九团和周志坚率领的三八团以分进合击的战术，将尹集周围的村庄全部包围，各个击破，皇协军官兵大部成了俘虏，残余四处逃散，营长冻春亭钻到尹集寨后被尚振华骂了一顿，说他临阵脱逃。

27日天亮时，尚振华在尹集寨墙上远远看到缴了械的官兵，被新四军押往南去，尹集寨已处在新四军的包围之中，尚振华自知无力抵抗，便缩在寨内一枪不发。

唯有尹集南面的小王庄、赵庄仍持续战斗，把守小王庄的伪军一个排，以民房作掩护，疯狂抵抗，战斗持续到27日上午10时许，被攻克。伪营长张简斋带两个连死守赵庄村，借所挖掩体工事，进行抵抗，战斗持到下午 4 点左右，张简斋等几人钻入尹集寨。

27 日夜新四军对尹集寨发起全面进攻，尚振华已无弹药可用，只有当哑巴死守寨内，新四军几发炮弹燃着了寨内民房，群众喊叫救火，为不危及群众生命财产，28 日凌晨新四军主动撤离尹集周围。天亮时，尚振华命人探讯后，率残部北逃，到辛集休整一夜，第二日逃回北舞渡。

尹集战斗新四军共生俘伪团长朱文轩，营长樊绍义及副营长王有礼以下官兵 800 余名，缴获枪支 700 余支，机枪 6 挺，打死打伤 40 余人。激战中 17 名新四军战士牺牲，受伤 200 余。尚振华为侵略者卖命，对人民犯下不可饶恕的罪行。

1944 年到 1945 年间，关震亚、尚振华在舞阳北部地区制造了一个严重的恐怖区，在这一地区疯狂欺压百姓，滥杀无辜，竭力反对和阻止共产党活动。尹集战斗结束后不久，尚振华认为该师直属特务营长张文英有共产党嫌疑，借种种缘由将张文英以下十余人枪杀或活埋于北舞渡南地，张文英妻子跑去哭诉说情，也被尚振华杀死。

1945 年 7 月间，叶县百旦一带在许昌上学的四名青年学生回家路过章化，被尚振华手下团长孙建全部的张永义、王三义、魏楼子扣住，硬说他们是新四军探子，孙建全令人将四名学生活埋于李吉村附近的沙河坡内。同年秋，从叶县投靠孙建全的姚志国连，有谷长合、闫旁会、李月亭三名士兵因不堪受欺辱，商议逃跑，不料被张永义发现，报告孙建全，孙令张永义等率 50 人以新四军探子为名，将三人活埋于康庄东沙河滩内，李月亭（河北人）头颅挣扎出来，张永义用斧头将李月亭头颅破开致死。

在当时的舞阳县，老百姓中流传着“杀不杀问问尚振华，穷不穷问问董茂亭”，可见其罪恶一斑。

（四）

漯河以东至周口一带，西至方城、保安的一段交通曾在 1944 年春季河南战役爆发后，日军大举南犯时被切断，处在苏鲁豫皖边区的临泉面临着被日军四面包围的态势，而蒋管区后方所需物资，要由上海等地经安徽蚌埠、界首、漯河、南阳运往西安分布各地。故此，国民党第十九集团军司令陈大庆指示界首警备司令部，设法打通这条商运货道，其办法是分别联络此段各地皇协军的关系，分段转送，并借此拉拢皇协军。当时舞阳的刘丹岑在该司令部工作。刘丹岑曾因参加过舞阳青救会活动，于 1942 年以共产党嫌疑被抓到叶县汤恩伯青训团受训。受训时的教育长李铣当时已调到界首任警备司令，李铣知道刘丹岑懂酿造酒精的技术，便带刘丹岑从叶县到界首开办酒精厂。而刘丹岑与关震亚、尚振华交谊笃深，就让刘丹岑做这一联络工作。刘丹岑找到曾在舞阳担任过国民兵团副团长的张哲超（河北河涧人）与南阳人许定民商议办法，许当时在界首国民党军七分校战干团界首招生办事处工作，办事处主任是周愚。许定民与漯河东归村皇协军绥靖第三师长宋屏轩是同学，取得联系后，三人定下在界首中和街成立大通运输商行，刘丹岑为经理，张哲超、许定民为副经理。这样界首至项城以西地段由界首警备司令部负责，项城以西归村到漯河由宋屏轩派人护送，漯河至北舞渡到叶县保安由关震亚、尚振华派人护送。刘丹岑与界首警备部军需处长吴觉僧商定由张哲超押送第一批 20 车货物到北舞渡，然后由关震亚、尚振华派人护送到保安。

张哲超临出界首前，吴觉僧传达了陈大庆给关震亚、尚振华的口信，让他们保护好商运，将来给他们请求番号。张哲超见到周愚，周嘱其致关、尚说，如他们同意可向胡宗南请示给一个番号。张哲超到北舞渡时，将口信传给关震亚、尚振华，二人非常高兴，当即写了两封信派人送到界首，表示竭力效劳。不久，张哲超由北舞渡返回界首，刘丹岑、许定民又带一批货物同周愚的参谋长王学礼赴北舞渡。

刘丹岑十几日后返回界首，把关、尚请求援助，速赐番号的信转交给陈大庆、周愚，但由于 1945 年春日军进犯南阳，这条运货道路中断，大通运输商行结束，刘丹岑仍回酒精厂，张哲超同朋友赵介宇另组豫大商行。

1945 年夏，刘丹岑到北舞渡收地租时，把陈大庆致关震亚、尚振华的信带来，关震亚、尚振华又派李伯勋去界首，带着致陈大庆、周愚及当时任豫南挺进军司令张轸的信，谎称已有人枪一万余，要求速给一个番号，同时还有田金凯给陈大庆的信。李伯勋、刘丹岑、许定民、张哲超等又去秋渠见周愚，周答应说上级要给番号的，李伯勋独自赴临泉见陈大庆，陈当即拟电给蒋介石，并派其高参刘效虞同李伯勋到北舞渡协助整训。张哲超赴新蔡将关震亚、尚振华写的信交给张轸，张轸答应说都是同乡关系，保证给代请番号，并写了一封回信。

日军宣布投降后，张哲超又押一批货物到北舞渡，把张轸的信交给关震亚、尚振华，二人又托刘效虞、张哲超赴临泉见陈大庆，陈说日军已无条件投降，可速回，令关震亚、尚振华在地方维持秩序，并写了一个条子，委任关震亚、尚振华为襄、舞、叶、许、临、郾地区挺进军正副总指挥，又写了一封信给刘峙，大意是对关、尚部多加关顾。张哲超、刘效虞携家眷回北舞渡。

1945 年 9 月，国民党华北地区招抚使熊斌到各地收编伪军，派襄城的苗俊峰到北舞渡，送来蒋介石委任状，委任关震亚、尚振华为新编第七十五师正副师长，刘效虞为参谋长，蓝小平为政治部主任，要求好好维护地方秩序（10 月国民党军事委员会又来一同样电令，令归刘峙指挥）。苗俊峰要回刘凤基、崔东魁，仍担任襄城国民兵团副团长及自卫大队长。

刘峙从老河口到漯河后，关震亚、尚振华让刘效虞、张哲超带着蒋介石的委任状及陈大庆的信件到漯河，经刘峙长官部的李雅仙引见见到刘峙，刘令关、尚到漯河见面。关震亚、尚振华得到消息后即去漯河，刘峙对其二人大加赞赏。9 月 20 日，刘峙长官部派第一点验组由组长卢望兴等十余人到北舞渡点验，也就在 9 月 20 日前后，驻舞阳的日军撤离舞阳。

刘峙在漯河期间，关震亚、尚振华竭力活动，通过种种方式与刘峙加深关系，他们通过李雅仙打通了刘峙的黄三姨太太，尚振华派人到界首买回布料、大衣、化妆品等，由关震亚携三妾沛云到漯河送礼给黄三姨太，关震亚、尚振华先后在漯河请客。刘峙长官部改为郑州绥靖主任公署，迁移郑州后，关震亚、尚振华随后在郑州设立了办事处。

自日军投降后，蒋介石妄图独霸抗战胜利果实，调集大批军队进攻河南各解放区，先以四十一军进至南阳、方城、舞阳之线，“双十协定”签订后，国民党五战区 3 个军 7 个师的兵力其中以方城、舞阳、遂平为第二线向南推进。10 月底，以四个整编师向豫中大举进犯。活动在舞阳南部的新四军五师部队和河南军区部队相继向桐柏地区集中。1945 年 11 月，刘峙司令部令关震亚、尚振华带 4000 余人驻防鲁山一个月，又调驻方城、叶县南部的保安寨、舞阳西部的卸店一线，和同驻舞阳的国民党四十一军一〇四师杨显明部进攻正在向桐柏转移的河南军区部队。

到 1946 年 2 月 15 日，国民党国防部电令将七十五师番号取消，改为绥靖第一总队，关震亚、尚振华为正副总队长。指定归孙震第四绥靖区，孙震派一刘高参到舞阳点编，缩编为孙建全、王灿宇两个团，张哲超负责总队交际联络，与郑州绥靖公署联络。在该部点编期间，国民党军事委员会派驻第二集团军的参谋人员谢质如，因 1944 年李伯勋赴南阳时与其见过面，便来到北舞渡要与关震亚、尚振华交朋友，让关、尚及李伯勋入股，在北京、郑州开办印刷厂，说刘汝明、孙殿英等都已入股。关、尚、李把钱交给谢质如，但印刷厂却没办成，钱被骗走。

绥靖第一总队编成后，刘峙电令其全部移往南阳驻防，受整编二十师师长谭乃大督训，该部即开赴南阳西合营整训。1946 年 4 月初，谭乃大受刘峙令宣布关震亚、尚振华绥靖总队撤销，人枪统归二十师，为关震亚、尚振华及参谋长刘效虞安了一个郑州绥靖公署参议职务，尚振华只带一个特务连返回舞阳，人枪遣散。部分枪支交北舞渡商会及定陵、三民、樊陵三个乡镇，尚振华收藏起来一部分。后关震亚、尚振华赴郑州见刘峙，刘峙允许其保留参议名誉，在家居住。

其间，董茂亭因与尚振华不合，引起尚振华极为不满，1946 年 7 月董茂亭与勤务兵殷心泮赴北舞渡时，尚振华派张简斋等将董茂亭、殷心泮枪杀于北舞渡寨内高国乾门口。

尚振华一下子被取消了军权，没有了武装，便在县内竭力进行政治活动。尚振华与悦来派头目孙孟山、胡灿宇等串联，经他们介绍，被国民党县长高宗襄委任为县军用代办所主任，尚振华借此经常活动于县城，并入股东大街张华锋、李兰亭、郭镜吾开办的珍臻茶食店，成为在县城的立足点，不断招揽县城的实力派人物及大小官吏到店内吃喝招待，扩大势力范围。

（五）

1947年7月，解放战争进入全国性进攻，根据中共中央军委的指示，刘邓大军千里跃进大别山，陈毅、粟裕指挥的华东野战军兵团也在豫皖苏地区实施战略展开，由陈赓、谢富治指挥晋冀鲁豫野战军第四、第九纵队和三十八军挺进豫西，三军布成“品”字形阵势，相机歼敌，中原形势发生了巨大变化，国民党统治者防不胜防。8月下旬，陈谢兵团进入河南后，国民党河南省保安司令部急忙严令各县组织防共联合武装，指明县长为自卫总队长，要求城存与存，城亡与亡。国民党舞阳县统治当局慌忙建立临时组织，采取种种措施，加强各区乡镇的武装力量与联防。县长朱绍云及卢宏宇为自卫总队正副队长，将全县十二个区划分为三个防剿区，成立联防大队，各乡成立加强中队和机动大队。尚振华担任第一防剿区联防指挥官（主任），指挥部设在北舞渡，控制定陵、樊陵、清和、善德等几个乡的加强中队、机动大队。尚振华把原来收藏的枪支提出，编为特务第一中队，分散到几个乡的枪支编入各乡加强中队。张简斋、乔德荣、井丰田、刘玉山、王庆一等分别任中队长。

1947年10月，尚振华去开封活动，接受国民党省保安司令部委任他的襄、舞、郾三县边区指挥官职务。其间，正值保安司令刘茂恩上京述职，尚振华找到开封光明医院经理胡小泉商讨准备为胡小泉约股东。约停一周时间，在开封省合作事业管理局担任技术专员的舞阳籍人刘隽杰借机协同舞阳县内外被尚振华所害之家属向河南省高等法院提起公诉，检举尚振华。当天由省警察局长杨伟派人将尚振华拘捕押到高等法院。刘茂恩回到开封后谎称尚振华是军人身份，将其转到省保安司令部，又佯装审讯两次，而后将其释放。遂由保安司令部委任尚振华为襄、舞、郾三县边区指挥官，尚振华又保举襄城的刘凤基、郾城的王兆林为副指挥官，张哲超为参谋长。11月中旬，尚振华回到北舞渡后便将各乡武装中队及自己的枪支整编，把第一联防指挥部的武装100余人改为边区指挥部特务第一中队。尚振华亲赴襄城县政府及边区各乡镇活动，但这些地方的武装均由该县自卫总队直接控制，并不听其收编和指挥，结果尚振华只抓了定陵、樊陵、善德三个乡的加强中队，把其改编为第一大队，分张简斋、刘玉山、乔德荣三个中队，将北舞渡警察分局的全体职员编为第四中队，又在各乡要了五六十支民枪，编为特务第二中队，还组织了便衣队和卫士队。

另外，11月4日叶县解放后，驻叶县的国民党教导第一总队张振帮（南阳人）支队（总队由队长运其昌带领，驻驻马店）已走投无路，因在日伪皇协军时与关震亚、尚振华有旧交，便带200余人枪投奔尚振华，编为直属第二大队，尚振华人枪扩大到700余人。

尚振华在舞阳北部地区借用其政治权威，军事势力，严密防共，指使各乡保人员编查户口，办五户连结，发现可疑者即行逮捕，并亲自到各地，在士兵及老百姓中说他参加过共产党，知道共产党的厉害，如果共产党过来，你们都活不成，老百姓也过不成，大肆进行反共宣传。

1947年12月14日下午，陈谢兵团某部到达纣城、麦岭一带，尚振华得到消息，便命令各部誓死守住北舞渡。让张简斋率一部守住北门和东门，解放军经莲花池到达河北街、北舞渡时，张简斋不战自逃，跑到上澧河店一带。张振帮率部在北舞渡竭力抵抗，掩护尚振华从穿心阁逃向北舞渡西南方向的范台、沟陈、邵店、刘集、寨子王一带，转而向黑龙庙一带，又向西到叶县前崖、庞店转到老官李。

12月17日夜，陈谢兵团四纵二十二旅解放舞阳县城，国民党县党部、县政府大员早已四处逃窜，尚振华率其武装仍在北舞渡地区反抗解放军。12月22日夜，解放军南移撤离北舞渡，尚振华随后率部又进入北舞渡，张简斋等也于23日晨进入北舞渡，在全镇清查户口，中队长张简斋在搜捕中抓到18名解放军战士交尚振华，又抓到在北舞渡做买卖者及群众100多名，个个审问，除部分被保释外，其余大部被尚振华命令十天内活埋。中队长刘玉山率众在河北街枪杀群众20多名。同时，尚振华一面整顿匪众，一面又召集刘凤基、王兆林两个副指挥官商讨扩编枪支。但因大部分地区被解放军占领，各乡保人员到处流窜不定，无法联络。

12 月 24 日，尚振华特务中队又抓到 4 名卖兽皮的人，说是解放军探子，施以严刑拷打。同时，清和乡分队长王庆一在九街一带俘解放军战士 7 名交尚振华，尚振华指使其卫士队将 11 人活埋于沙河滩内。

1948 年元月初，国民党县自卫总队副李义恩率部同卢宏宇自南部山区窜到孟寨的效集及北舞渡南的华店。李义恩与潜逃到效集的军统局特务陈青坡、李昆、田昆山、李文等拿着卢宏宇的信件，到北舞渡与尚振华商讨共同进攻县城。尚振华鼓励李义恩要学个老虎张牙舞爪的，谁都害怕你，要学绵羊谁都欺辱你。其间，解放军南移撤出县城。李义恩以为有机可乘，遂率队开赴县城，元月 3 日下午离开北舞渡向县城进发，当晚住到孟寨。4 日，天刚蒙蒙亮时进入县城，解放军四面将其包围，战斗不及一个小时，将其全部击溃。残部逃至华店又被解放军击溃，李义恩被俘虏。大队长孟庆培及中队长孟庆浩兄弟二人率部窜至县东北部；中队长吴锡九北窜与尚振华合流，编为大队长；卢宏宇、卢子久逃往南部山区。

李义恩去县城的同时，陈青坡、李昆、李文、田昆山又从北舞渡回到效集陈子勤家。1948 年 1 月 4 日上午，有解放军战士一个班自确山途经效集去鲁山，陈青坡、李昆等率陈子勤看家枪协助冻春轩部将该班战士围困于小郭庄村西侧，除班长一人脱险外，其余 8 名战士被俘，交尚振华。当尚振华在李吉村化装逃跑时，指使卫士队将 8 名战士枪杀于沙河滩内。

1948 年 1 月 9 日，解放军分左右两路，四面围击北舞渡。左路由县城经效集到华店分开两部，一部向西北老官李，一部自华店经任桥进攻北舞渡；右路自胡岗、九街向西北，在路店附近分为三部合围北舞渡，一部入河北街，一部直插北舞渡东郑庄，一部由北舞渡南进入。

尚振华命令张振帮大队守住东门外的郑庄，直属一大队的二、三、四中队守北舞渡寨，刘玉山率其第一中队布置于河北街策应，特务第二中队置于北舞渡胡庄，一中队一部留北舞渡寨，一部随尚振华于当夜窜赴李吉村。

战斗一开始，解放军先与张振帮部接火，不及十分钟，将其全部歼灭，张振帮当场被击毙。寨内的二、三、四中队听到枪声纷纷弃械逃散，大部被歼于北舞渡附近。刘玉山部同时被渡河部队歼灭。张哲超率特务一、二中队各一部窜至老官李，全部被俘获，张哲超只身一人逃窜。张简斋逃向古城一带，尚振华在李吉村得知上述情况后，将卫士队交姚山村、冻春轩带领，他本人化装逃往开封。卫士队长冻春轩逃向孟寨一带，吴锡九逃往驻马店。

11 日解放军再次进入北舞渡。张简斋在逃跑时，派李子林及特务排长张元珍将在北舞渡所抓 18 名解放军战士 11 名枪杀于石墓潭，7 名装入麻袋抛入沙河内牺牲。

（六）

其间，禹升联在开封接替朱绍云当上舞阳县长。逃到开封的王仿愚、王海楼、刘信武、孟献若、陈仲蕃、高焕之、吕蕴儒、王云青及逃到这里的尚振华等共同在国民党省政府活动，为禹升联当县长铺路，并开了欢宴会，力劝禹升联回舞当政。随后，尚振华于 1948 年 3 月间从开封到漯河马路街带上家眷到汉口去了，禹升联到漯河后又通知尚振华回到漯河，共谋回县反共大计。吴肖卿跑到漯河与禹升联接洽，被委任为机动大队长，回到吴城后伙同刘殿勋、翟斌之收集枪支。

5 月中旬，尚振华由漯河先行一步回到北舞渡地区，伏居在何口何玉生家，重新组织郾、舞、襄三县边区联防指挥部，笼络散匪。次日，禹升联带着国民党省政府委任状，改名夏焕亭与秘书李合亭化装成老百姓，手推土车到何口找到尚振华，他自为县长，尚振华为自卫总队长，策动地方反动人员建立武装大队，在何玉生家召集陈青坡、孟庆浩、冻春轩、王庆一、魏木子、李珠秀、郭元顺等开会，委陈青坡为参谋主任，冻春轩、孟庆浩、刘玉山、魏焕亭、王庆一、臧华亭、赵祥卿、夏金才等为大队长，共 300 余人枪，魏子乾为参谋长，陈立人为秘书，郑贯一、李国范为副官，便衣队长史相云。并委任朱毓秀、李珠秀、何玉生、郭元顺、郎殿卿分别为吴城、定陵、清和、樊陵、澧泉的乡长。孟庆浩大队驻姜店；冻春轩大队驻何口；其他大队在民间搜集民枪。禹升联又委吴肖卿为自卫大队长驻吴城。禹升联、尚振华办公处就在何玉生家。禹升联时常随吴肖卿到吴城边庄居住。夏金才、赵祥卿在南部山区一带活动。

在何口设立情报总站，李卓甫为情报站长，分别在吴城、澧泉、樊陵、北舞渡、清合、连寺、大新店、杜杨设情报站。下有若干情报队、情报组，各地设有情报员。

自1948年5月初宛西战役开始后，陈谢兵团九纵二十六旅遵照刘、邓电令，在密县投入战斗，阻击郑州孙元良部向西向南佯动，策应宛西战役。5月17日宛西战役结束后，为配合宛东战役，牵制胡琏兵团使其抑留于漯河以南地区，5月25日，刘、邓命秦基伟、黄镇率九纵即刻由密县、荥阳南下至舞阳北舞渡地区，向胡琏兵团侧背出击，以干扰和迟滞其向南行动。秦、黄率九纵二十六旅全部二十七旅第八团开往舞阳北舞渡地区。

5月29日，刘、邓又将部署电告秦、黄，照原命令向舞阳北舞渡急进，打击敌人侧背，小歼以迟滞敌人。

宛东战役大会战前，5月29日、30日，刘、邓和中央军委两次电令陈士榘、唐亮兵团坚决阻击胡琏兵团，不使其南下增援张轸。陈、唐接到电令后，于5月30日研究具体行动，并建议九纵南下北舞渡东北地区，以小部队追歼许昌、临颍、郾城，查明监视胡琏兵团第十一师的行动趋向，并以积极动作阻击可能由郾城、北舞渡之间南下之敌。

禹升联、尚振华反动武装活动于县北部及东北部地区，与边区各县反动势力相勾结，对抗解放军，袭击民主区乡政府，残杀区乡干部与革命战士，抢劫粮食、牲畜和群众财物。

当月，解放军某部由叶县进剿禹升联、尚振华，二人即令孟庆浩、冻春轩两大队前往伸张集合。孟庆浩、冻春轩二匪进入伸张后，得到消息，解放军已由任桥向东到了殷庄。禹升联随吴肖卿从吴城街南陈逃向西平境内；尚振华同郑贯一潜伏于王定岗一带；孟庆浩自黑龙庙王窜至小赵庄；冻春轩经黑龙庙王由左庄逃往老赵庄。

解放军从殷庄、连寺、大王、仓庄、九街到桥张西面分两部，一路追至小赵庄，将孟庆浩部全部俘获，孟庆浩只身逃回孟寨潜伏；一路向左庄追至老赵庄，冻春轩部逃往于庄，转至泥河坡内。沙河、澧河沿岸皆有解放军，匪部潜散于冻庄、大宋一带。

随后，解放军东移。禹升联、尚振华又出来活动，先后到臧湾臧华亭家，召开会议，进行布置。匪霸赵干臣、周良才、孙益亭、张恨涛、李天运等先后去见，禹升联、尚振华指示他们抓紧组织武装，并委任李天运为自卫大队队副。禹升联、尚振华等到胡岗胡秀林家召集各乡镇长及恶霸绅士30多人开会，委任一些保甲人员，强调组织武力，各保组织联络站。后又在大宋召集各乡保长开会，商讨征粮征款。禹升联在大王庄东门外集合人员讲话，说要向郾城大新店一带去。

5月22日，尚振华最忠实的特务连长外号“杀人阎王”的刘玉山率魏木子、赵光耀等匪众回到刘村，烧房几十间，杀群众3人。24日晚又到康庄，捕区干部康同步等3人，井庄村干部1人，宁庄群众12人，尚振华指使杀害于何口。

随后，便衣队员李保正向禹升联、尚振华报告，北舞渡解放军离开，可速去抢粮。禹、尚指使冻春轩率史书礼、董德川、张皮脸、史相云、田荣斋、王友堂、魏焕亭、胡顺、赵元顺、董子厚、王庆一等二百余人武装，从康渡渡河，配合刘玉山、万书芬、郭元顺等从鹿店渡河，先后两次袭击沙北县北舞渡民主区政府，停留5天，杀民主村干部约10人，群众50余人，逮捕百余人，拉走牲畜百余头。冻春轩抢了很多布匹等财物，并枪杀梁金榜、张松茂和民主街长黄玉山等。

禹升联、尚振华到郾城王项岗与国民党郾城县长阎炳若商讨分路进击解放军，5月28日左右，得到郑贯一的情报，说沙河以北无解放军，便决定在那里建立立足点。预计办法是：召集郾城团队副队长梁金锋及舞阳各队长在兴国周村开会，命梁金锋率部由史埠口渡河到裴城会合。舞阳匪众由陈青坡指挥，一路由冻春轩率领魏木子、刘玉山、赵光耀、石书礼等由连寺出发，一路由何玉生率领董子厚、董道全等由董寨出发。王右星、华书芬等由马村华店出发，先到北舞渡再往裴城。但到北舞渡时，得知梁金锋没去裴城。陈青坡、冻春轩受尚振华指使，企图袭击沙北县民主政府，摸了个空，改向井庄、康庄、宁庄、鹿拐、孔庄一带，拉牛抢东西。尚振华向他们交代说，只要是为八路军干事的，把东西给他抢光。

5月底，叶县国民党县长胡栋才被叶县革命武装独立营在陈谢兵团三十三团一营配合下击垮，胡栋才与张国政自东桃率残部千余名到舞阳董寨与禹升联、尚振华部合股。停一夜，由殷庄、连寺一带转至闫湾一带。解放军自叶县入舞阳，禹、尚、胡看形势不对，由沙河北窜向南岸的闫庄一带。6月1日早晨，遭到驻北舞渡解放军迎头痛击，他们又退往河北岸。是日午夜，被解放军追至郾城大新店东的郭湾、李湾一带，他们企图与郾城国民党县长阎炳若部联络，解放军则分两路追剿，一路过沙河到南岸的后小赵庄迂回郭湾；一路由裴城往东直接在郭湾的北面围击。

6月2日上午，禹升联、尚振华在郭湾召集人员准备反扑，忽听四周军号声响，枪声四起，郭湾已被解放军全面包围，禹升联、尚振华及其匪众顿时大乱，各奔其命。禹升联化装逃往漯河，尚振华逃到拐子王王领谷家与郭元顺、陈立人、张景厚会合后逃往驻马店，又逃往汉口，其随从尚延、陈金岭被击毙，李灿华、孙天泽被俘虏，冻春轩由朝湾逃回老巢。

6月3日，解放军九纵二十六旅七十六团在团长李钟玄率领下收复郾城，在常湾、李湾一带，发现胡栋才骑头大黑驴，率部正向李湾逃去，李钟玄命令身边的二营长李学增及各营迅速追击，共生俘胡栋才以下400余人，胡栋才被当场击毙。当日，冻春轩勾结敌十一师便衣团窜到古城探听消息，听到有解放军消息后即抢渡澧河，由三里桥窜至郾城境内，4日在途中被击溃。11日又准备在胡岗纠合残余，在王桥被击溃。此后冻春轩在县东北一带，吴肖卿在吴城一带，夏金才、赵祥卿在南部山区各自潜踞。

（七）

1948年6月初，根据中原局决定，中共豫陕鄂七地委、七专署、七分区改为二地委、二专署、二分区，舞阳仍归其所属，豫西区党委、军区也在鲁山成立。为适应形势的需要和上级党的指示，舞阳县的剿匪斗争开始由单一的军事进攻转变为结合政治宣传而展开。到8月，在配合解放军发起大规模秋季攻势的同时，全县政治宣传攻势全面展开，群众的革命觉悟开始得到广泛提高，全县掀起了轰轰烈烈的剿匪、揭匪、劝匪运动。然而，潜伏于外地的国民党舞阳县反动军政人员相互勾结，继续作垂死挣扎，妄图重返乡里，并丧心病狂地指使其爪牙破坏民主政权建设，杀害革命干部。

尚振华逃到驻马店以后，仍同禹升联指使残存县境的李天运、冻春轩、魏焕亭、臧华亭等继续进行反革命活动。

1948年8月上旬，禹升联、尚振华逃到汉口，早已逃到这里的孙孟山、刘馨吾、焦景青发起原国民党舞阳县党政军各大员、绅士30多人，为禹、尚举行欢宴会，孙孟山、刘馨吾、焦景青、陈思甫、郭寿臣、李子厚、赵喻斯、关震亚、樊宏甫、李伯勋、蔡之桢、李蕴文、邢泉甫、王仿恩、陈励轩、孟琢如、朱新彩、卢宏宇、袁蔚亭、宗世绅、陈河滨、臧守安、郭培轩、宋焕如、周其昌、屈勋亭、李春晖、闫耀五、陈仲蕃和几个卖馍的商贩等参加。王仿恩、刘馨吾首先发言，对禹升联、尚振华在舞阳反抗解放军表示慰问，众人一致要求二人以更大的决心回县继续反共，早日还乡。禹升联、尚振华答谢，并叙述了在郾城大新店一带失败的经过，表示决心回县。

1948年9月上旬，国民党河南省主席、绥靖主任张轸为扩充势力抓武装，在信阳以主席名义召集一些县的头面人物，开总体战备会，要求军事、政治、经济配合一体对付解放军，并再嘱实权交县长一人统揽。会期8天，鲍汝澧、禹升联派人到汉口通知尚振华到信阳参加会议，成立河南省第五绥靖区保安第四旅，鲍汝澧为旅长，禹升联为副旅长，尚振华被委任为第八团团长，李义恩、陈青坡为副团长，鲍汝澧兼遂平县长，李子厚（李树芬）为舞阳县长，随后禹升联、尚振华到驻马店召集舞阳自卫队残余官兵，点编人员，李贯一、蒋斌、夏金才、赵祥卿被委任为八团正副营长，尚振华团部设在界牌西南约 7 华里的李庄。

其间，国民党十一师曾在漯河、西平之间，五十八师在西平、遂平中间，十师在遂平、驻马店中间活动，鲍汝澧与之呼应。原留在舞阳境内的残余先后被吸收到尚振华那里，冻春轩、吴肖卿、夏金才、赵祥卿等相勾结，在尚振华、禹升联指使下猖狂活动。

1948 年 9 月 14 日晚，禹升联、尚振华窜到西平权寨附近，指使冻春轩、石书礼、魏木子等从黑龙庙王出发，经大宋庄渡河到殷庄，袭击民主政权十一区政府，区长李文普，十区副区长张福新等 11 人被抓，被魏木子、宁福田等带到魏岗见冻春轩，指使李天运、魏焕亭、臧华亭等在王桥张喜文家审讯后，由魏焕亭等将民主区干队长孔炳欣、秘书周庆国及王尽发、左金堂、周建国等六人活埋。9 月 16 日，李天运、冻春轩、臧华亭等把李文普、张福新押往西平师灵交禹升联、尚振华，被活埋于洪河坡内。

9 月 17 日，禹升联率同冻春轩、李吉亭、魏焕亭、石书礼等，由权寨窜到吴城，袭击民主区政府，被解放军击败，追剿到王定岗、问十一带，残匪逃到河口、胡岗、九街、魏岗等地，不久被解放军围剿，四处逃窜。

夏金才部窜至西平油房张，又西窜辛集、武功，进入白石崖、母猪峡等舞泌边沿一带活动。11 月间勾结敌十一师突击团北窜袭击尹集、武功民主区政府，停留三天，抢掠杀人，无恶不作。随后南窜与泌阳团队谢子正部勾结，潜伏山区活动。同月底，窜到尹集东南西平境连庄惨杀区长李靖宇，后窜到沙河店。

赵祥卿在小顶山、蛮头山、竹园沟一带盘踞，四处抢劫。1948 年 10 月间在小顶山被解放军击溃，窜至沙河店，勾结敌十一师突击团由象河关北窜，袭击尚店区民主政府及瓦房沟仓库。将存粮抢劫一空，停两日随突击团窜至沙河店。11 月间又窜至尚店一带抢牛百余头，又窜沙河店与夏金才匪部合流。

这些反动土匪武装倚仗其主子，时不时窜回县境进行破坏，妄想有朝一日重返乡里，再掌天下。但他们的返乡企图始终没有得逞。1948年9月，中共豫西二地委、二专署、二分区由方城独树迁到舞阳县的卸店，中共舞阳县委、县人民民主政府遵照二地委指示，更加深入地开展政治攻势，发动群众，扩大和发展武装力量，剿灭土匪。

同年11月12日，地委、专署、分区机关及县委、政府机关进驻舞阳县城后，全县开始了全面的正规化工作，城市管理及商业、工业、金融、教育等行业得到恢复发展。县委、县政府按照二地委关于新收复区、边沿区工作的有关指示精神，在着重抓好剿匪和政治攻势的同时，团结争取和保护了各方面有识之士，全县社会秩序、政治形势已开始扭转。逃跑在外的国民党舞阳县各种反动分子实感无力挽回他们的败局，深深地认识到人民政权的强大威力，在中国共产党正确政策感召下，大部回县登记自首。

1948年12月间，尚振华随保安团第四旅驻界牌，该旅先后两次被解放军围击，尚振华第八团也被围击一次，处境十分困难，于是鲍汝澧请求第三旅派部分部队帮忙到遂平县城，二十几天后第三旅移往确山，只有第四旅七八百人驻遂平。1949年1月10日，解放军解放遂平县城，第四旅全部被歼，大部被生俘，尚振华和一个士兵换便衣潜伏于百姓家，等到允许群众出入城门时，尚振华随群众出城门一路到驻马店，找到鲍汝澧，又驻到界牌，召集溃散兵士，夜间不断转移。1948年1月28日，解放军由遂平南进，保安第四旅旅部转往确山，尚振华当时患眼病（雀蒙）夜间看不见路，便向鲍汝澧请假离队养眼，遂搭车去信阳，当时信阳国民党各机构人员正慌忙搭车逃跑，尚振华乘火车到汉口。

1949年3月，尚振华携眷从汉口逃向贵州遵义，在老城子尹路二号租一间房子，买卖纸烟、盐巴等，化名常新建，意思是不愿再为国民党做任何事了，只想找一个地方做生意劳动吃饭，重新建立一个家庭，以求保全性命。到1949年9月，尚振华同李子盘、关震亚同路带着他的四个孩子、妻子和60多岁的哥哥由遵义谢家湾转向四川重庆。10月迁驻重庆市大坪街青年路28号，仍以做小生意为生，尚卖土布、赶场，小孩卖水果。1950年9月间，土布被人抢走，一家人生活更为困难，便改做卖蒸馍、卖大饼，维持生活，每天营业额约四五万元（旧币），其间尚振华反共返乡思想仍严重，在当地制造谣言，说第三次世界大战就要爆发了，说:“三次大战就在这二年当中要爆发，那时就有办法了，你不要发急，到那时有你我做的事情。”又说:“现在我们不要活动，要等二年第三次世界大战爆发时，那时我们就可以打游击战，将来解放军也会投国民党的。”等等。被重庆市公安机关监视。其间，舞阳县公安机关已与重庆公安机关联络，让尽快把尚振华逮捕归案。1951年7月25日晚，重庆市公安局城三分局浮图关派出所将尚振华逮捕，尚振华在押时曾试图自杀未遂。10月24日押解回舞阳，10月29日被舞阳县人民法院判处死刑，10月30日舞阳县人民政府批准，1951年12月12日经河南省人民法院许昌分院批准，以反革命罪被人民政府枪决于北舞渡沙河坡内，时年50岁。

尚振华之所以从一个早期革命者走向反革命，固然有其客观因素，但主要因素还是个人的思想变化，革命意志不坚的表现，他看不到光明的未来，认识不到人民群众及领导人民群众革命的中国共产党的伟大，个人权利主义急剧膨胀，与人民为敌。尚振华的一生也算是风风火火的一生，所走过的道路令人深思。

选自1998年6月《漯河文史资料》第七辑

显赫一时的董茂亭

胡德周

在舞阳历史上，人们都知道有个董茂亭，相传是地方上的一霸，家里有转楼，出门坐轿，鹰犬相伴，随从前呼后拥，很是威风。那时有人将尚振华、董茂亭等人的威风总结出“杀不杀问问尚振华，穷不穷问问董茂亭，知道不知道问问李春茂”的顺口溜，以此来形容尚振华杀人的疯狂，董茂亭索要东西的严重，给尚振华当过书记官的李春茂是如何的知情。至今上点年纪的人说起来还朗朗上口。董茂亭当过校长，当过乡长，当过团长，后来被舞阳北舞渡另一个比他更厉害的人物尚振华以请客吃饭、封他当官的名义骗到北舞渡，将其和随从一并杀害。当时传说四起，有的说是狗咬狗；有的说是有人上告尚振华，尚振华为了灭口杀了董茂亭。有的说是国民党军统指示干的。因为董茂亭无恶迹，不曾祸害乡里，是抗日人士，是热心办学、收养孤儿孤女的好心人，是拥护共产党、保护共产党员的拥共亲共分子。众说不一。那么，董茂亭到底是一个什么样的人物呢？笔者根据有关史料记载，并经过走访董友林、高书芝、刘芝敬、董俊显、陈立人等老人，现将所了解的有关董茂亭的情况整理出来，让人们对其有所了解和认识。

董茂亭世居舞阳县姜店乡董寨村。自其父辈董文志开始，兄弟三人勤劳治家，以磨豆腐起家，后靠开药铺、酒坊、油坊发家致富，置买田地百余亩，属富裕大户。董茂亭，字耀林，生于 1907 年，叔伯弟兄六人，排行老二。他本人亲兄弟三人，排行老大，自幼读书，曾先后在姜店琉璃庙何清沧开办的小学、舞阳县立中学及南京某校就读。他父亲是全家的掌柜，家里有生意，又有钱，不指望他在家干活，要让他混出个样子。所以，董茂亭毕业回乡后，就在本地从事教育工作。1929 年前后担任董寨小学校长，后来担任当地联保主任。1938年前后又当上了狄湖乡乡长，在当地已是一个颇具影响的人物。但他也是一名热血青年，思想比较进步，热心教育。董寨村当时非常贫穷，校舍十分破落，只有三间草房。董茂亭为了把学校建设得更好，让更多的农村孩子上学，一方面从自家拿钱，一方面不顾社会舆论压力，将连寺、大宋等周围几个村庄的神庙拆除，再动员各界捐助，多方筹措物资，把窑坑垫上，又建造了三间校舍。但还远远不足。学生上课只能采取复式教学，两个教室，一、四年级一班，二、三年级一班。为扩大校舍，在当时封建势力极为严重的情况下，他又组织乡丁把周围的大小庙宇、古碑楼甚至大宋村几辈子用来防范澧河水患的西寨门楼也扒掉，用拆除下来的砖瓦木材，建起十数间两层楼房，学校规模由当初的两个教室四个年级的小学，创办为数个班级的中学。董茂亭办学校，扒神庙，扒公共设施，让社会捐助，遭到不少人反对，也得罪了一些人。家人也质问他，但他不顾这些，他的目的是做点有益于社会的事。他说学校盖起了，到我老了，他们不能不管我。

董茂亭的父亲兄弟二人，父亲董文志为老大，老二叫董三。他们兄弟二人有一个叔伯大哥叫董航。兄弟三人一起干油坊、酒坊、药铺，全家一二十口人。董航的儿孙现在董寨村居住。董茂亭兄弟三人中，老二茂林上过黄埔七分校，当过国民党部队连长，病逝于广西桂林。老三全林病逝于董寨村。董三有三个儿子，大儿子友林在长葛，二儿子付林、三儿子发林均病故于董寨。董茂亭有一个姐姐早年嫁到马村。他的第一个妻子是姜店乡李庄村人，叫李亲，生育一个女儿叫董俊便，嫁到姜店乡周张村，早已病逝。1937年七七卢沟桥事变后，董茂亭当乡长期间，常常到舞阳县城活动，与县城的官方及地方头面人物交往频繁。那时，县城明城中学后面有一个余大人，早年过世，留下妻子和女儿，房子住不完，就往外租赁。余大人的女儿余清莲嫁给了在国民党部队当兵的一个湖南人。当时国民党部队常在舞阳、宝丰、鲁山一带驻扎，湖南人路经舞阳时认识了余清莲，并常住在余家。舞阳吴城镇北高村一个叫高三（高功臣）的人，年轻时在冯玉祥部队当号兵，专门吹号。返乡后为了有口饭吃，到县政府当号手，租赁余大人家的房子。余清莲和母亲住西屋，高三夫妻住堂房。高三夫妇一开始没有生育，领养了讨饭到县城的姑娘高书阁，接下来又生育了女儿高书芝。余清莲的母亲是姜店乡湖东蔡村的姑娘，她的侄子蔡秀峰常住在县城姑家。董茂亭和蔡秀峰是朋友，经常来往于余家，发现高家的姑娘高书阁长得一表人才，常向蔡秀峰他姑打探高书阁的情况，知道高书阁原来嫁给一个做生意的许昌人，那人病死了。随后便由余家作媒，董茂亭同高书阁结婚。那时董茂亭刚自南京某校毕业，20 多岁。二人结婚不久，董茂亭的父亲和本村一个叫董明甫的打官司输了，要到县城坐牢。董茂亭不忍年老的父亲坐牢，自己替父亲坐牢。牢所就在县城西关，高书阁的妹妹高书芝经常到牢所为他送饭。据当时在县城上初中的董友林回忆，在余家住那个湖南人是个共产党员，余清莲对他起着掩护作用。董茂亭知道他是共产党，但并没有告发他，也没有因为自己是乡长而去抓捕他。

董明甫在董寨是什么人物已无可考究。据说原先是他把持着学校，和董茂亭的父亲合不来，被董茂亭的父亲告到信阳中级人民法院，董明甫反过来把董茂亭的乡长告掉了。董茂亭不当乡长后，带着二房妻子高书阁到四川。那时姜店大王村他的一个亲戚在国民党部队当师长，董茂亭到其部下二十一补训处当排长。当时二十一补训处在镇平县刘洼，董茂亭冬季在那里参与招兵，所招新兵大冬天穿着裤头，冻得直打哆嗦。时间不长，董茂亭返回舞阳，回到董寨后同董明甫和解了关系，不计前嫌，两个人关系变得密切起来。

1940 年春季开始，日本人的飞机时不时到舞阳县城轰炸，炸毁很多房屋，数十名无辜百姓被炸死。为了躲避轰炸，董茂亭让高三一家搬迁到董寨村自己家住。此时董茂亭还正在建学校，高三还帮着管理一些事务。

董茂亭从此也回到董寨村专心办学并担任校董事；同时，他还邀请县内各方人士和县立中学毕业的学生到董寨教书，其中不少是中共党员。如二十年代的中共党员董振宇，以及当地名望大的郭子敬、董连宇等。那一阶段，正是舞阳全县抗战救亡运动轰轰烈烈的时期，中共党组织在舞阳对救亡工作起着领导作用。中国共产党的抗日民族统一战线政策，在舞阳得到了很好的贯彻执行，中共党组织空前壮大，党员发展到500多人。全县各中学均有党员教师和学生民先队员、中共党员。董寨村学校也不例外。县立中学毕业的党员学生陈立人（陈友新）被董茂亭留在学校当教师，董寨学校优秀青年学生董相林、董万正、董泮馨等被介绍到确山县竹沟镇接受党的培训。1941年春，按照党中央的指示，舞阳的中共党组织和党员干部撤离到革命根据地，没有撤退走的党员隐蔽下来坚持工作。舞阳的国民党当局伙同国民党驻军在舞阳进行了空前的大逮捕，数十名中共党员和青年学生被捕。曾在董寨学校任教的陈立人考取了开封高师，放假回县，躲避在县城同学家，其母亲被反共当局抓捕，经董茂亭说情，花100块现洋，警察离去。陈立人回村后，适逢1942年春天，董茂亭创办了私立达德中学分校，董茂亭让陈立人在校任教。同年夏季，董茂亭的父亲病逝，正在办丧中间，当局又到董寨抓捕陈立人。复任乡长的董茂亭力阻不让抓人，第二天趁下葬之际让陈立人和董坤录一起逃往安徽。

在达德分校教书的还有隐蔽下来的中共党员周声远，在县城树人中学教过书的温县人楚守荣（楚焕章），也是中共党员，和一个叫胡克虏的老师也都到董寨达德分校任教。董茂亭知道周声远、楚守荣等是共产党员，但他并没有告发和抓捕他们，相反还起到了保护作用。因为，当时在校任教的一名叫迟慕飞（迟秉忠）的人，据说是国民党特务，同在一个学校，而由于董茂亭的作用，则双方相安无事。楚守荣直到日本人占领舞阳后仍在董寨任教，他的母亲病逝在董寨，新中国成立后楚守荣的姐夫来到董寨将其尸骨起回温县。

1944年4月18日，侵华日军发动河南战役，豫北地区相继沦陷。舞阳县内有钱有势的各方人士、地方绅士纷纷拉起武装，有的是保一方平安，有的是保自身安全。舞阳北部沙河、澧河沿岸有关震亚、尚振华、孙建泉、王轩亭、王灿宇、屈勋亭等组建的武装。董茂亭也因当乡长，手中有枪，也拉起武装，号称游击队。1944年6月9日，侵华日军骑兵第四旅团藤田茂部进占舞阳县城，舞阳沦陷。这时，董寨村的达德中学已经改办为耀林中学。由于县城各学校均已停办，师生六七百人，为避难和续读便来到了耀林中学，吃住均由董茂亭承担。学校持续到1946年夏季，其中有不少学生如董万正、孟庆莲、胡秀彩、董俊显从这里升学并走上革命道路，成为革命干部。

董茂亭在办校的同时，身为校长、乡长、游击队长、团长，在村人眼中却是个心地善良的人物。他娶妻二人，头房李亲为他生了一个女儿，二房高书阁没有生育。他看到讨荒要饭的穷人，看到孤儿都好心收养，先后收养四个儿女。他收养的第一个女儿叫屈彩焕，是九街乡屈岗村屈相银的女儿。屈相银家穷，有病无钱医治，死后别人把彩焕卖到北舞渡，董茂亭得知后把她收养了。马庄村马宗召家很穷，妻子早早病死，留下小女儿马水莲，董茂亭将其收养并养大成人，嫁给族家弟弟董付林。登封县蒋庄村李富贵、冯大妮夫妇讨饭到董寨，连不到半岁的儿子李从义也养活不了，董茂亭把他收养成人，改名董培森，现名张培森。董茂亭收养的另一个儿子叫张彦申，是叶县廉村人，父母都是盲人，讨饭到董寨，送养给了董茂亭。董寨人说，董茂亭同情可怜穷人。

日军侵占舞阳前后，董茂亭拉起武装成立游击队，同舞阳其他武装组织一样，竭力收拢人员、搜寻枪支、扩充实力。当时的民间散枪成为抢手货，谁能抓住枪，谁就能成王。能拉起武装的人在当时都是有点来路的人，不是有权有钱，就是有历史背景。在姜店一带，董茂亭当过乡长，是个颇具影响的人物，当然也想拥有自己的势力，靠自己的力量打天下，不投靠日本人，反对和日本人来往。九街一带屈岗村的屈勋亭当过本地的区长、校长，影响力大，曾在1939年参加了共产党。他在九街一带也组织起来一支武装，也不与日本人合作。而姜店一带有个赵 ××，当过国民党旅长，手中有枪，投靠日本人。董茂亭知道后，不等他把人拉起来，便带人到骂子河河湾把他枪杀了。周张村一个人想当维持会长，董茂亭听到消息后，带人把他打死了。董茂亭武装实力的壮大还有一个原因，就是在日军进攻豫北时，国民党汤恩伯部队十三军二十二师有一部分人由张文英带一个连从登封败退到舞阳，经孟寨的头面人物孟献若从中说合，董茂亭收留了他们。据传张文英是临颍人，是地下党员，但已无法考究。有了张文英带过来的人枪，加上收编的地方散枪，董茂亭的游击队很快成为与屈勋亭、孟寨一带的王灿宇、马村一带的王轩亭势力相等的一股力量，他自任游击大队长。他的弟弟董茂林黄埔分校毕业后，在董寨帮助他组建武装，有一套管理、训整队伍的办法，很注意收留有才干、打过仗的青年人。姜店乡殷庄村的殷全三，今年 87 岁了，他回忆说，1944 年 5 月日本人占领漯河时，他在国民党部队当兵，参加保卫漯河的战斗，肠子被日本人的机枪打出来了，爬了十几里地被人救助，到家后无钱治伤，家人借了相当于当时 6 亩地的 600 块大洋。董茂亭听说后，让董茂林出面为殷全三还了 600 块钱的债，还帮他养伤，至今老人没齿不忘，总是对人讲董家兄弟心善。

在董茂亭组织武装的同时，北舞渡地区的霸权人物关震亚、尚振华也正在组建武装队伍。关震亚原是北舞渡地区关老寨的封建地主，1928 年县立师范毕业后到冯玉祥西北军二十六师田金凯部当兵，后任军需处长。1934 年回到原籍，与北舞渡一带有名的地主士绅串联在一起，结交官府，开办烟厂。抗日战争爆发后，地方上组建联防武装，关震亚当上了联防主任。后来别廷芳在宛属十三县成立国民抗敌自卫团，舞阳的分团长刘馨吾同关震亚过从甚密，关震亚当上了区团副团长。这样，关震亚手中就掌握了枪支。恰在此时，曾在 1927 年参加八一南昌起义的原共产党员、北舞渡地区人尚振华，因 1934 年 6 月被国民党抓捕入狱，释放回家，脱离了共产党，同关震亚合流，在北舞渡开办烟厂。1938 年关震亚当上了代理区长，区团副职交由尚振华担任，二人借此扩大势力。到 1940 年 10 月，尚振华在信阳师范上学时的同学张承先到舞阳当县长，次年春，尚振华当上了区长，关、尚二人更加得势。1942 年间，他们借保护地方安全为由，组织游击队，关震亚为司令。舞阳沦陷前夕，关、尚二人通过舞阳县长禹升联活动南阳行政专员兼宛属十三县保安司令褚怀理，委关震亚为抗日动员总队队长、尚振华任副队长。下有一个特务中队，将董茂亭、孙建泉大队分编为一、二大队，三大队为尚振华自兼。到 1944 年 10 月。国民党第十五集团军总司令何柱国委关震亚为许昌、临颍、郾城、襄城、舞阳、叶县六县挺进军指挥官，尚振华和何柱国派驻的王振淮为副指挥官。挺进军编入了郾城的王兆林大队、娄澄甫大队、临颍的寇子清大队，襄城的刘凤基大队、辛绍先大队、舞阳姜店的夏子琴大队、九街的樊绍希大队，共9000余人。挺进军组成的同时，王振淮到安徽临泉见何柱国，经漯河见到鄂豫边区绥靖主任李玉林派驻漯河的办事处主任周静，周静到北舞渡见关、尚，随后关、尚派人到许昌见李玉林及许昌绥靖第一军军长邱山宇，李玉林委任关震亚为绥靖第一师师长，尚振华、王振淮为副师长。这时的挺进军变成了绥靖一师皇协军。该师师部设在北舞渡，下辖两个旅，第一旅长尚振华兼。董茂亭部为该师特务团，董任团长，张文英为特务营营长。绥靖一师受漯河日军特务机关蓝机关的指挥，但这个师的实际军事权力掌握在尚振华手中，据史料显示，当时董茂亭不同意尚振华改编自己的武装，后来关震亚从中斡旋说情，董茂亭才勉强同意，改为特务团，也从此与尚振华结下了怨。

绥靖一师组成后，曾于1945年3月被日军派驻舞阳南部尹集地区，抗衡新四军。3月26日尚振华带一个旅与新四军激战，损失一个团后逃回北舞渡。不久，尚振华以特务营营长张文英有共产党嫌疑之名，将其以下十余人杀害。董茂亭团曾于1945年初被派到卸店、庙街一带，准备与那里的抗日武装闫升堂部作战，到后不日不战而回。

1945年8月15日，日本宣布投降后，关、尚四处活动，先是由国民党十九集团军总司令陈大庆委任关震亚、尚振华为挺进军正副指挥。9月，国民党华北地区招抚使熊斌又送来蒋介石委任状，委关、尚为新编第七十五师正副师长，挺进军又变成了七十五师，陈大庆派到北舞渡的刘效虞为参谋长，绥靖一师时由胡宗南调度室派驻北舞渡的冯剑天（化名兰小平）此时公开露面，担任七十五师政治部主任。9月20日，依国民党军事委员会电令，七十五师归刘峙指挥，刘峙派人到北舞渡点编。同年11月，刘峙令关震亚，尚振华带4000余驻防鲁山一个月，后又将孙建泉团派驻舞阳县城，董茂亭团驻防方城保安镇，王灿宇团驻方城县城。到1946年2月15日，国民党国防部电令七十五师番号取消，改为绥靖第一总队，归孙震第四绥靖区。不久，被调至南阳驻防，受整编二十师师长谭乃大督训，在西何营整训后于4月初被宣布撤销，人枪统归二十师。关震亚、尚振华及参谋长刘效虞被安了个郑州绥靖公署参议之职。尚振华带一个连返回舞阳北舞渡。

董茂亭在日本人投降撤离舞阳后，实际上已无什么权力和武装了，自己也没有什么实力了。据说有人在告他的状，董茂亭离家到了南京，一段时间后返回董寨。此时关震亚，尚振华的七十五师已不存在了，但告状者仍不罢休。说他是关、尚的部下，说他盖学校扒庙房，说他部下牵人家的马、牛……他本人去南京了，人家就追到关、尚那里。关震亚、尚振华为开脱自己，便想办法除掉董茂亭。当时还有人传说有一支国民党的队伍，带一批物资从邓县过来路经舞阳孟寨、姜店一带，董茂亭部下把物资给截了，董茂亭打算带着物资和手下人投靠共产党解放军。关震亚、尚振华当然不会同意把这批物资交给共产党，也不会答应董茂亭带人投靠共产党。关震亚、尚振华写信给董茂亭，说是委任他当襄、舞、叶三县剿匪司令，使马村的王轩亭传信给董茂亭。董茂亭信以为真，高高兴兴地带了几十个人赶赴北舞渡。尚振华不让董茂亭所带的人进北舞渡，让他们退回到北舞渡南二里岗三里河一带。董茂亭带着贴身警卫员殷心泮赶赴北舞渡。那时北舞渡正在唱戏，他们到了一个叫高世彦的财主家，饭菜酒饮之中，董茂亭与尚振华翻了脸。董茂亭看情况不对，就让殷心泮出去买西瓜，为的是让他逃走。殷心泮是个忠厚老实的人，不理解还有另一层意思，买了西瓜又回来了。董茂亭又借故说自己的鞋被烟头烧了个窟窿，让殷心泮出去买鞋。结果殷心泮买了鞋以后又回来了，随即被尚振华的人扣住下了枪，被枪杀在天一阁下边。接着尚振华的杀手张简斋飞步上前，抓住董茂亭的脖子，架到外面，把董茂亭枪杀在老盐店门口，在舞阳显赫一时的董茂亭没死在日本人手里，却被尚振华设计杀害。当时大街上围观的老人们说：“董茂亭是个好人啊，打死他可惜了！”有的说：“他截国民党的东西了。”……随后，董茂亭的妻子高书阁在董寨家里接到电话，说北舞渡死了两个人，让她去收尸。高书阁外衣也没顾上穿，连夜赶赴北舞渡，找到关震亚。关震亚说不知道此事，只出钱买了两口棺材，董茂亭被运回董寨安葬。安葬时，关震亚、尚振华都到了董寨。高书阁质问尚振华：你们咋干这种事哩？尚振华说不是他们干的，是上级的意思。到董茂亭过“五七”时，关震亚又出钱扎了纸宅子，以示悼念。

董茂亭死后，耀林中学很快停办。第二年（1947年）底，舞阳解放。在此前后，高书阁带着收养的儿女东躲西藏、颠沛流离，不得安宁。1948年2月初，解放军第二次到董寨，高书阁遭到毒打，金杏子被没收，猪被充公杀掉，两匹马被牵走。土地改革结束后，董寨有人做媒，高书阁带着养子董培森嫁到舞阳侯集乡一张姓家，养子改姓张。新中国成立后，在历次政治运动中，特别是“文化大革命”期间，董茂亭被拟为恶霸地主，除株连了他的家族及所有亲属外，又将其父亲董文志及本人尸骨挖出扔到河沟里。

董茂亭短暂的一生，至今没有个完整的历史性结论。董寨一带群众都知道，董茂亭在当地一无作恶伤害无辜性命，二无欺压穷苦百姓，但他的部下偶有扰民行为，在外地出现过强逼强要现象，引起人们的反对和愤恨。他热心办学校，使很多穷苦百姓子女能够上得起学；他组织武装，保一方平安，使日本人不能占领姜店，也是事实。对他的诸多评说持续了60多年，谁也未能定论，那就让历史去作公断吧。

选自2009年9月《漯河文史资料》第十七辑

舞阳县赴法勤工俭学三青年情况简介

胡赞扬[1]

1919年五四运动以后，我们国内一大批青年，出于追求新文化、新思想的目的，形成一个蔚为壮观的留法勤工俭学运动。我党老一辈无产阶级革命家周恩来、蔡和森、聂荣臻、邓小平等等，许多人都投身于这一行列。从1919年3月17日到1920年底，全国有1700余人，先后到达法国搞“勤工俭学”，其中河南青年40余人，包括舞阳籍的青年三人，他们是何庆澜、冻文楷、冻春水。他们三人于1919年12月9日，乘法国邮船司芬克司号（又名凤凰号）从上海出发，经香港、越南、新加坡，穿过马六甲海峡，进入印度洋，再经斯里兰卡，过亚丁湾、红海、苏伊士运河、地中海，历经一个多月时间，三万多华里航程，于1920年1月14日到达法国。同船前往的有我党老一辈无产阶级革命家聂荣臻，同行的青年共有158人，包括河南籍的青年8人。河南籍的青年出发前，在上海与旅沪河南同学会同仁合影留念（上海《民国日报》1919年12月12日载）。在法国学习期间，他们历尽艰辛，多次参与同法国当局、我国侨领当局的斗争。1923—1924年他们三人又去比利时学习，1928年他们三人回到祖国。

1928年，我在当时的舞阳县区立第一小学（即后来的胡岗小学，现在的胡岗联中的前身，原址在胡岗村北澧河岸边的万寿寺）上一年级。何庆澜、冻文楷回到家乡（他们的家乡村庄就在学校附近），访问了这个学校（这个学校也是他们的母校），冻文楷还给全校师生讲了话。学校教师张祥卿（舞钢区尚店乡朱庄人）是何、冻二人的同年，他编了一

① 胡赞扬，1920年出生，舞阳县人。1938年参加中国共产党。新中国成立后任中南军政委员会主任秘书、科长、河南技工学校副校长等职。1983年离休。

首欢迎冻、何二人的歌曲，教我们全校学生唱歌，欢迎他们二位归国。我只记得歌词的前半段："欢迎，欢迎！欢迎冻、何二先生，游历法、比，学成归国实业兴！"冻春水回家乡比他们二人稍晚一些。

现在，据我所知，将他们三人的情况分别简述于后。

何庆澜，字锡禹，1898 年生，舞阳县九街乡何口村人，是开封二中（今开封五中）学生。到法国勤工俭学，后到比利时，学习化工专业。1928 年回国，先后在济南、南昌、重庆等地国民党政府的兵工厂任工程师。1949 年重庆解放后，何庆澜在四川省化工局任工程师，后在重庆机械技工学校当教师。1956 年退休，住天津市。1986 年病逝于天津。

1927 年，著名作家曹靖华从武汉到苏联，他当时存有鲁迅亲笔写的寄到苏联的许多书信，曹靖华考虑无法将鲁迅书信带回中国，就将鲁迅的这些书信塞在精装书的书脊里，寄到在比利时留学的何庆澜手里，再由何庆澜寄回中国。1983 年，曹靖华曾写信给在郑州的作家苏金伞，要苏金伞打听替他转信的人，信中说："在比利时替我转鲁迅信的老同学何庆澜，字锡禹，似为舞阳或长葛人，在国外所收的鲁迅手迹得以保留，全仗他代转也！不知他还在世否？现在如何？深念！"可惜的是，苏金伞没有打听到何庆澜的下落，曹靖华于 1987 年去世，苏金伞在曹靖华去世后，著文纪念曹靖华（见河南省地方史志编委主办的《中州今古》1988 年第 1 期），其中透露了这一情况。

1984 年 10 月，我曾去南京大学访问该校原校长高济宇（舞钢区人），高济宇对我说，他与何庆澜有深交，他们之间，常有书信往还。

冻文楷，字孔林，1898 年生，舞阳县姜店乡冻庄人，开封二中（今开封五中）学生。出国后，先到法国，后到比利时学习农业。1928 年回国，曾在甘肃兰州工作过一段时间，长期在漯河市一家中学当教师、校长，后又调到许昌二中当教师。1964 年退休。1981 年病逝。

冻春水，1898 年生，舞阳县姜店乡冻庄人，开封二中（今开封五中）学生。出国后，在法国先后在巴黎郊外沙多基里一个公学上学，到一家人造丝厂做工，后到比利时学习机电工程专业。1928 年回国，曾在冯玉祥部所属的制币厂当工程师，又参加过治理黄河的工程。后长期在家，任过几年小学教师。1950年间，曾任湖北省科学技术研究室研究员，时间几个月。60年代病逝于家乡。

选自1993年6月《漯河文史资料》第五辑

后 记

整理建市以来前三十年《漯河文史资料》是七届漯河市政协确定的一项重点文化工程。任务确立之后，聘请熟悉我市历史文化并热心文史资料工作的学者组建了专项工作小组。专项工作小组首先认真学习了中国文史出版社出版的《文史资料学概论》（卞晋平、方兆麟等著），对主席会议确定的“去伪存真、去粗取精，补充完善、按系分类”的原则进行了认真的讨论和领会，在此基础上着手开展工作。

纳入本次整理范围的是1986年至2016年市政协征编的《漯河文史资料》共24辑、813篇、351万字，经剔除不符合文史资料体例和不宜出版的内容之后，确定选入史料共计630篇，280万字。

整理工作确立了“遵循国家有关法律、法规，遵循文史资料工作统战性特点，尊重历史见证人对历史事件的表述，以服务大局、服务社会为宗旨，深入挖掘史料价值，全面提高政治、史实和文字水平，更好发挥‘存史、资政、团结、育人’作用”的指导思想。专项工作小组逐篇审读这些史料，建立每周工作例会汇总审读中发现的问题，提出了“校、勘、注、附、表、补、删、插”八字整理工作法，并依据内容将纳入整理范围的文稿划分为八个部分，采取集中研讨、分工负责的方法开展整理工作。整理过程中，经过多次研讨并听取中国文史出版社梁洁同志的建议，又调整了分卷方案，确定为目前的12分册，其中曹代颖、张艳负责《古韵新辉》《百业春秋》《桑梓情思》3册；刘西森、陈思盈负责《抗战岁月》《解放战事》《河上风物》3册；马恒祥、蔡慧娟负责《沙澧英才》《杏坛双星》《生态今昔》3册；鲁锁印、夏跃进负责《民国往事》《校园漫忆》《沧桑巨变》3册。除了较为繁重的文字校勘之外，各组重新审读原文，进行充实梳理，在尊重撰稿人原稿的基础上，根据新发现对史料进行补充完善，对内容存疑或失实的进行更正。其间，收集并参阅大量的外来资料，不厌其烦地进行史料比对，可谓夙夜不息、历尽艰辛。

整理工作的全程中，吕岩同志两次主持主席会议进行专题研究，肯定了本次文史资料整理工作的意义，确立了文史资料整理工作的方案和原则，并多次听取汇报提出指导意见，使整理工作始终沿着正确的方向前行。分管副主席田冠亭、胡新峰同志在日常工作中高度关注，在关键节点协调帮助，为工作顺利推进提供了保障。安清跃、史凤民、刘颖峰为整理工作收集资料提供了有力支持。参加专项工作小组例会的牛青、李永杰、翟媛媛长期牺牲节假日休息时间，为专项工作小组精心服务，作出了应有的贡献。丛书送审稿校定后，秘书长袁国亮组织机关的黎联峰、杨为、李庆峰、蒋向军、刘勇、李聪燕、王玉、崔博、吕煜辉、王文君、赵彤、康家浩等参与审读并提出修改意见；出版社一校二校完成后，各专项小组进行了复审，最后由鲁锁印对复审发现的问题进行统筹，力求使各卷标准统一，格调一致。

丛书整理虽历时三年有余，仍觉时间紧促，加之庚子年疫情的影响，一些图文资料采集计划未能如期实施。参与整理的诸君虽倾心而为，亦力有未逮，实乃囿于学识。期待出版后读者斧正润色，为后继者立标杆，助漯河文史资料工作日益上台阶。

编　者

2021年12月30日